La Cuba de Castro y después...

Dr. Marcos Antonio Ramos

GRUPO NELSON
Una división de Thomas Nelson Publishers
Desde 1798

NASHVILLE   DALLAS   MÉXICO DF.   RÍO DE JANEIRO   BEIJING

© 2007 por Grupo Nelson
Una división de Thomas Nelson, Inc.
Nashville, Tennessee, Estados Unidos de América
www.gruponelson.com

Editor: *Juan Rojas Mayo, Rojas & Rojas Editores, Inc.*
Diseño interior: *Daniel J. Rojas, Rojas & Rojas Editores, Inc.*
Foto de la portada: *Mario Díaz*

ISBN-10: 1-60255-005-0
ISBN-13: 978-1-60255-005-6

Impreso en Estados Unidos de América

2ª Impresión

Procedencia de las fotos:
Cuban Cultural Heritage; Colección de Alberto S. Bustamante; Familia de
Fulgencio Batista; Belen Jesuit Preparatory School; Revista *Bohemia*; Ediciones Universal; Colección de Arquitectura y Urbanismo de Cuba; Familiares
de Frank País; Radio Paz; Archivo del *Diario Las Américas*; Colección del autor.

Dedico este libro a los buenos amigos que compartieron conmigo vivencias sobre Cuba y también a todos los que leerán este ensayo, incluso si se oponen a sus conclusiones, lo cual no me extrañaría.

Contenido

Entre la historia y la biografía

El autor (derecha) **entrevista al presidente Bill Clinton** (izquierda). También participa de la entrevista el columnista Peter R. Bernal (centro).

FIDEL CASTRO HA GOBERNADO A CUBA desde 1959, y su entrada en la historia del país es anterior a esa fecha. Por más de medio de siglo, las noticias sobre Cuba han sido en gran parte informaciones sobre el gobernante. El contenido de cualquier material de tipo biográfico tendría siempre una gran relación con la historia de la Cuba contemporánea y ciertos acontecimientos internacionales. La historia de la segunda mitad del siglo XX, por cierto, está llena de datos relacionados con el famoso caudillo revolucionario. Escribir sobre la Cuba de Castro es entonces relatar todo un período y acudir a las raíces históricas tanto del país como del político. Es algo así como un recorrido entre la historia y la biografía.

Por otra parte, ¿cómo enfocar a ciertos gobernantes latinoamericanos y de otras regiones sin acercarse al tema del caudillo? Independientemente de que haya estado al frente de un partido, una revuelta, un golpe de estado o una revolución, la historia de América Latina no puede escribirse sin referencias a caudillos. En el caso de Fidel Castro, su entrada en la historia la propició la enorme cobertura periodística que su revolución recibió. Sin olvidar la influencia del cuarto poder, no puede escribirse sobre Cuba sin biógrafos, caudillos y revoluciones.

Este ensayo es acerca de Fidel Castro y Cuba, pero sólo pretende ofrecer un panorama general. No es un estudio sobre la economía cubana ni una recopilación de cifras. Tampoco es un tratado de historia militar o de actividad guerrillera. No deseamos presentar una visión del personaje o el fenómeno en base a declaraciones de entusiastas simpatizantes o de antiguos partidarios que intentan reinventarse. Mucho menos la vida íntima de Fidel Castro o una lista que incluya todos los datos y nombres. Cuando se ejerce el poder con todo tipo de controles y en medio de una gran confrontación es difícil separar el mito de la realidad. No nos hemos propuesto ofrecer una apología, pero tampoco un panfleto.

En el primer capítulo nos referimos al célebre revolucionario como el último superviviente de los escenarios internacionales en el siglo XX. En el segundo capítulo ofrecemos un breve perfil de Cuba y su historia hasta su nacimiento. Lo que nos propusimos conseguir con los capítulos siguientes no era una biografía acabada, sino una aproximación a la vida y obra del latinoamericano más conocido y a un largo período o capítulo de la historia política de Cuba. También lanzamos una mirada a su paso por el gobierno y por el quehacer internacional. Lo hicimos sólo en líneas generales por lo prolongado y complejo de su ejercicio del poder. Algunas situaciones sólo serán comprendidas en forma definitiva cuando los datos y las interpretaciones pasen la prueba del tiempo.

Sin limitar lo ocurrido en el último medio siglo a su persona, su gobierno ha constituido el capítulo más largo de la historia contemporánea de Cuba. Por décadas hemos estudiado y enseñado historia de Cuba y participado en investigaciones sobre la revolución castrista y los gobiernos anteriores a Castro. Además de conocer personalmente a algunos personajes, nos hemos entrevistado con personas con vivencias sobre el proceso y hemos escrito artículos sobre textos de historia de Cuba y figuras de su historia contemporánea. No es este el primer libro que hemos publicado sobre Cuba.

> Al acercarnos a nuestro propio tiempo histórico, no encontramos un caso como el de Fidel Castro: más de medio siglo... de control sobre la vida de los cubanos.

En algunos sistemas los que desempeñan los poderes del Estado sólo gobiernan por cuatro, cinco, seis, ocho años. En otras naciones se han producido golpes militares y cambios de gobierno con frecuencia inusitados, como en muchos países latinoamericanos hasta épocas recientes. Al acercarnos a nuestro propio tiempo histórico, no encontramos un caso como el de Fidel Castro: más de medio siglo de actuación, de gobierno y de control sobre la vida de los cubanos. El capítulo escrito por Castro o en relación con su ejecutoria es comparable en extensión al de cualquier otro individuo en la historia universal, incluyendo a los monarcas del pasado, pero ni siquiera la condición insular de Cuba, las características tan españolas y tan africanas de la última gran colonia de España en América o la larga influencia norteamericana en su desarrollo histórico la separan totalmente de una relación con fenómenos ocurridos en América Latina.

Una obra como *Siglo de Caudillos*, del notable historiador mexicano Enrique Krauze, pudiera decirnos mucho.[1] Es una biografia colectiva de caudillos que consigue su propósito de hacernos entender la historia política de su gran país partiendo de los presbíteros Miguel Hidalgo y José María Morelos y llegando hasta Porfirio Díaz, pasando por un reformador y «dictador democrático» como Benito Juárez, y hasta por figuras rodeadas por un mayor grado de controversia como Agustín de Iturbide y Antonio López de Santa Ana. Desfilaron desde «el siervo de la nación» (Hidalgo) y el «caudillo de la independencia» (Morelos) hasta «el Pacificador» (Díaz). Curiosamente, Iturbide fue proclamado emperador y el tratamiento que se le daba a Santa Anna era el de «Su Alteza Serenísima». Cuba ha tenido también su historia de caudillos y pudiera inspirar en el futuro otra *Biografia del Poder*, utilizando de nuevo un título de Krauze. En Cuba sería una historia de generales, doctores, sargentos coroneles y comandantes.

Ese uso de títulos especiales para los caudillos es casi inevitable. Mientras muchos dominicanos llamaron a Rafael Leónidas Trujillo «generalísimo», «el jefe» e incluso «nuestro amado jefe», los cubanos han tenido siempre sus títulos y apodos para líderes y gobernantes. A Tomás Estrada Palma, por su carácter austero le decían respetuosamente «don Tomás» o «el honrado don Tomás», aunque eso se decía a veces con cierto grado de burla hacia su honestidad y su ética protestante. Sus seguidores eran llamados por el pueblo «carneros de don Tomás». Al general José Miguel Gómez le conocían como «el tiburón» por cierto grado de corrupción que se le atribuía. (Se añadía, con cierta simpatía hacia su gestión: «tiburón se baña, pero salpica», es decir, distribuye los recursos de que se apropia.) A su sucesor, el general Mario García Menocal, lo llamaban «el mayoral», no sólo por ser un aristócrata sino por haber administrado centrales azucareros. Al doctor Alfredo Zayas, en vez de hacer resaltar su cultura, preferían llamarle «el chino Zayas» por algún rasgo facial. Al general Gerardo Machado lo exaltaban como «el egregio» y con otros ditirambos. Sus opositores le llamaban «asno con garras». Más recientemente, el general Fulgencio Batista era «el hombre» o «el mensajero de la prosperidad». Muchos opositores, le llamaban «el negro» por considerarlo mulato. Al doctor Ramón Grau San Martín unos le decían «el Mesías» y otros «el divino galimatías». Eduardo Chibás era «el adalid» para admiradores y «el loco» para adversarios. A Fidel Castro lo proclamaron como «máximo líder» y «comandante en jefe». También se le ha llamado «el caballo» y una larga lista de nombres.

Una historia universal de los caudillos sería casi tan larga como la humanidad misma. Los diferentes pueblos tienen en su historia figuras muy diferentes entre sí, pero igualmente caudillistas. Oliverio Cromwell ostentaba el título de «Lord Protector». El senador por Louisiana Huey Long era el «Kingfish», que los cubanos traducirían como pez o «peje grande», mientras que al alcalde de Nueva York Fiorello La Guardia era «la florecita». ¿No fue acaso Franklin Roosevelt uno de los grandes caudillos del siglo XX? Charles De Gaulle no fue simplemente el líder de los «franceses libres» durante la Segunda Guerra Mundial. Su capacidad de convocatoria se extendió casi hasta su muerte. ¿Y qué decir de Francisco Franco, «Caudillo de España por la gracia de Dios y generalísimo de todos los ejércitos»?

Fidel Castro y el último medio siglo cubano serán siempre temas polémicos aún en medio de la exaltación de todo un sector de opinión. Mirándolo desde otra perspectiva, para algunos abarca casi todo el período que nos ha tocado vivir. La génesis de lo que hemos escrito sobre el asunto a través de los años no puede separarse de la influencia que acontecimientos, situaciones y personajes mencionados o descritos han tenido sobre millones de cubanos y latinoamericanos y sobre nuestra propia vida.

Abarcar completamente un asunto tan amplio y complicado es punto menos que imposible, pero se han realizado esfuerzos dignos de mencionarse. Robert E. Quirk, en una documentada biografía de Fidel Castro,[2] reconocía que muchos trabajos sobre la revolución de Castro, escritos por «Theodore Draper, Andrés Suárez, Boris Goldenberg, Maurice Halperin y Samuel Farber, habían pasado la prueba del tiempo». Quirk hacía también un reconocimiento a eruditos cubano-americanos como «Carmelo Mesa-Lago, Jorge Domínguez, Jaime Suchlicki y Nelson P. Valdés» y a estudios generales de «Hugh Thomas, Georgie Anne Geyer y John Dorschner». El periodista Tad Szulc ha recibido mucha atención como biógrafo de Fidel Castro. En la introducción de su obra, el autor relataba una conversación en 1985. Según Szulc, Castro le hizo esta pregunta: «¿Le permitirían sus puntos de vista políticos e ideológicos decir objetivamente mi historia y la de la revolución...?» Después de mencionar el probable acceso a materiales que se le concedería a Szulc, Castro añadió: «Con usted estaríamos corriendo un gran riesgo»[3] Tal riesgo lo han corrido Castro, su gobierno y todos cuantos penetramos en ese terreno.

Nuestras propias vivencias contribuyeron a acercarnos a procesos anteriores a lo que Theodore Draper, asesor del presidente John Kennedy, llamara «castrismo» en el título de uno de sus libros,[4] considerado una obra fundamental sobre el tema.

El castrismo... no se produjo en el vacío sino en medio de situaciones que desembocaron en nuestro propio tiempo histórico.

El castrismo, como otros fenómenos latinoamericanos (el peronismo entre ellos), no se produjo en el vacío sino en medio de situaciones que desembocaron en nuestro propio tiempo histórico. En los autores e investigadores hay períodos que merecen un estudio especializado. Se escriben libros sobre el joven Lenin, el joven Hegel o el joven Fidel. Consideran sus períodos más tempranos o tardíos, pero hasta en los autores hay períodos en relación con su materia de investigación. Hace cuarenta años leíamos una obra sobre Cuba de Jules Dubois, corresponsal para Latinoamérica del *Chicago Tribune* manifestando esperanzas en la revolución castrista.[5] Expresaba durante el primer año del gobierno revolucionario el siguiente pensamiento: «Si logra llevar a la realidad y a la práctica la tolerancia, la justicia y el respeto a la Constitución ... la historia indudablemente lo absolverá».[6] Años después, encontramos otro libro de Dubois, escrito en 1964, en el que hasta en su prefacio hacía resaltar cambios en su óptica particular y nuevos matices en su lenguaje: «Su plan macabro [el de Castro] consiste en someter la América Latina al yugo comunista».[7] Ni siquiera es necesario aceptar su punto de vista para comprender que el castrismo tuvo resultados que el autor no esperaba. Sus libros contrastan con apologías o estudios más favorables escritos por muchos autores, entre ellos, en 1985, las entrevistas de Frei Betto, el religioso católico brasileño.[8] Ignacio Ramonet también escribió mucho más recientemente otro libro de entrevistas.[9] En América Latina sólo Ernesto Guevara (Ché) ha tenido biógrafos tan entusiastas. Fidel Castro, el líder político seleccionado en dos ocasiones para presidir el Movimiento de Naciones no Alineadas, es una tentación para el biógrafo. Un problema radica en lo difícil que es determinar cuáles son en puridad biografías y cuáles son estudios sobre su revolución. Al menos K. S. Karol, sin olvidar elementos biográficos, logró concentrarse especialmente en un «itinerario político de la revolución cubana».[10]

Como el largo fenómeno representado por el castrismo, la actuación de Fidel Castro al frente de los destinos de Cuba ha sido sumamente prolongada. Ningún otro gobernante latinoamericano ha logrado realizar cambios tan grandes, rompiendo incluso la continuidad histórica como se había entendido hasta entonces y creando una economía que en algún momento intentó quizás ser igualitaria, pero que fue reemplazada o alterada no sólo por las contradicciones de su sistema sino por las realidades del globalismo y la desaparición no sólo de la URSS sino también de las «democracias populares» del este de Europa.

No debe ignorarse, sin embargo, la gigantesca carga de sufrimiento humano y discriminación ideológica representada por cientos de miles de exiliados, millares de prisioneros políticos y adversarios ejecutados durante este período. Tampoco deben pasarse por alto las difíciles condiciones económicas que ha sufrido la población en períodos prolongados y que sólo pueden atribuirse parcialmente a decisiones tomadas desde el exterior. Sacar a Cuba del ámbito americano y situarla en la esfera de influencia que tenía como base la Europa Oriental tuvo un alto costo social para su pueblo. Describir la actuación de un gobierno no consiste simplemente en explicar su confrontación con una potencia extranjera ni referirse a los defectos y errores de su oposición. El avance económico sin precedentes logrado por Estados Unidos o el reciente desarrollo acelerado de la República Popular China no pueden ocultar sus arbitrariedades e injusticias. Cuba no debe convertirse en romántica excepción de las críticas.

Ni siquiera un fenómeno tan exaltado en discursos, marchas y textos como la Revolución Francesa logró conseguir una exención de críticas. Un ejemplo importante lo representan las monumentales *Reflexiones sobre la Revolución en Francia* de Edmund Burke. Una diferencia radica en que la gloria y la responsabilidad no recayeron allí sobre una sola persona. Robespierre, Dantón, Marat, Sieyés, y sobre todo Bonaparte, fueron capítulos más o menos importantes. En Cuba no puede hablarse hasta ahora de la revolución castrista sin situar en el centro a su líder. ¿Será entonces la Revolución Cubana la revolución de un solo hombre? Se le han tributado a Castro alabanzas y se le han hecho severas críticas que generalmente representan también elogios y enjuiciamientos a su largo período.

Fue quizás Jean-Paul Sartre quien definió casi mejor que cualquier otro observador lo que podía esperarse de una revolución como la cubana aun desde una óptica tan favorable como sus amistosas visitas a principios del gobierno revolucionario. Para Sartre, «la revolución es una medicina de caballo; una sociedad se quiebra los huesos a martillazos; demuele sus estructuras; trastorna sus instituciones. ... El remedio es extremo y con frecuencia hay que imponerlo por la violencia. ... La exterminación del adversario y de algunos aliados es inevitable...»[11]

El tiempo hace que las revoluciones se transformen o desaparezcan en cuestiones fundamentales. A veces se someten a procesos institucionales que preservan algunos de sus resultados. Como sucedió con las revoluciones francesa, mexicana y rusa siempre queda algo de ellas. Los mitos tienen una duración mayor o menor, pero a la postre se produce una saludable desmitificación acompañada de algún grado de revisionismo histórico. Las pasiones se calman inexorablemente ante la temporalidad de proyectos e ilusiones. Sin embargo, acercarse a una historia como esta es penetrar en el reino de la polémica. También pudiera convertirse en un modesto, pero peligroso intento de introducirse en un complicado mundo de biógrafos, caudillos y revoluciones.

—Marcos Antonio Ramos

1

El último sobreviviente y Estados Unidos

Caudillismo en América Latina	siglos xix y xx
Guerra Fría	1945–1989
Países No Alineados	1955–
Inicio de la era del caudillo: Fidel Castro en Cuba	1959
Diez Presidentes norteamericanos y Fidel Castro	1959–2006
«Crisis de los misiles de Octubre»	1962

Fidel Castro recibe al papa Juan Pablo II duranta la visita de este a Cuba en 1998.

CUBA, 13 DE AGOSTO DE 1926. El general Gerardo Machado gobierna a Cuba, pero le han surgido ya muchos opositores. Aquel verano ha sido intenso en una finca situada en Birán, barrio del municipio de Mayarí en la antigua provincia cubana de Oriente. Aproximadamente a las dos de la madrugada nace un niño que sería conocido en todo el planeta Tierra como Fidel Castro. Su padre es un inmigrante gallego. Su madre es una cubana nacida en la provincia más occidental, Pinar del Río. Ninguno de los presentes en el lugar de su nacimiento podía imaginarse que aquel bebé llegaría a ser el político latinoamericano más famoso desde la independencia de las antiguas colonias españolas de América.

Sin duda fue así. Odiado y amado, respetado y despreciado, su nombre se mencionaría tanto como los de John F. Kennedy y Nikita Khrushchev durante la crisis de los misiles de octubre de 1962 que llevó al mundo al borde de una guerra nuclear de consecuencias incontrolables. Kennedy y Khrushchev se convirtieron, escasos años después, en importantes referencias históricas, parte de la historia misma, Fidel Castro, sin embargo, todavía vivía y gobernaba ya entrado el siglo XXI. Su simple presencia en el escenario internacional como gobernante en plenas funciones hizo resaltar su condición de único sobreviviente entre los personajes que fueron noticia más allá de lo que se espera de un político o gobernante, incluso en los países más importantes.

Si nos remontamos a principios del siglo XIX, por espacio de dos décadas Simón Bolívar, el Libertador, marcó la existencia diaria de la mayoría de los sudamericanos, aunque no gobernó todo ese tiempo y compartió el poder con personajes como Francisco de Paula Santander, su gran rival. La historia universal acogió la figura de Bolívar. Su influencia se siente todavía hasta en las divisiones geográficas del continente y el nombre de algunas naciones, pero su presencia física y su ejecutoria política no pasaron de un cuarto de siglo.

Y lo mismo sucedió con otros. Las tres décadas del doctor José Gaspar Rodríguez de Francia en Paraguay, país aislado geográficamente, no incidieron sobre el continente. El general Juan Domingo Perón, de la República Argentina, repercutió fuera de su país, pero ni siquiera su regreso al poder o la vigencia del peronismo como un movimiento político le otorgaron influencia planetaria.

> Odiado y amado, respetado y despreciado, su nombre se mencionaría tanto como los de John F. Kennedy y Nikita Khrushchev durante la crisis de los misiles.

Claro, hoy las circunstancias son distintas. Las comunicaciones lo han cambiado todo en un mundo diferente al del Libertador [Bolívar], el doctor Francia y el general Perón. Se han materializado criterios anticipados por Marshall MacLuhan, no sólo los del planeta como «aldea global» sino su creencia de que los medios masivos de comunicación afectarían a la sociedad, no por el contenido del mensaje sino por las características del mismo medio. ¿Qué otro gobernante del «Tercer Mundo» ha llenado como Castro las condiciones para adquirir dimensiones mundiales partiendo del uso exclusivo de los medios de comunicación en su país?

Por supuesto, el fenómeno sociopolítico conocido como «el caudillo latinoamericano» no ha desaparecido. La experiencia de algunos personajes recientes como el religioso salesiano reverendo Jean-Bertrand Aristide en Haití y el teniente coronel Hugo Chávez en Venezuela parecen decírnoslo. Por un momento se pensó que Aristide encarnaba el paso al poder del teólogo latinoamericano de la liberación. El caso Chávez tiene relación con la corrupción de sus predecesores y el gran arma política constituida por el precio de petróleo que le permite distribuir algunos recursos entre la población históricamente marginada.

La América Latina parece también destinada a producir otro tipo de líderes quizás más cercanos a realidades contemporáneas tal y cual son vistos por grandes sectores del establecimiento político prevaleciente. No nos referimos necesariamente a los nuevos modelos neoliberales ni al populismo tradicional de izquierda o derecha, sino a casos como el de Luiz Inácio Lula da Silva, político brasileño que combina características propias de un caudillo con estilos de candidatos presidenciales en otras latitudes. Desconcertando a los que siguen de cerca situaciones políticas en Estados Unidos y América Latina, Lula da Silva ha sido un líder obrero de confesión católica, basado en la teología de la liberación, pero con gran apoyo en influyentes comunidades evangélicas abiertas a un cambio social moderado. En algunos países parecen florecer esas tendencias. En otros, los del libre mercado han tenido un éxito apreciable, sin llegar sus beneficios a gran parte de la población. En todas partes, la corrupción dentro de la condición humana continúa ejerciendo influencia sobre gobernantes y gobernados.

Muchos personajes del siglo XX contaron con la ventaja o desventaja del uso cada vez más frecuente de los medios masivos de comunicación. Ese fue el caso de los últimos emperadores de Alemania o Austria, el último zar de Rusia, los reyes de Inglaterra y sus primeros ministros, los estadistas franceses, los presidentes estadounidenses, los papas y los líderes espirituales de mayor impacto, los grandes líderes revolucionarios. Lo que tenía relación con ellos —al menos buena parte de la información— llegaba a otras regiones del mundo en cuestión de días, horas o minutos. Esto es cierto también del «camarada Stalin», el «Duce» y el «Führer», de los titanes de la «libre empresa» que dieron forma al capitalismo que conocemos, y de los que crearon la Unión Soviética, la China Popular, el Tercer Mundo o «los países no alineados». Y lo mismo puede decirse de los diplomáticos más efectivos, de los dictadores más conocidos, de los que tuvieron mayor relación con dos grandes guerras mundiales (héroes o generales de ejércitos más poderosos que los creados por Napoleón, César o Alejandro), de benefactores y villanos.

Pero hay algo singular. Todos los mencionados habían muerto o se habían retirado del escenario o del pleno ejercicio de sus funciones gubernamentales. Ya ni siquiera quedaba intacta la alianza occidental tal y como fue concebida durante la Segunda Guerra Mundial. La URSS había desaparecido para ser reemplazada por países independientes como la Federación Rusa y las otras antiguas «repúblicas soviéticas» y «democracias populares» (algunas de las cuales hasta llevan otros nombres. Pero aun quedaba sentado en la silla del poder, de la influencia mundial y de las noticias aquel niño que nació en Cuba en 1926, siendo Presidente el general de la Guerra de Independencia Gerardo Machado.

No todo había cambiado para esa fecha. La geografía no ayudaba. Una isla grande, pero un territorio relativamente pequeño en comparación con el de otras naciones. Tierra favorecida con bellezas naturales. Con caña de azúcar, pero con poco petróleo disponible. Más cercana a la mayor potencia mundial que casi cualquier otro país, Cuba se encontraba en la esfera de influencia norteamericana, pero quedaba en pie la influencia española más que en cualquier otro país latinoamericano, mezclada con contribuciones culturales y raciales de etnias africanas. Muy al contrario de lo que algunos habían anticipado, el país no había sido anexado a Estados Unidos. La Enmienda Platt, que convertía en constitucional la relación especial con Estados Unidos, estaba próxima a su abolición. Ese momento llegaría ocho años después en 1934.

En 1926 se hablaba constantemente de los héroes de las luchas por la independencia, sobre todo del orador, poeta y escritor José Martí, hijo de españoles. Se hablaba también de Antonio Maceo, un general de raza negra; de Carlos Manuel de Céspedes, un aristócrata que liberó a sus esclavos. A Martí, convertido casi en ícono religioso a pesar de su falta de afiliación confesional, se le llamaba «Apóstol»; a Maceo «Titán de Bronce», a Carlos Manuel de Céspedes «Padre de la Patria», a Ignacio Agramonte «El Bayardo». Entre otros extranjeros que lucharon por la independencia se evocaba con admiración a Máximo Gómez, dominicano que encabezó el Ejército Libertador, al general confederado Thomas Jordan, que antes que Gómez desempeñó esas funciones en la Guerra de los Diez Años, y a su compatriota el brigadier Henry Reeve, hijo de un pastor protestante. A Máximo Gómez le llamaban «El Generalísimo», a Jordan simplemente «general Jordan», al brigadier Reeve «el Inglesito». La cubana más venerada seguía siendo Mariana Grajales, madre de los Maceo, la mujer de sangre africana que lamentó no tener más hijos que entregar a la patria. En esa tierra de blancos, mulatos y negros, donde unos pocos llevaban la sangre de los aborígenes que encontró Colón, se decía con admiración de los muchos asiáticos que pelearon por su independencia que «ningún chino cubano fue traidor».

Cuba, 10 de julio de 1926. Unas semanas antes del nacimiento del niño Fidel Castro. El soldado del Quinto Distrito, Escuadrón Cinco, Fulgencio Batista, que estudia para someterse a oposiciones para alcanzar una posición como cabo-escribiente del Estado Mayor, contrae matrimonio con la joven Elisa Godínez. El padre de Fulgencio no era español sino cubano por nacimiento. Antepasados de Batista habían luchado por la independencia y se decía eran de raza mezclada, condición frecuente en Cuba. Se hablaba de su ancestro europeo, pero también de posibles antepasados negros, chinos o indios. En cualquier caso, su cuna había sido humilde. Batista nace no muy lejos de Birán un cuarto de siglo atrás, el 16 de enero de 1901, en Veguitas, municipio de Banes. Su padre, don Belisario Batista Palermo había luchado en la Guerra de Independencia al lado de sus compatriotas. Según un biógrafo de Fulgencio Batista, Belisario era un hombre fuerte, con bigote y de color oscuro. La madre de Fulgencio, una mujer bondadosa y cariñosa, doña Carmela Zaldívar González tenía dos hermanos, uno de ellos, Juan, murió en la Guerra de Independencia. Ella llamaba «Beno» a su hijo Fulgencio.[1] El niño cursó estudios de enseñanza primaria, y alcanzó el cuarto grado en un plantel de los cuáqueros, el Colegio «Los Amigos» de Banes, realiza trabajos humildes en el campo y los ferrocarriles e ingresa en 1921 en las fuerzas armadas como un simple recluta. El Escuadrón Cinco se ocupa de cuidar al Presidente de la República y el joven Batista está destacado en la finca del presidente Alfredo Zayas, pero ni siquiera el más culto y erudito de los gobernantes cubanos se imagina que el soldado que lee los libros de la rica biblioteca particular del gobernante llegaría a ser no sólo Presidente, sino uno de los dos políticos con mayor influencia en la historia republicana de Cuba. El nombre del otro sería Fidel Castro.

Cuba y Estados Unidos

Los nombres de Fulgencio Batista y Fidel Castro estarían en informaciones y artículos de los periódicos estadounidenses, sobre todo en *The New York Times*. El primero de ellos con menor frecuencia, pero su nombre sería mencionado en relación con aspectos de política norteamericana hacia la región o en relación con negocios e intereses de Estados Unidos en Cuba. ¿De cuántos presidentes latinoamericanos se ha publicado todo un libro relacionándolo con un presidente norteamericano? La Universidad de Nuevo México publicó en 1973 el importante estudio sobre la relación entre Batista y el autor de la «política del buen vecino».[2] El segundo personaje, Castro, sería casi una presencia constante en primeras planas, incluso en la más importante crisis de la Guerra Fría, la de los misiles de octubre de 1962. ¿Hablar de Estados Unidos desde 1959 sin mencionar a Castro? Con los libros escritos sobre el personaje y el tema se llenarían estantes en las bibliotecas. ¿Cómo hablar de Castro sin Estados Unidos? ¿Cómo referirnos a su importancia mundial sin una vieja historia de relaciones cubano norteamericanas y sin el diferendo de medio siglo? ¿Cuáles son sus raíces?

> ¿Cómo hablar de Castro sin Estados Unidos? ¿Cómo referirnos a su importancia mundial sin una vieja historia de relaciones cubano norteamericanas y sin el diferendo de medio siglo?

Estados Unidos de América. Agosto de 1926. El presidente Calvin Coolidge (1923-1929) discute con algunos asesores acerca de la situación en las naciones vecinas. ¿Cómo iban las cosas en Cuba con Gerardo Machado? ¿Afectaría la Ley Verdeja reduciendo en diez por ciento el monto de la zafra azucarera? Faltaban casi tres años para la discusión de la Tarifa Smoot-Hawley que tanto afectaría la industria del azúcar en Cuba. ¿Qué estaría planeando en 1926 desde la presidencia del Comité de Finanzas del Senado el poderoso «Apóstol» Smoot? Reed Smoot no se limitó a su cargo en el Colegio de los Doce Apóstoles de la Iglesia Mormona sino que representaba a Utah en el Senado y ejercía la mayor influencia sobre las tarifas. ¿Qué opinaba el embajador Crowder del primer año de Machado en el poder? ¿Estaba cumpliendo el presidente cubano la promesa hecha a su homólogo norteamericano: «Bajo mi gobierno ninguna huelga durará quince minutos»? Coolidge viajaría a La Habana, para presidir la Sexta Conferencia Internacional Americana de 1928. Cuba, siempre Cuba. La Habana, siempre La Habana.

Cuba y La Habana habían sido centro de operaciones españolas contra el Reino Unido y a favor de las Trece Colonias durante la lucha contra Inglaterra iniciada por los norteamericanos en 1776. Cubanos y españoles habían recogido fondos en La Habana y Matanzas para sostener las tropas de George Washington. Centenares de cubanos blancos, negros y mulatos formaron parte de las fuerzas españolas que combatieron a los ingleses durante la Revolución Americana. Desde la independencia se había iniciado una relación comercial con Cuba. Ya no era conveniente depender de las «islas de azúcar» del Caribe que prefirieron quedarse con Inglaterra. Cuba sería desde principios del siglo XIX un gran socio comercial a pesar de continuar bajo la bandera española.

El valor estratégico de Cuba estuvo siempre en mente de los líderes norteamericanos. En 1805, ciento veintiún años antes del nacimiento de Fidel Castro en Birán, el presidente Thomas Jefferson notificó al ministro de Inglaterra en Washington de que de estallar alguna guerra con España, los Estados Unidos se apoderarían de Cuba por cuestiones estratégicas. Sería necesario defender Nueva Orleans, adquirida con la Compra de Louisiana a Napoleón en 1803 («The Louisiana Purchase») y a Florida, que ya estaba en la mira de un expansionismo territorial. Se insistiría de nuevo en 1807 y 1808. En 1823 el secretario de Estado del presidente James Monroe, John Quincy Adams, en nota enviada a Hugh Nelson, su ministro en Madrid, para que la entregara a Su Católica Majestad afirmaría: «La isla de Cuba, casi a la vista de nuestras costas, ha venido a ser, por una multitud de razones, de trascendental importancia para los intereses políticos y comerciales de nuestra unión».

¿Cuál era entonces la política a seguir en torno a Cuba? Era necesario que se mantuviera bajo la bandera de España, para que no cayera en manos de ingleses, franceses u otros europeos. Es fácil comprobar que Cuba estaba en la mente de los arquitectos de la llamada «Doctrina Monroe» (1823) y se le podía aplicar como a otras tierras la famosa frase «América para los americanos». En caso de ser necesario, posible y conveniente, Cuba debía integrarse a la Unión norteamericana como estado o territorio. Pero había que pasar por «la espera paciente y la fruta madura». Las primeras tierras sobre las cuales se intentaría hacer prevalecer el «Destino Manifiesto» (1845) eran Oregón, California, el Sudoeste de Norteamérica (entonces territorio mejicano) y Cuba. Vale la pena preguntarse ¿qué hubiera hecho otra nación en crecimiento con un territorio tan cercano y próspero?

Después vendrían intentos anexionistas bajo auspicios de políticos del Sur que deseaban otro estado esclavista en la Unión. Como no se dieron las condiciones y el Sur perdió la guerra civil, otras administraciones esperarían la existencia de condiciones objetivas, pero no todos los presidentes tuvieron intenciones anexionistas. Hasta el expansionista Theodore Roosevelt insistiría en que ni siquiera deseaba convertir a Cuba en protectorado. Bastaba mantener a Cuba bajo su influencia comercial y política. Esa era entonces la conducta normal de las potencias.

La historia dio un giro en 1959. Batista partió hacia el exilio y Castro se hizo cargo del poder. Batista no pudo instalarse en Estados Unidos, como había hecho en 1944 y se contentó con un exilio en tres etapas: Santo Domingo, Madeira, Madrid. En 1959 Castro visitaría los Estados Unidos y se entrevistaría con el vicepresidente Richard M. Nixon. Muchos especularían si el presidente Eisenhower estaba demasiado ocupado o si se refugió en cuestiones de protocolo. Los periodistas, como los historiadores, se dan el lujo de especular. Castro era primer ministro, Jefe de Gobierno, pero no de Estado. A partir de 1959 se iniciaría otro diferendo, de tal magnitud que la considerable fama de Fidel crecería enormemente. «David contra Goliat», la pequeña isla contra el imperio y lo que añadirían periodistas, historiadores, politólogos y los que cultivarían la nueva disciplina que les certificaría como «cubanólogos». El

cambio que empezó a producirse en Cuba sería grande. Detrás quedarían recuerdos no sólo de Fulgencio Batista y su sucesor en 1944, Ramón Grau San Martín, sino de Carlos Prío, derrocado por las fuerzas
armadas en 1952.

La vida política de Castro se desenvolvió durante las administraciones de esos tres personajes. En Cuba se habla de políticos que sobrevivieron gobiernos que no duraron tanto, pero en el caso de Castro le
correspondería sobrevivir también el diferendo con muchas administraciones norteamericanas. ¿A quiénes sobrevivió? ¿Qué otro gobernante latinoamericano ha tenido un diferendo tan importante con
Estados Unidos? ¿Qué presidente de América Latina permaneció en el
poder después de diez administraciones estadounidenses? ¿Cómo hablar de Castro sin relacionarlo con tantas administraciones? Corresponden a los siguientes presidentes:

- *El general Dwight Eisenhower* que contribuyó a la caída de Batista,
  pero que rompió relaciones con Cuba y Castro en 1961. Se le
  puede considerar en algunos aspectos el iniciador del embargo
  impuesto a Cuba, aunque este se consumó en época de su sucesor en aspectos fundamentales.
- *John Kennedy*, que autorizó la fracasada invasión de Bahía de Cochinos ese mismo año y resolvió la crisis de los misiles de octubre de 1963.
- *Lyndon Johnson*, que, como Kennedy, abrió las puertas de su país
  a los exiliados anticastristas e invadió República Dominicana
  para «evitar otra Cuba».
- *Richard Nixon*, considerado una gran esperanza anticomunista
  por los exiliados y que puso punto final a actividades de infiltración anticastrista. Su administración firmó un tratado contra la
  piratería aérea con el gobierno de Cuba.
- *Gerald Ford* no dejó gran huella en asuntos cubanos, pero no levantó el embargo comercial.
- *Jimmy Carter*, que permitió nuevamente la entrada masiva de
  exiliados. Le correspondió restablecer un mínimo de relaciones

con Cuba con una Sección de Intereses diplomáticos, lo que facilitó las visitas de exiliados a su país natal, pero que sufrió por la crisis de los refugiados del Mariel en 1980.

- *Ronald Reagan*, en la década del 1980, que alentó las esperanzas del exilio al hacer posible las trasmisiones a Cuba de Radio Martí, pero que también intentó establecer contactos con el régimen cubano y utilizó para ello al general Alexander Haig.

- *George Bush*, amigo personal de exiliados cubanos, continuó la política de Reagan y firmó la llamada Ley Torricelli que intensificaba el embargo.

- *William Jefferson Clinton* se vio obligado a abrir las puertas a una migración masiva vía la Base de Guantánamo. Su apoyo en campaña electoral a la Ley Torricelli obligó a Bush a firmarla. Luego, ante el derribamiento por Cuba de aviones tripulados por exiliados, aceptó otro endurecimiento del embargo —la Ley Helms-Burton, pero sin firmar las cláusulas más problemáticas.

- *George W. Bush*, su sucesor, elegido en 2000 gracias al voto masivo de los cubanos de la Florida, haría lo mismo.

Durante estas diez administraciones, Castro sobreviviría el rompimiento de relaciones decretado por Eisenhower; las diversas fases del embargo comercial (al cual llamaría «el bloqueo»); la invasión de Bahía de Cochinos; el éxodo masivo de sus opositores, entre los cuales no sólo había empresarios sino también profesionales y técnicos de gran utilidad para el país; la crisis de los misiles de octubre de 1962; la decisión rusa de retirarlos de Cuba; los alzamientos de campesinos y opositores sobre todo en la Sierra del Escambray; las infiltraciones apoyadas por servicios de inteligencia de Estados Unidos; sus propias actividades llamadas internacionalistas y que no se limitaron a apoyar movimientos revolucionarios o guerrilleros en América Latina —uno de los cuales costó la vida al «Che» Guevara— sino hasta en África.

Sus adversarios tienen también derecho a una larga lista de datos que explicarían su larga permanencia en el poder. Entre ellas están:

- El haber reemplazado casi por completo las fuerzas armadas con sus propios partidarios más entusiastas.

- La ausencia de libertad de prensa.

- La confiscación (llamada en su momento nacionalización) de empresas extranjeras primero y de nacionales después, que puso en manos del estado y el gobierno todas las riquezas del país, y eliminó de paso y casi por completo la sociedad civil.

- El haber distribuido parte de esos recursos entre sectores necesitados de la población mediante la Reforma Agraria y la Reforma Urbana, lo que le ganó firmes partidarios.

- Los fusilamientos masivos de los primeros tiempos, el largo cautiverio de miles de opositores y la salida de Cuba de sus opositores más militantes en los primeros años, cuando su gobierno todavía no se había consolidado. Todo esto lo ayudó a evitar el surgimiento de un líder que le sirviera de contraparte en el interior del país.

- La utilización del trabajo más o menos forzado de la población (o bajo presiones laborales y sociales) conocido como «trabajo voluntario». Las Unidades Militares de Ayuda a la Producción (UMAP) de la década del 1960 eran verdaderos campos de concentración.

- El ejercer controles sobre la vida de la población que eran desconocidos hasta 1959. Al presionar a la población para que utilizara su tiempo libre en «resolver» necesidades económicas ante la escasez reinante dificultaba hacer política o conspiración.

- El unipartidismo y el adoctrinamiento político.

- Las complicadas situaciones internacionales y el momento álgido de la Guerra Fría cuando Castro llegó al poder. Durante décadas, la URSS brindó a Castro un enorme, casi insuperado, apoyo económico y logístico en su enfrentamiento con Estados Unidos.

- Las remesas de los cubanos exiliados a sus familiares y un nuevo estilo de turismo, además de los ingresos de médicos, maestros y técnicos cubanos enviados a trabajar al extranjero (gran parte de cuyos salarios son retenidos por el gobierno).

- La más reciente ayuda que le ha dado el gobierno del presidente Hugo Chávez de Venezuela.

Algunos señalan que la política norteamericana se basa, como en otras épocas, en evitar la desestabilización de Cuba y evitar que el éxodo hacia Estados Unidos sea demasiado grande. Cuando Castro consolidó su control sobre el país, los directores de la política estadounidense hacia Cuba prefirieron dejar las cosas como estaban por el temor al caos.

La Guerra Fría duró más o menos entre 1945 y 1989, con secuelas que han durado un poco más. Castro ha gobernado a Cuba desde 1959. A inicios del siglo XXI, aproximándose así el medio siglo de régimen castrista y más de cincuenta años después del asalto al Cuartel Moncada y la consiguiente entrada de Castro en lo que se nos ocurre denominar como una interminable actualidad cubana, no había evidencias concretas de que se acercara realmente el fin de su gobierno.

> **Cuando Castro consolidó su control sobre el país, los directores de la política estadounidense hacia Cuba prefirieron dejar las cosas como estaban por el temor al caos.**

La supervivencia del régimen castrista llama la atención dentro y fuera de Cuba. Al entrar Castro en La Habana en enero de 1959, se mencionaban frecuentemente en la prensa cubana los nombres de figuras como Gamal Abdel Nasser, Pandit Nehru, Tito, Mao-Tse-Tung, Chou En-lai, Ahmed Ben Bella, Patricio Lumumba, Jomo Kenyatta, Ahmed Sukarno. Otros surgirían pronto, para desaparecer después de la actualidad por fallecimiento, derrocamiento o salida pacífica del poder. Algún caso pudiera mencionarse como excepción, pero sólo hasta cierto punto. El legendario Nelson Mandela se ha convertido más bien en símbolo de reconciliación después de su retiro definitivo de la política sudafricana y regional. Así sucede con Jimmy Carter y su grandiosa política de derechos humanos, personaje convertido en promotor de programas de viviendas para pobres y en supervisor internacional de elecciones. Su colega Bill Clinton promueve causas humanitarias y en algunas de ellas se le ha sumado su predecesor George Bush padre. Cuando nos referimos a un superviviente, lo hacemos únicamente en el contexto de políticos y gobernantes o de diplomáticos en funciones oficiales. ¿Qué otro superviviente con una ejecutoria más larga que la de Fidel Castro?

La longevidad del régimen se hizo evidente en la XIV Reunión del Movimiento de los Países No Alineados (MNOAL), celebrada en La Habana en septiembre de 2006. Muy pocos de los presentes habían estado en la reunión anterior del Movimiento celebrada en la Habana en 1979. Sólo unos cuantos de los presidentes y primeros ministros de entonces continuaban en el poder. Los que en alguna ocasión atrajeron a la prensa universal ni estaban allí ni la prensa global mencionaba sus nombres. De los que disfrutaron de alguna fama quedaba uno en el poder: Muammar el-Gaddafi de Libia, considerado ahora casi «hombre de paz» por sus viejos adversarios y sin influencia fuera del territorio de Libia.

La Conferencia Afroasiática reunida en Bandung, Indonesia, en 1955 había preparado el camino. La instalación formal de los No Alineados se realizó en Belgrado, Yugoslavia en 1961. El legendario Mariscal Tito gobernaba ese país. Allí estaba junto a Nehru, Nasser y Sukarno. Cuba anunciaba su apoyo. Entonces no tomaba partido en conflictos entre China y la URSS. No existía confrontación alguna entre Cuba y países socialistas como Albania y Yugoslavia que tomaban caminos separados de la que algunos llamaban todavía «patria del proletariado universal» (la URSS). En 1979 la sede escogida de la VI Cumbre fue La Habana y Castro se convertiría por primera vez en presidente de «los no alineados». Estaba en al cúspide de su poder y con excelentes relaciones con la URSS, que sostenía la economía de Cuba. Castro había apoyado la intervención soviética en Checoslovaquia. Era oficialmente un «no alineado», pero buscaba la aceptación de la URSS como un «aliado natural».

En 2006 el panorama parecía diferente. Los informes oficiales del mes de agosto revelaban que Castro convalecía de una penosa operación quirúrgica. Era el último gran sobreviviente de toda una era, pero se le designaba nuevamente para presidir el Movimiento de Países No Alineados (MNOAL). Era el Jefe de Estado y Gobierno del país sede y como tal le correspondía esa designación. No le fue posible estar presente en la reunión, pero su presencia se dejó sentir en discursos y conferencias de prensa. Casi todos los países representados le saludaron o exaltaron en sus discursos. Su selección como presidente del MNOAL por segunda vez estaba asegurada.

En otros lugares del mundo muchas cosas habían cambiado. La URSS había desaparecido y las «democracias populares» del este de Europa eran cosa del pasado. Vietnam empezaba a entenderse con Estados Unidos. El conflicto Este/Oeste era reemplazado por el de Norte/Sur, aunque algunos preferían recordarnos las «Cruzadas» y otros el «Jihad» (guerra santa islámica). La confrontación mayor era entre Estados Unidos y sus aliados y el llamado islamismo radical. Los «islamistas» habían reemplazado a los comunistas en los reportajes de la prensa occidental. ¿La guerra de Vietnam? Una situación ya superada. Los presidentes Bill Clinton y George W. Bush han realizado visitas amistosas a ese país en desarrollo, con evidentes aspectos de capitalismo. Pero ahí estaba todavía Fidel Castro, seriamente enfermo, pero recibiendo en el hospital al líder de otro proyecto político latinoamericano.

Seguirán lloviendo las preguntas ante una situación tan compleja como interesante. No puede hablarse de la misma sin preguntas que han quedado pendientes o no se han respondido por completo. Algunos creen que Cuba fue un capítulo de la penetración comunista en América, aunque no hay seguridad de que haya sido de veras parte de un viejo plan de la COMINTERN. ¿Habrá sido el suyo el comunismo coyuntural de un revolucionario de izquierda enfrentado a Estados Unidos? No tan difícil de responder sería quizás la siguiente pregunta: ¿Es realmente el actual Partido Comunista de Cuba una continuación del histórico partido comunista cubano, el Partido Socialista Popular (PSP)? Por lo menos nosotros no creemos que sea necesariamente así.

Un estudio de la génesis del movimiento castrista nos permitiría al menos acercarnos a otras interrogaciones. ¿Quién le ayudó de veras a tomar el poder? Sería quizás necesario añadir en busca de mayor especificidad otra pregunta: ¿Lo ayudarían los campesinos, los obreros, los pequeños burgueses o los miembros de clubes aristocráticos de La Habana? ¿Cuál fue el rol de aquellos que simplemente preferían a cualquiera menos al presidente Batista? ¿Por qué querían derrocarlo? ¿No habría acaso cierto grado de racismo en la oposición a ese gobernante?

Acercándonos más a la actuación de Castro como líder y gobernante, ¿ha sido él un revolucionario integral o un caudillo latinoamericano en busca de un escenario internacional? Y hasta los más entusiastas admiradores de cualquier logro obtenido durante la revolución se preguntan: ¿Cómo explicar el alto costo humano de la misma? Para un sector, la pregunta sería: ¿Cómo deja a Cuba la revolución, el gobierno o el régimen castrista? ¿Cuáles han sido las consecuencias para el mundo y para América Latina?

Todo este proceso ha estado rodeado del romanticismo que caracteriza generalmente a las revoluciones y sus personajes. Pero todavía sus adversarios se dividen al responder a otra pregunta: ¿Traicionó Castro a su revolución? Muchos que lo admiraban y defendían, y después rechazaron su radicalismo o algún aspecto particular o personal, se refieren a una «revolución traicionada». (Por cierto, en círculos castristas los califican de «traidores a la revolución», calificativo que no puede aplicarse a los muchos que nunca participaron de ella.) Algunos lo consideran un héroe de América Latina, un estadista internacional, un revolucionario que trasciende la geografía de su isla y su archipiélago caribeño. Otros no cesarán de llamarle dictador y tirano. ¿Cómo situar todo eso dentro la realidad diaria de su pueblo y en el entorno específico de un largo tiempo histórico? ¿No será acaso la revolución castrista y el propio Fidel Castro lo que queda de siglos de revoluciones o quizás de caudillos como implicábamos al principio? Después de echar un vistazo a la historia de Cuba antes de su entrada en la misma regresaremos al nacimiento del personaje tan admirado por muchos como rechazado por otros. No se trata sólo de su diferendo con Estados Unidos.[3]

2

La Isla de Corcho: De «tierra más hermosa» a «vaca sagrada» (1492–1926)

El Capitolio Nacional de La Habana recordatorio de la vida republicana de Cuba.

El Castillo del Morro en La Habana en tiempos coloniales.

EL DOCTOR LUIS MACHADO, ex embajador de Cuba en Washington y uno de los más eminentes abogados en La Habana, publicó en 1938 —catorce años después de un texto suyo sobre la Enmienda Platt— un ensayo con el título *La isla de Corcho*. Le recordaba al lector que algunos hombres de ciencia afirmaban por aquella época que la isla de Cuba se había sumergido tres veces en el fondo del océano, para resurgir otras tantas «al impulso de extraordinarias convulsiones volcánicas, ligada una vez a lo que es hoy la Florida, unida otra a la Península de Yucatán y, por último, en el espléndido aislamiento que hoy disfruta». Algún parecido de lo anterior con la historia política del país es pura coincidencia, pero no deja de existir cierta relación. ¿Ha estado Cuba históricamente desligada del actual territorio de Estados Unidos y del Virreinato de la Nueva España (México)? ¿No estuvo acaso aislada del resto del continente por algún tiempo en la década del 1960? Después de mencionar que esas «inmersiones y resurgimientos con sus inevitables consecuencias» pudieran ser la razón de lo que él consideraba como «despreocupación tan característica del temperamento criollo», don Luis afirma «como la historia se repite, y los cataclismos», pudiera acontecer que en «algún cataclismo universal, al revés de los anteriores, el mundo fuera el que se hundiera, quedando flotando sobre las olas enfurecidas del mar la tierra más bella que ojos humanos vieran». La isla del último gran superviviente de la historia de los acontecimientos mundiales del siglo XX ha sido llamada «Isla de Corcho». Para el doctor Machado, a pesar de todas las situaciones, pudieran quedar «flotando en nuestra isla de corcho, solos en el mundo los cubanos, tan solos como la estrella solitaria que resplandece en nuestra simbólica bandera».[1] No so-

lamente la Isla sobrevivió al difícil siglo XX. También lo hizo el gobernante cubano con la más prolongada ejecutoria.

La geografía de esa «isla de corcho» donde nació Fidel Castro en
1926, no es la de Europa o la América del Norte, ni tampoco la de Centro y Sudamérica. Pero cuando se habla de Castro en el mundo se pien-
sa en América Latina y no sólo en Cuba. Por lo tanto hay que tener en
cuenta la región cuando se escribe acerca de este personaje. Cuba es
considerada un país latinoamericano. Sería más exacto referirnos a Ibe-
roamérica o Indoamérica, pero la palabra «latinoamericano» ha preva-
lecido. Los magníficos textos sobre América Latina de autores como
Carlos Pereyra, Luis Alberto Sánchez, Tulio Halperin Donghi y Frank
Tannenbaum son sólo algunas de las excelentes introducciones a la historia y características del continente. El interés por la región fue mayor
en las décadas del sesenta u ochenta del pasado siglo XX. Se ha producido un cambio de prioridades en la política exterior norteamericana,
mientras España va logrando intensificar sus viejos lazos con el continente.

> **No solamente la Isla sobrevivió
> al difícil siglo XX. También lo hizo
> el gobernante cubano con la más
> prolongada ejecutoria.**

Pero Cuba es un país caribeño con características propias, no necesariamente iguales a las de muchos países de la región. Entre ellas pueden mencionarse su condición insular, la proximidad a Estados Unidos,
el predominio de las etnias y culturas españolas con una marcada influencia de una gran minoría racial africana, un enorme mestizaje «mulato» y escasas huellas dejadas por la población aborigen. Es imposible
separar a Cuba de América Latina, y mucho más difícil sería segregar
completamente el estudio de acontecimientos en el Caribe como los re-
latados por Germán Arciniegas en una de sus obras[2] o en las historias de
la región escritas por personalidades de la política y cultura caribeñas
como Eric Williams o Juan Bosch. Fidel Castro aparece en los títulos o

subtítulos de dos obras escritas por estos autores, que llevan la historia del Caribe «desde Colón hasta Fidel Castro» (Williams) o «de Cristóbal Colón a Fidel Castro» (Bosch).

No es sino un simple comentario al vuelo decir que en un país tropical llamado Cuba, una isla situada a noventa millas de Estados Unidos, se llevó a cabo una revolución encabezada por Fidel Castro. Se hace necesario responder ciertas preguntas: ¿Cómo se inició el fenómeno? ¿En que ambiente se desarrolló la revolución castrista? El entorno de cubanos como Fidel Castro es anterior a la llegada del Mayflower o a la conquista de México. La Habana era una gran ciudad antes que Nueva York, Boston y Filadelfia.

¿Es Cuba simplemente una «isla bajo el sol» del Caribe? La geografía cubana coincide con el mar que le rodea en cuanto a su condición insular y otras características, pero las diferencias son demasiado grandes y abundantes. El diferendo con Estados Unidos tiene relación directa con una larga historia en la cual la geopolítica y otras circunstancias ejercieron una influencia predominante. Fue en Cuba, con la derrota de España en 1898, que Estados Unidos se convirtió de veras en potencia mundial. En esa época, la influencia norteamericana estaba destinada a prevalecer en América Latina más allá de intervenciones en territorios de México o cuestiones como «la anexión de Cuba» o de algún país cercano. Uno de los eruditos con mayor penetración en estudios sobre la historia económica de Cuba, Leland H. Jenks, en su documentada obra *Nuestra Colonia de Cuba*, hace una afirmación importante, aunque sujeta a varios matices: «Cuba es *la vaca sagrada* de la diplomacia norteamericana. En el Ministerio de Relaciones Exteriores [Departamento de Estado] se discuten sus problemas en voz baja y nunca se dan a la publicidad. Hay archivos enteros llenos de documentos de esta clase que jamás verán la luz del día…»[3]

Tales palabras se escribieron alrededor de 1928, mucho antes de que Fidel Castro alcanzara las primeras planas y se convirtiera en gran personaje internacional. Nos han llamado la atención por lo que pudieran representar para entender un aspecto de un largo período de la actividad «interamericana» o «panamericana» y lo que representaba para la política exterior estadounidense. Las citamos en nuestra introducción a una nueva edición de *Problemas de la Nueva Cuba*, estudio publicado por primera vez en 1934 como el informe de la Comisión de Asuntos Cubanos de la Foreign Policy Association.[4] El tema cubano no ha sido una nueva materia a discutir en los pasillos de los centros de poder en Estados Unidos. Lo de «vaca sagrada», sin necesidad de exagerarlo, puede considerarse una gran realidad si consideramos la rapidez con que la Casa Blanca y la cancillería estadounidenses han reaccionado casi siempre a situaciones internas de la isla conocida como «La Perla de las Antillas» o a disputas internacionales en relación con la misma. No se trata únicamente de la Guerra Hispano-Cubano-Americana de 1898, sino de largas relaciones que se iniciaron durante la llamada Revolución Americana (es decir, la guerra de independencia de las Trece Colonias) y que ya eran apreciables en aspectos económicos e incluso políticos a inicios del siglo XIX. Tampoco puede limitarse a proyectos de anexión o al neocolonialismo, al predominio histórico de la industria azucarera o a su importancia estratégica durante la Guerra Fría. Existe el peligro de caer en el reduccionismo. La historia de Cuba no es simplemente su relación con Estados Unidos o España.

Gobernantes como Gerardo Machado, Fulgencio Batista y Fidel Castro, sin ser los únicos en hacerlo, cambiaron la historia de Cuba. Pero los dos primeros no tuvieron el impacto internacional de la revolución encabezada por Castro. Sin embargo, entender sus actuaciones, así como cuestiones de Cuba y el mundo como las que hemos ido mencionando, sería imposible sin ahondar algo en el ambiente en que desarrollaron sus vidas y actividades los tres gobernantes más conocidos de su historia republicana (sobre todo los dos últimos), y sin conocer también a un pueblo con características relativamente complejas. Un perfil de Cuba que se proponga describir ciertos aspectos fundamentales se impone como factor indispensable para cualquier interpretación, sin que se aspire necesariamente a ofrecer un enfoque completo.

Una isla llamada Cuba

Para los turistas, Cuba es una gran isla soleada con miles de kilómetros de costa y playas, entre ellas Varadero. Para otros, es la mayor de las Antillas, con millones de habitantes de origen europeo y africano. La música, el baile, las diversiones, dieron a conocer a cubanos con evidente talento e inclinaciones al arte. Abundan también los que asocian a Cuba con actividades deportivas (los cubanos han sobresalido en competencias internacionales) o con el éxito empresarial y político que han alcanzado los cubanos en tierra extranjera, sin olvidar la participación cubana en guerras extranjeras como la de Angola.

Pero en medio de generalizaciones, impresiones o simples comentarios, lo que más se conoce de Cuba en nuestro tiempo ha sido precisamente la revolución encabezada por Fidel Castro, su confrontación con Estados Unidos, su participación en actividades políticas o militares en América Latina y África, su experimento socialista y el número sumamente elevado de exiliados que han convertido a la emigración cubana en quizás la más importante diáspora política en la historia de América.

La historia de Cuba y su cultura, sin embargo, habían atraído la atención mundial desde antes de la llegada de Fidel Castro y sus partidarios. Su historia no es quizás tan interesante como *México y sus Revoluciones*, la vieja obra de José María Luis Mora y otros cronistas de esa especie de «revolución permanente» (concepto atribuido a León Trotski) en el interesantísimo proyecto histórico mexicano. Los hombres fuertes de la política cubana no han sido tan satanizados en largas biografías como el mexicano Porfirio Díaz, el dominicano Rafael Leónidas Trujillo o el venezolano Juan Vicente Gómez, pero existen diferencias más allá de su condición de isla-nación sin fronteras con el resto del continente.

Para los interesados en cuestiones geográficas y meteorológicas, «la isla de Cuba» es frecuente escala de ciclones, tormentas y depresiones tropicales. Las referencias a Cuba pudieran dar a entender que se trata simplemente de una isla, la mayor de las Antillas. Cuba constituye políticamente un país y no se trata sólo de una isla sino de un archipiélago que identificamos con el nombre de la mayor de las islas del Caribe. La segunda isla del archipiélago cubano es Isla de Pinos (actual Isla de la Juventud), pero Cuba la componen también alrededor de 1,600 islas muy pequeñas y cayos con ninguna o escasa población. Los acontecimientos que nos interesan han ocurrido casi todos en la isla de Cuba y algunos en la isla conocida ahora como de la Juventud (Isla de Pinos), que asociamos históricamente con una famosa prisión y que por su aislamiento y escasa población desde el siglo XVI hasta el XVIII fue uno de los centros de actividades del corso y la piratería. También pudiera hablarse de que cuatro archipiélagos cubanos rodean las islas de Cuba y de la Juventud (Isla de Pinos): Sabana-Camagüey, los Colorados (Jardines del Rey), Jardines de la Reina y los Canarreos. En 1925, el Servicio Geográfico del Ejército calculó el área de Cuba en 111,111 kilómetros cuadrados, pero se ha trabajado sobre otros estimados. En uno de estos se le concede 114.524 kilómetros cuadrados. Ambas cifras incluyen Isla de Pinos (2.200 kilómetros cuadrados) y los cayos del litoral. El geógrafo Leví Marrero señala la utilidad de la segunda cifra, procedente de la Oficina del Censo, que facilita los cómputos variados, pero reconoce como aceptada generalmente la cifra dada por el Ejército, aunque son en realidad aproximaciones, no muy diferentes a otras que se han ido ofreciendo, entre ellas la de 110.922 kilómetros cuadrados utilizada en obras de referencia contemporáneas.

El archipiélago cubano tiene como límites al Noroeste el Golfo de México, al Norte el estrecho de la Florida y el Canal Viejo de Bahamas, que le separan de Estados Unidos y de las Bahamas; al Este el Paso de los Vientos, que la separa de Haití; al Sur el estrecho de Colón, que la separa de Jamaica, y el Mar Caribe; y al Oeste el estrecho de Yucatán, que la separa de México. La población, a fines del siglo XX, pasaba de once millones, estadística que contrasta con la imposibilidad de conocer el número de pobladores indígenas al llegar los europeos.

Cuba se encuentra ubicada en la llamada zona intertropical, cerca del Trópico de Cáncer. El clima es tropical con influencia oceánica. Corrientes aéreas y marítimas influyen, así como diversos fenómenos meteorológicos como el Anticiclón del Atlántico y masas húmedas ecuatoriales. La temperatura media es de 25 grados centígrados, la humedad relativa es del 80% como promedio. Su litoral es extenso (5.746 kilómetros), con dos centenares de ensenadas y bahías. Abundan las llanuras, como la de Colón. Camagüey, situada más bien al oriente del país es bastante llana. Hay varios grupos montañosos y cordilleras como la Sierra de Nipe-Sagua-Baracoa y la Sierra Maestra, ambas en la región oriental; la Sierra del Escambray en el centro y la Sierra de los Órganos en la región más occidental, Pinar del Río. El Pico Turquino es la más alta elevación (1.972 metros). El río más importante es el Cauto. El geógrafo Antonio Núñez Jiménez ofrece como «longitud sinuosa» 370 kilómetros. Otros mencionan 240 kilómetros.) También tienen gran longitud el Zaza, el Sagua, el Caonao, el Agabama y otros. La tierra de las zonas de Occidente son rojos arcillosos. La fertilidad es apreciable, lo cual favorece la agricultura.

Dentro de una vegetación abundante se alza la Palma Real, otro símbolo de la nacionalidad, sobre todo desde que el poeta nacional José María Heredia (1803-1839), exiliado en México, las evocó con nostalgia en su poema «Oda al Niágara», escrito durante un viaje a las famosas cataratas en Norteamérica.

«La tierra más hermosa...»

Cuba entra en la historia universal durante el primer viaje de Cristóbal Colón al Hemisferio Occidental. El descubrimiento fue el 27 de octubre de 1492. Se le atribuye a Colón la siguiente breve descripción de su territorio: «Esta es la tierra más hermosa que ojos humanos han visto». Se ha discutido el lugar exacto de su desembarco en la costa norte de la región oriental del país, pero siempre se ha aceptado su condición de segunda tierra americana que visitó la expedición auspiciada por los Reyes Católicos, y más específicamente por la reina Isabel de Castilla. A nombre de los reyes don Fernando de Aragón y Navarra y doña Isabel de Castilla y León, Colón tomó posesión de Cuba. Entre los nombres que se le han dado a la Isla se encuentran los siguientes: Cubanacán [nombre indígena], Juana y Cuba [que se convirtió en el definitivo].

Al llevar a cabo la exploración preliminar, el descubridor no encontró el descubridor edificios impresionantes ni culturas desarrolladas. Los primitivos pobladores (siboneyes, guanatabeyes y taínos), eran visitados por los indios caribe, procedentes como muchos de ellos de la parte norte de Sudamérica, de las otras Antillas y de regiones cercanas. A los caribes se les temía por sus actividades como guerreros antropófagos. Recorrían casi todas las islas y el mar que las rodea que hoy lleva el nombre de Caribe. Los grupos de indígenas más estudiados en Cuba eran del grupo de los aruacos, conocidos también como arauacos, con cierto origen en América del Sur. Los de mayor desarrollo entre ellos eran los taínos.

«Triste tierra, como tiranizada y de señorío...»

La misión de conquistar y colonizar la isla de Cuba a partir de 1511 y fundar las primeras villas o poblaciones le correspondió al Adelantado don Diego Velázquez, segundo al mando en la vecina isla de La Española (actuales Haití y República Dominicana). Don Diego de Velázquez (1465-1524), nacido en Cuéllar, probablemente participó en el segundo viaje de Colón. En Cuba hubo pronto precursores de la lucha contra el colonialismo. La resistencia de indígenas a la conquista quedó encarnada en el cacique Hatuey, procedente de la vecina isla de La Española (Santo Domingo y Haití) donde había sufrido persecución por parte de los españoles. Sus luchas terminaron con su ejecución en la hoguera y con su negativa a recibir el bautismo cristiano, dato no necesariamente exacto.

El poder del Rey de España lo ejercía en Cuba, a su nombre, el gobernador. Los indios fueron «repartidos» de manera que trabajaran para los que recibían «encomiendas» reales, los «encomenderos», entre los cuales se dividieron tierras que eran propiedad de la corona. De Cuba partieron expediciones que contribuyeron al descubrimiento y conquista de Yucatán, México y la Florida. De Cuba partieron Hernández de Córdoba y Juan de Grijalva, Hernán Cortés, Pánfilo de Narváez y Hernando de Soto, entre otros. Tales expediciones truncaron el crecimiento. Cuba quedó debilitada en población y economía mientras Castilla ensanchaba sus dominios.

Algunos misioneros criticaron a los conquistadores por sus abusos. Entre ellos el más importante lo sería el padre Bartolomé Las Casas, conocido históricamente como «El Protector de los Indios». La población indígena no era demasiado numerosa en Cuba y fue desapareciendo casi por completo. Quedaron sólo residuos de influencia cultural y algunos bolsones de descendientes en regiones apartadas. Las enfermedades que trajeron los colonizadores, el excesivo trabajo a que no estaban acostumbrados y un mestizaje en que la raza blanca prevaleció sobre las características raciales de los aborígenes evitaron que en Cuba sobrevivieran los indígenas.

El país pronto quedó valorado como de importancia estratégica. La Habana, por su posición privilegiada, era la llave del Golfo de México. El Adelantado Hernando de Soto, gobernador de Cuba, después de asumir ese cargo, partió a la Florida en 1538. Dejó en la Isla a su esposa Inés de Bobadilla (a quien algunos cronistas llaman Isabel) con funciones de gobernadora interina. Fue ella quizás la primera mujer que gobernó un territorio ocupado por europeos en la América. Cuba se convirtió en escala obligada en la carrera de los conquistadores y en lugar intermedio de descanso. El país no era rico en oro, pero sí en otros minerales, y su tierra era de gran fertilidad, favorecida por la ausencia de animales peligrosos, y bendecida por bellezas naturales. Por eso, y por las frecuentes incursiones de piratas y corsarios, se construyeron importantes fortalezas, sobre todo en La Habana y Santiago de Cuba.

Cuba entraría pronto en contacto con culturas diferentes a la española precisamente por las constantes visitas de piratas, corsarios, bucaneros y filibusteros holandeses, ingleses, franceses y portugueses. Estos contactos influyeron sobre la población, obligada a comerciar con ellos en poblaciones como Bayamo, en el oriente del país, ante el monopolio ejercido por la metrópoli en actividades mercantiles.

La administración colonial, iniciada por Velázquez, fue tomando forma. Las relaciones de Cuba con Santo Domingo (La Española) continuarían a nivel de Audiencia (poder judicial). El Rey, el Consejo de

Indias y la Casa de Contratación eran la fuente de la autoridad que ejercía el gobernador. Velázquez gobernó como Adelantado, pero lo sustituyeron gobernantes civiles hasta la designación de funcionarios militares. Los gobernadores llevarían después el título de Capitanes Generales.

A pesar de sus bellezas naturales y cierto progreso, el ambiente se fue volviendo desagradable para indígenas y españoles. Miguel de Velázquez, primer cubano con estudios universitarios en España, maestrescuela de la Catedral de Santiago de Cuba, resumió el primer período de Cuba como colonia llamándola «triste tierra, como tiranizada y de señorío».

La Habana: Llave del Nuevo Mundo

A principios de 1512, se había fundado en el extremo oriental la villa de Baracoa. Después surgirían en el centro de la isla las poblaciones de Bayamo, Puerto del Príncipe (actual Camagüey) y Sancti-Spíritus. En la costa sur se fundaron Trinidad, Santiago y San Cristóbal (La Habana). Se discute si se fundó también San Juan de los Remedios, antiquísima población en el centro norte.

La Habana, única villa situada plenamente en el occidente, se fundó el 25 de julio de 1515. La fundación original fue en la costa sur, pero poco después se trasladó a la costa norte, su actual ubicación. Muy pronto crecería en población. A fines del siglo XVI sólo La Habana y Santiago estarían muy poblados y la importancia de La Habana aumentaría por convertirse en escala de las flotas. En 1556, Diego de Mazariegos se convirtió en el primer gobernador con sede en La Habana. El principal funcionario colonial había radicado brevemente en Baracoa y después en Santiago de Cuba. Con Mazariegos comienza la etapa de funcionarios militares a cargo del gobierno. En 1607, La Habana se convierte en capital efectiva al ser dividida Cuba en dos gobernaciones, con sede en La Habana y Santiago de Cuba. Esta última quedó supeditada a La Habana por cuestiones de defensa. A mediados del siglo XVIII don José Martín Félix de Arrate escribió una historia de Cuba con un título extremadamente largo: Llave del Nuevo Mundo, antemural de las Indias Occidentales: La Habana, descripta: noticias de su fundación, aumentos y estado. Se iniciaba el camino de la futura capital cubana hacia la fama y la grandeza entre las ciudades del Nuevo Mundo. Con el tiempo, la *Enciclopedia Británica* le otorgaría la condición de ciudad con segunda vida nocturna, sólo superada por París.

Factoría y colonia de plantación (Del siglo XVI al XVIII)

Hasta bien entrada la segunda mitad del siglo XVIII el interior de Cuba no alcanzó el desarrollo de otras colonias. A partir del siglo XVI, Cuba se convirtió en lo que algunos prefieren llamar factoría. Como tal, era un sitio de servicio y aprovisionamiento de barcos donde también se construían embarcaciones para la gran empresa colonial española en América, escala obligada de las flotas, punto de partida de expediciones y todo lo demás.

El crecimiento de la población contribuyó al desarrollo económico. La factoría se transformó luego en colonia de plantación. El modesto desarrollo de la agricultura y la ganadería con una población reducida se fue modificando en parte por el desarrollo del comercio de exportación, sobre todo del tabaco y el azúcar. Algunas zonas tenían predominio ganadero y debe tenerse en cuenta el café y otros «frutos del país» para consumo interno.

Más adelante llegaría el gran desarrollo de la industria azucarera, acelerado por los acontecimientos en la región. En ese último gran reducto del imperio colonial español en América se harían algunas de las grandes fortunas de la España del siglo XIX. La tierra cuyos gastos militares y burocráticos se habían sufragado gracias a fondos «situados» procedentes del Virreinato de la Nueva España (México) contribuiría enormemente a los gastos del gobierno español, despojado de su imperio en Tierra Firme por las luchas independentistas.

El primer período colonial tuvo sus grandes limitaciones. Una de ellas tiene relación con la educación ya que fue poco el interés que demostraban las autoridades para promoverla entre los nativos. La Iglesia se ocupó de enfrentar esa situación, pero sólo en pequeña escala mediante algunas escuelas parroquiales o de conventos y monasterios. A ella se deben dos instituciones fundamentales: el Seminario de San Carlos, donde se formaron no sólo clérigos sino intelectuales con inquietudes y amplios horizontes culturales y la Universidad de La Habana, fundada por los dominicos y en funcionamiento desde 1728.

La Iglesia la trajeron los españoles desde 1511, con misioneros de varias órdenes, entre ellos dominicos y franciscanos, pero sin alcanzar la influencia disfrutada en otras colonias de España. Sin embargo, Cuba tuvo uno de los primeros obispados en el continente (1516). La indiferencia religiosa cundió en la población ante malos ejemplos de muchísimos clérigos. Con esa mala conducta contrastaban las buenas obras de monjas piadosas, la perseverancia pastoral de algunos sacerdotes y la obra extraordinaria de obispos como Diego Evelino de Compostela, Gerónimo Valdés, Pedro Agustín Morell de Santa Cruz y Juan José Díaz de Espada, entre otros.

A pesar de los rigores culturales del colonialismo, algunos elementos de cultura española se unieron a remanentes del período indígena y a una futura influencia africana para dar lugar a un español ultramarino que se convierte en «criollo» (nombre que se daba a los descendientes de españoles nacidos en Cuba) e incluso en «cubano». Esa situación se intensificaba por el distanciamiento geográfico con la metrópoli.

Uno de los factores que contribuyeron al surgimiento de diferencias y al fortalecimiento de elementos de identidad cultural estuvo el culto a la Caridad del Cobre, una imagen de la Virgen María se decía que había aparecido a un grupo de nativos.

En 1762 La Habana los ingleses tomaron La Habana. Ya antes, en 1740, habían ocupado brevemente algún territorio en la zona de Guantánamo. La dominación británica de Cuba duró casi un año bajo un gobernador, Lord Albemarle y terminó en 1763. Muchos cubanos se unieron a los españoles para oponerse a los ingleses. Otros se adaptaron a los británicos, que abrían horizontes a la economía al facilitar la libertad de comercio. Pero los plantadores de Jamaica prefirieron cabildear en Londres para que canjearan a Cuba por la Florida para proteger sus intereses azucareros. La Florida había dependido de Cuba en aspectos de su vida política, económica y religiosa hasta la llegada de los ingleses.

En el siglo XVIII el Conde de Ricla, el Marqués de la Torre, y sobre todo don Luis de las Casas, dejarían una huella de progreso en el período posterior a la toma de La Habana por los ingleses (1762-1763). Las Casas favoreció la educación y la economía, permitió una Sociedad de Amigos del País y la publicación del «Papel Periódico» con información útil. Gracias a la política de Carlos III y sus asesores progresistas, ya avanzada la segunda mitad del siglo XVIII se había permitido no sólo un comercio más libre en una colonia anteriormente sujeta al monopolio y comercio exclusivo con la metrópoli, sino importantes y variadas reformas.

El Siglo XIX

Tras la rebelión de esclavos en Haití a fines del siglo XVIII llegaron a Cuba franceses y mulatos haitianos que contribuyeron al desarrollo de la actividad cafetalera, pero sobre todo se convirtió la isla en un territorio en que reinaba *Su Majestad el Azúcar*, como lo sugiere un título de una obra de Roland T. Ely. El desarrollo de la industria azucarera fue impresionante al reemplazar al Santo Domingo francés (Haití) como gran productor de azúcar. La mejor fuente de información sobre Cuba en ese período se debe a un viajero y explorador famoso, el Barón de Humboldt, autor de *Ensayo político sobre la Isla de Cuba* (1827). Los comerciantes en esclavos, españoles y cubanos, trajeron al país cientos de miles de africanos como mano de obra y continuaron llegando aun después de que Inglaterra no sólo abolió la trata de esclavos, sino que intentó obligar a España a seguir su ejemplo. Los cónsules y enviados ingleses no sólo denunciaban los cargamentos ilegales de esclavos ante las autoridades coloniales sino, que de alguna manera alentaron insurrecciones de esclavos. Una de estas insurrecciones, «La Escalera», costaría la vida al gran poeta mulato Gabriel de la Concepción Valdés («Plácido»). Los Capitanes Generales reprimieron conspiraciones y levantamientos. Y algunos, como don Miguel Tacón, contribuyeron a hacer de La Habana una de las principales ciudades americanas y fomentaron la inmigración española.

El desarrollo de la economía favoreció el ambiente cultural. En el siglo XIX, que fue un siglo de oro de la cultura cubana, surgieron figuras promotoras de la educación y las letras, e individuos dedicados al quehacer científico. Algunos cubanos llegaron a altas posiciones en España y en la propia Cuba, como Francisco de Arango y Parreño y Claudio Martínez de Pinillos (conde de Villanueva), considerados como estadistas importantes.

Por necesidades de la industria azucarera Cuba tuvo a partir de 1837 uno de los primeros ferrocarriles del mundo y el primero de los países de habla española. Fue una época de cierto desarrollo de los estudios avanzados con figuras como el polígrafo José Antonio Saco, el sacerdote y maestro de filosofía Félix Varela, el filósofo positivista Enrique José Varona, el educador José de la Luz y Caballero, el erudito Antonio Bachiller y Morales. Surgieron poetas como José María Heredia, Julián del Casal y Gertrudis Gómez de Avellaneda; médicos y científicos como Tomás Romay, Tranquilino Sandalio de Noda y Álvaro Reinoso; ingenieros como Francisco de Albear. Florecieron las letras, el teatro y artes como la pintura.

Los primeros esfuerzos independentistas fracasaron desde principios del siglo XIX. Las condiciones no permitieron la formación de juntas que promovieran la independencia aún alegando inicialmente los derechos de Fernando VII a la Corona ante el despojo hecho por Napoleón en su invasión a España a principios de siglo. En Cuba se radicaron numerosos españoles y criollos que huían de la independencia del continente. Esa presencia dificultaba imitar el independentismo sudamericano. Se produjeron frustrados intentos de anexión de Cuba a la Gran Colombia de Bolívar y al México de López de Santa Ana.

El miedo a las insurrecciones llevó a muchos cubanos a intentar anexar Cuba a Estados Unidos con el apoyo de los estados esclavistas del Sur. Otros como Félix Varela, uno de los pocos cubanos que lograron servir como diputados en las Cortes españolas favorecían la idea de la independencia. A mitad del siglo XIX se produjeron intentos separatistas y anexionistas. Narciso López, general venezolano radicado en Cuba, logró controlar por unas horas la ciudad de Cárdenas el 19 de mayo de 1851, pero sus esfuerzos separatistas terminaron con su ejecución. El fracaso de conspiraciones separatistas y también de intentos anexionistas, sobre todo con base en la región de Camagüey, revivieron intentos reformistas en La Habana y la publicación del diario habanero *El Siglo* del cubano Francisco Frías, Conde de Pozos Dulces. En 1868 se inició la lucha independentista conocida como «Guerra de los Diez Años» (1868-1878). La metrópoli concedía escasos cargos a los nativos y la economía se había deteriorado en la región oriental. Un propietario de esclavos, Carlos Manuel de Céspedes, inició formalmente la lucha el 10 de octubre de 1868 y liberó sus esclavos. Entre los héroes del proceso se destacaron infinidad de cubanos e incluso extranjeros, norteamericanos entre ellos.

La sangrienta «Guerra de los Diez Años» terminó con la Paz del Zanjón en 1878 y con ciertas concesiones graduales a los cubanos, como una relativa libertad de imprenta. En 1886 se abolió la esclavitud y se concedió tolerancia oficial de cultos. (El protestantismo apareció en Cuba en 1883, llevado por cubanos emigrados en Estados Unidos por su participación en la lucha independentista y que regresaron después de la Paz del Zanjón.) Pero aunque se otorgaron algunas concesiones políticas a los cubanos, el deseo de independencia de un sector se mantuvo y cada cierto tiempo se produjeron alzamientos y actividades subversivas.

En 1892 quedó constituido en Estados Unidos el instrumento idóneo para la independencia, el Partido Revolucionario Cubano, fundado por José Martí y otros emigrados cubanos radicados en Estados Unidos y otras naciones. El 24 de febrero de 1895 se inició lo que los cubanos llaman «Guerra de Independencia». Las grandes figuras incluirían al gran orador José Martí (1853-1895), a quien los cubanos llaman «El Apóstol de la Independencia». A pesar de ser un civil, movilizó a la emigración cubana, radicada sobre todo en Estados Unidos, para contribuir a la lucha y logró poner de acuerdo a cubanos de diferentes extracciones e historiales para unirse al esfuerzo.

Martí, hijo de español y canaria, nació en La Habana. Siendo muy joven lo desterraron a España por sus ideas separatistas durante la Guerra de los Diez Años. Se formó como abogado y cursó Filosofía y Letras en universidades españolas. Ejerció como profesor en Guatemala y Nueva York, ciudad donde también fungió como cónsul de países sudamericanos y como corresponsal del periódico *La Nación* de Buenos Aires. Fue un gran prosista, excelente poeta y extraordinario cronista. Murió en batalla en 1895, al iniciarse la guerra que él mismo promovió.

Casi a partir de su inicio, el 24 de febrero de 1895, la guerra estuvo dirigida por el generalísimo Máximo Gómez (nacido en Santo Domingo) y por otro héroe nacional, su lugarteniente general Antonio Maceo, cubano negro muy amado por su pueblo que lo exalta como «El Titán de Bronce». El Ejército Libertador, cuyos heroicos soldados eran conocidos como «mambises», creó el ambiente de guerra que llevó a una situación de inestabilidad y destrucción parcial de la economía que contribuyó a la intervención norteamericana en la Guerra Hispano-Cubano-Americana de 1898, que puso punto final al dominio colonial español en América y las islas del Pacífico.

Mientras decenas de miles de cubanos morían o quedaban impedidos de continuar una vida normal (ya sea en batalla o por enfermedades que iban mermando la población), puede decirse que entre 1897 y la primera mitad de 1898 unos 79.500 soldados españoles murieron de fiebre amarilla. Los independentistas no controlaban las ciudades, pero grandes zonas rurales estaban en sus manos y las bajas españolas en batalla iban en aumento.

La opinión pública estadounidense se conmovió por la difícil situación de los cubanos. Impulsada por los informes de la prensa, sobre todo los periódicos de la familia Hearst, se volvió contra la dominación española. Se daban las condiciones para una intervención, alentada también por el expansionismo del siglo XIX.

España concedió la autonomía a Cuba en 1898, pero era demasiado tarde. El 19 de abril de 1898, utilizando como motivo el hundimiento días atrás del acorazado «Maine» de visita en La Habana, el Congreso norteamericano aprobó una Resolución Conjunta («The Joint Resolution») que permitió su intervención militar en Cuba y la guerra con España.

«To keep Cuba quiet»

La guerra Hispano-Cubano-Americana del año 1898, y el consiguiente Tratado de París firmado después de la derrota de España, puso punto final a la presencia del imperio español en la América y en el Pacífico. En dicha guerra se destacaría el futuro presidente Theodore Roosevelt, que se convirtió gracias a ella en figura de primera magnitud en la política estadounidense. Cuba sería gobernada brevemente por militares norteamericanos: John Brooke y Leonard Wood.

Los interventores se ocuparon de promover la educación y la salubridad. El país había quedado parcialmente destruido por las guerras de independencia. Las inversiones norteamericanas, grandes desde principio del siglo XIX aumentarían considerablemente en el país.

Se generalizaría para gobernadores
militares y para diplomáticos un lema...
«To keep Cuba quiet»
(mantener a Cuba tranquila).

En cuando a lo religioso, separaron la iglesia del estado. Se iniciaría a partir de entonces un avance del protestantismo a través del país, pero sin relación con las autoridades norteamericanas. Por cierto, el gobernador Wood compensó con fondos cubanos a la Iglesia Católica por la amortización de propiedades llevada a cabo por gobiernos liberales españoles.

Una Convención Constituyente daría al país una constitución, a la cual fue necesario añadir la Enmienda Platt, una limitación a la soberanía que discutiremos al final de este capítulo. Se generalizaría para gobernadores militares y para diplomáticos un lema en círculos gobernantes norteamericanos, que en sí expresaba su meta: «To keep Cuba quiet» (mantener a Cuba tranquila). Estados Unidos no podía tolerar la desestabilización del vecino país.

La Cuba de los generales y los doctores (Primeras décadas del siglo XX)

El 20 de mayo de 1902 se proclamó la independencia de Cuba y don Tomás Estrada Palma, prominente maestro de escuela, luchador por la independencia y delegado en Estados Unidos del partido que fundó Martí, fue instalado como Presidente de la República. Su gobierno fue conservador en materia fiscal. El presidente demostró una honradez estricta en lo personal, promovió la educación y construyó caminos. Abrió nuevamente el país a la inmigración española, utilizó en su gobierno a algunos cubanos con gran prominencia social y económica que no habían apoyado plenamente la separación de España, y no situó en cargos públicos a muchos luchadores por la independencia.

Estada Palma, sin embargo, tuvo que enfrentar tiempos difíciles. Cuando aceptó una reelección obtenida en las urnas bajo presiones de sus partidarios, el mayoritario Partido Liberal convocó a la resistencia y se produjo la llamada Guerra de Agosto de 1906, que culminó con la renuncia de Estrada Palma.

Tras la renuncia de don Tomás Estrada Palma hubo un nuevo período de ocupación norteamericana; El gobernador que tomó las riendas del país fue Charles Magoon. La ocupación se prolongó de 1906 a 1909, cuando se entregó nuevamente el gobierno a los cubanos, con la victoria electoral del nuevo presidente José Miguel Gómez, líder del Partido Liberal y general de la Guerra de Independencia.

El país continuó progresando, aunque heredó grandes problemas económicos y sociales. Gómez utilizó una política populista que le ganó mucha simpatía en las clases media y pobre. En 1912 se produjo un alzamiento de elementos de la raza de color, pero el movimiento no logró conseguir el apoyo de la mayoría de los cubanos de origen africano y el ejército lo sofocó.

El presidente liberal Gómez prefirió apoyar sutilmente al candidato conservador en las elecciones de 1912 antes que permitir que su adversario dentro del liberalismo, el candidato a presidente Alfredo Zayas, lo reemplazara como líder del partido. Los conservadores gobernaron de 1913 a 1921, pero la reelección de su líder, el ingeniero graduado en Estados Unidos Mario García Menocal, otro general de la Guerra de Independencia, hizo que los liberales se alzaran nuevamente en armas en 1917 en la llamada «Revolución de la Chambelona». Los Estados Unidos apoyaban a Menocal y su ministro (embajador) en Cuba, William Elliot González, un cubano-americano.

Cuba apoyó a Estados Unidos en la Primera Guerra Mundial. El país experimentó prosperidad por grandes ventas de azúcar a buen precio, período conocido como «la danza de los millones», que hizo necesaria la entrada masiva al país de braceros haitianos y jamaicanos. Pero al final del conflicto bélico se produjo una crisis económica, «las vacas flacas», que incluyó la quiebra de los bancos.

Menocal apoyó a un liberal para sucederle, el historiador y poeta Alfredo Zayas. Este fundó un tercer partido, el Popular Cubano, que triunfó en las elecciones con apoyo del Conservador fundado por Menocal. Zayas gobernó de 1921 a 1925 respetando las libertades ciudadanas, pero con aumento de la corrupción, existente desde el gobierno interventor de Charles Magoon. Logró enfrentar ciertas demandas e interferencias del gobierno de Estados Unidos, resolvió pacíficamente un intento de rebelión conocido como «Veteranos y Patriotas» (1923) y logró en 1925 la confirmación del Congreso norteamericano de un tratado acordado originalmente en 1903 que reconocía la soberanía cubana sobre Isla de Pinos. Zayas regresó a sus buenas relaciones con su antiguo Partido Liberal y le sumó a este su partido Popular Cubano, facilitando así en 1924 la victoria liberal que llevó a Gerardo Machado a la presidencia.

Gerardo Machado, general de la Guerra de Independencia, gobernó de 1925 a 1933. Ese gobierno provocaría una gran oposición a pesar de que en sus primeros años el presidente Machado dio a Cuba un gobierno muy efectivo que llevó a cabo obras públicas monumentales como el Capitolio Nacional y la Carretera Central y adoptando medidas nacionalistas en lo económico. Machado, que en sus primeros años de gobierno disfrutó de popularidad, prohibió la reorganización de los partidos y logró que los ya establecidos (Liberal, Conservador y Popular) lo apoyaran en un experimento conocido como «cooperativismo». Su gobierno terminó en medio de una revolución que lo derrocó en 1933, como veremos en otro capítulo.

Utilizando el título de una novela de contenido social escrita a principios de siglo por Carlos Loveira, *Generales y Doctores*, algunos historiadores identifican la Cuba de las primeras décadas de independencia como la de «los generales y los doctores». Los presidentes y líderes del país en aquella época fueron generales como Gómez, Menocal y Machado, o «doctores», es decir, intelectuales como Estrada Palma y Zayas. Durante el período de «los generales y los doctores» y en el segundo año del gobierno de Machado, 1926, nacería en Birán, Oriente, Fidel Castro.

La Enmienda Platt y la «Vaca Sagrada» del Departamento de Estado.

Un asunto importante caracteriza en la historiografía cubana a la república de los generales y los doctores: la vigencia de la Enmienda Platt. Durante la gestión de Leonard Wood como gobernador militar (1899-1902), el encargado de ir preparando el camino para la independencia y la proclamación de la República, era obvio que este favorecía la anexión. Wood convocó a elecciones para una Convención Constituyente, la cual, al ser elegida, demostró que la mayoría de los cubanos preferían la independencia. La Convención terminó sus labores el 21 de febrero de 1901, pero aceptó, por exigua mayoría de delegados, la Enmienda Platt, conocida así por su creador, el Senador Orville Platt. La Enmienda se convirtió en apéndice a la Constitución y concedía a Estados Unidos el derecho a intervenir en caso de ser necesario para preservar sus intereses y la estabilidad de Cuba, lo cual favorecía continuar invirtiendo cuantiosamente en el país, siempre para mantener a Cuba tranquila («To keep Cuba quiet»).

La Enmienda establecía que Cuba no podría celebrar tratados que menoscabaran su independencia o concedieran jurisdicción a otros países sobre cualquier porción de la isla. No se podía asumir deuda pública para el pago de cuyos intereses resultaran inadecuados los ingresos ordinarios. Estados Unidos podía intervenir para preservar la independencia y un gobierno adecuado que protegiera los derechos y las obligaciones contraídas por Estados Unidos en el Tratado de París, que serían asumidas y cumplidas por Cuba. Los actos de ocupación militar deberían ser ratificados y tenidos por válidos. El país debía continuar el saneamiento de las poblaciones para proteger el comercio y los habitantes de Estados Unidos. Isla de Pinos quedaría omitida hasta que se decidiera su permanencia (lo cual se resolvió en 1923 con la aprobación final del Tratado Hay-Quesada en que se reconocía la soberanía cubana). Cuba arrendaría o vendería tierras para carboneras o estaciones navales de mutuo acuerdo. Un Tratado Permanente con Estados Unidos incluiría esas disposiciones.

Entre los funcionarios interventores algunos eran anexionistas, otros partidarios del protectorado, pero prevaleció la independencia con condiciones. El notable historiador Philip S. Foner hace un tratamiento de la guerra y la intervención que merece estudiarse.[5] Una isla bajo el sol, la más rica colonia del mundo en el siglo XIX había iniciado en 1902, aunque con limitaciones, su vida como nación independiente. Le esperaban, como al resto de América Latina, revoluciones, guerras civiles, golpes de estado, gobiernos bajo influencia militar, pero también experiencias democráticas y revoluciones sociales. La Enmienda Platt sería abolida en 1934 durante la administración de Franklin Roosevelt.

Desde la proclamación de la independencia se había empezado a confirmar o al menos hacer evidente la condición de «vaca sagrada» otorgada a Cuba por la diplomacia norteamericana, al menos en la región. Una relación especial entre Cuba y Estados Unidos se estaba iniciando y afectaría no sólo a diplomáticos y especialistas, sino también a

políticos y gobernantes del más alto nivel. Para entender esto sería quizás conveniente echar un vistazo a cuestiones económicas que ejercerían influencia sobre la política, lo cual nos obligaría a retroceder en el
tiempo.

El entorno económico del nuevo país

Después del aceleramiento de las seis décadas iniciales del siglo XIX, el
desarrollo económico había sido lento en Cuba debido a las dos guerras
de independencia. Los cubanos controlaban la ganadería y parte de la
industria azucarera, mientras los españoles dominaban el comercio y
parte de la producción de azúcar.

La influencia norteamericana había ido aumentando durante todo
el siglo XIX, sobre todo en aspectos de comercio exterior. Ya a mediados de siglo, los Estados Unidos representaban casi la tercera parte de
todo el comercio exterior de Cuba, superando al que la Isla sostenía con
la metrópoli. La mayoría de los barcos que entraban en Cuba entre 1851
a 1855 eran norteamericanos. En 1880 había seis líneas que transporta-
ban herramientas, tocino, harina, etc. Cuba exportaba azúcar y tabaco
cubano, muy apreciado en Norteamérica y Europa.

Una revolución azucarera se había producido en Cuba después de la
Paz del Zanjón en 1878. Terminada la Guerra Civil, Estados Unidos dependía casi enteramente de Cuba para el azúcar. Los estadounidenses
residentes en Cuba o con inversiones en ese país habían adquirido muchas haciendas, generalmente de mediano tamaño y dedicadas a azúcar, café, cacao y tabaco, y en buena parte a la ganadería. Después de la
Guerra de los Diez Años (1868-1878) muchos norteamericanos compra-
ron propiedades a bajo precio.

Las relaciones comerciales, sin embargo, experimentaban dificultades fundamentales por cuestiones de derechos de aduana. En 1890
España elevó enormemente los derechos de aduana de mercancías extranjeras que llegaban a Cuba y Estados Unidos respondió con el «arancel McKinley» que establecía una fuerte tributación al azúcar (mediante
la Enmienda Aldrich) y restablecía altos derechos al tabaco. España,

ante la reacción de Cuba preocupada por la posible ruina económica, reaccionó modificando su política mediante el Tratado Foster-Cánovas de 1891. La manufactura de la caña recibió un gran impulso y en 1893 la cosecha superó el millón de toneladas por primera vez. Pero otra revisión arancelaria norteamericana en 1894 condujo a la baja del precio del azúcar. El «arancel Wilson» no sólo perjudicó a la economía cubana, sino que causó disgusto entre los nativos por las nuevas dificultades, todavía asociadas en la mente de muchos con la dominación española por la ausencia de una política exterior cubana independiente para enfrentar tales cuestiones.

Un nuevo panorama económico

Con la intervención al final de la guerra se llevaron a cabo cambios en las relaciones comerciales con Estados Unidos. Además, la economía cubana enfrentó las realidades de la economía norteamericana con su gran desarrollo capitalista. Cuba recibiría muchas inversiones y tendría la presencia cada vez mayor de hombres de negocios, provistos de experiencia en la economía emergente en el período y con recursos de capital. Llegarían diplomáticos como Willard L. Beaulac, quien dejó escrito que al ser designado para una misión en Cuba «no podía pensar en otro puesto que le fuera más agradable».[6] Así pensaban casi todos los embajadores, con alguna excepción.

Pero vendrían nuevas batallas por el control económico. El período anterior, así como la nueva relación con Estados Unidos, alentarían una mayor dependencia de la nación del norte. Cuba había sido devastada en gran parte por la última Guerra de Independencia, sobre todo en su parte oriental. Ingenios y plantaciones habían quedado destruidos.

El comercio y la industria empezaron a recuperarse con la llegada del gobernador Brooke en 1898. Los campesinos volvieron a trabajar la tierra. Se tomó en serio la construcción de caminos. La Enmienda Platt y un futuro Tratado de Reciprocidad alentaron las inversiones. Una parte positiva de la intervención sería promover la educación, mejorar en forma dramática la salubridad y dar una impresión de estabilidad.

Cuando llegaba alguna crisis, algunos afirmaban: «Aquí los que tienen que venir son los americanos».

Entre luces y sombras

Entre luces y sombras se había iniciado en 1902 la vida republicana. Cuba quedaría claraꞮmente situada dentro de la zona de influencia estadounidense, y la estabilidad de la isla se convertiría en una constante preocupación de las diferentes administraciones estadounidense. Esto las inclinaba a convertir a Cuba, como lo afirmó Jenks, en una «vaca sagrada de la diplomacia norteamericana».

> Cuba seguía siendo «la isla de corcho»,
> imposible de hundir definitivamente,
> siempre en espera de acontecimientos
> inesperados, golpes de estado
> y revoluciones.

En menor escala lo había sido desde los días del presidente Thomas Jefferson y los primeros intentos de anexión. El presidente Theodore Roosevelt, sin embargo, se encargaría de aclarar al entonces Secretario de la Guerra William H. Taft, en base a su correspondencia con Charles Magoon, gobernador norteamericano de Cuba entre 1906 y 1909, que ni siquiera un protectorado sería impuesto, tema para discusión entre los historiadores de la nación situada a noventa millas de Estados Unidos, pero destinada a convertirse en la primera nación socialista de América.

Entre «la tierra más hermosa» de Cristóbal Colón y la «vaca sagrada» del Departamento de Estado, pasando por la «Enmienda Platt», el caos de la caída de Gerardo Machado y la generación de la década del 1930, Cuba seguía siendo «la isla de corcho», imposible de hundir definitivamente, siempre en espera de acontecimientos inesperados, golpes de estado y revoluciones.[7]

3
_____

El niño Fidel
(1926–1934)

Nacimiento
de don Ángel
Castro

1875

Llegada
definitiva a
Cuba de don
Ángel Castro

1899

Nacimiento
de Fidel
Castro

1926

Fidel entra en
una escuela
elemental

1930

El niño **Fidel Castro** en Birán, lugar de su nacimiento.

En 1926, al nacer Fidel Castro, la historia política de Cuba seguía oscilando entre generales y «doctores» en la presidencia. Los generales tendrían que dar paso a sargentos y coroneles (1933-1940), para regresar en 1940. Los «doctores» nunca se irían y pronto vendrían acompañados de sargentos, coroneles y revolucionarios.

Al nacer Castro gobernaban el general Gerardo Machado y el Partido Liberal. A Cuba ya la conocían en el mundo por varias razones. La conocían por haber sido la segunda tierra descubierta por Colón. Los mexicanos, porque de allí partió el alcalde de Santiago de Cuba, don Hernán Cortés, para realizar la conquista de México. Los interesados en relatos de corso y piratería, por las frecuentes incursiones en los siglos XVI y XVII. Los ingleses la recordaban por su Toma de La Habana en 1762. Los norteamericanos y los españoles tenían vívidos en su memoria los acontecimientos del 1898.

En el mundo asociaban a Cuba con Estados Unidos. Algunos la consideraban un «protectorado yankee». Ya hemos mencionado en otro capítulo al historiador Philip S. Foner que escogió para uno de sus libros un título tan sugestivo como *La guerra hispano/cubano/americana y el nacimiento del imperialismo norteamericano*.

Los economistas y los consumidores la tenían presente por su azúcar o su tabaco. Los viajeros, por el turismo. Los amantes del deporte, por peloteros y boxeadores. Otros por su música y sus bailes. ¿Qué decir del cabaret Tropicana y otros centros de diversión en La Habana de la gran vida nocturna?

Todo empezó en Birán

La historia que relatamos no se inicia en La Habana ni en Santiago de Cuba. Todo empezó en Birán, caserío en la zona oriental de la isla. Ningún acontecimiento sucedido allí había llamado la atención de los historiadores. Una obra de consulta cubana ofrecía estos datos: «Barrio del Término Municipal, Partido Judicial y Distrito Fiscal de Mayarí, Oriente, con 3,787 habitantes y comprende el caserío de su nombre y los poblados de Manacas, Colorado, Sabanilla, Socorona y las dispersas viviendas del mismo».[1] Los datos sobre Mayarí son más abundantes. Para esa fecha el término municipal tenía una superficie de 1,536 kilómetros cuadrados y una población de 47,842 habitantes, de los cuales 29,555 eran blancos. Describe el terreno como montañoso, menciona ríos y alturas principales y enumera sus productos. Sobre la cabecera del término municipal, la villa de Mayarí, afirma que sus orígenes se remontan a 1757 en que acudieron allí numerosos indios que «construyeron ranchos y bohíos de yagua, guano y tabla alrededor de una ermita». En 1786 fue elevada a parroquia.[2] Allí tuvo acogida la lucha por la independencia en el siglo XIX.

Don Ángel Castro

El padre de Fidel Castro fue Ángel María Bautista Castro Argiz nacido en San Pedro de Láncara en Galicia en diciembre de 1875. Sus primeros años se desenvolvieron en un ambiente aldeano y de agricultura. El abuelo paterno de Fidel fue Manuel de Castro Núñez, dedicado al campo y a fabricar carretas y arados. Su abuela materna se llamaba Antonia Argiz Fernández.

El 24 de febrero de 1895 se inició el intento separatista llamado Guerra de Independencia. España tuvo que enfrentar nuevamente la rebelión de los cubanos. Con el pago en dinero era posible evitar el servicio militar obligatorio. El joven Ángel se convirtió en recluta sustituto, y tomó el lugar de algún joven compatriota que no deseaba embarcarse para Cuba. La guerra no sólo era dura para los insurrectos, a quienes llamaban «mambises», sino para los soldados de España. Con la derrota española y el fin de la guerra en 1898, Ángel regresó a Galicia.

Pero el joven aldeano pronto decidió volver a Cuba a buscar fortuna, como tantos gallegos. El 4 de diciembre de 1899 llegó a La Habana. Desde el barco divisaba la bandera norteamericana que había reemplazado «la roja y gualda» de España en el histórico castillo del Morro.

Doña Lina Ruz

La madre del niño Fidel era Lina Ruz González, nacida en Las Catalinas, poblado a orillas del río Cuyaguateje, cerca del Camino de Paso Real de Guane, en la occidental provincia de Pinar del Río. Una inscripción de su nacimiento fue hecha en Cueto muchos años después de su nacimiento. Su padre, Francisco Ruz Vázquez, tenía antepasados paternos en Cádiz, España. Su madre, en cambio, era una cubana llamada Dominga González Ramos.[2] Francisco y Dominga aparecen en algunos documentos como nacidos en San Juan y Martínez, Pinar del Río. Tales detalles dependen del juzgado donde se inscribe el nacimiento y no reflejan el sitio exacto de un alumbramiento. Como tantos otros campesinos sin posesión de tierras, se fueron trasladando en busca de trabajo.

Ángel y Lina: Oriente como destino (primeras décadas del siglo XX)

Siendo Lina muy joven todavía, su numerosa familia inmediata se trasladó a la provincia de Oriente y trabajaron para don Ángel Castro en Birán después de escalas en otras provincias. Por su parte, Ángel, en su regreso a Cuba, quizás había tenido intenciones de establecerse en la zona de Camajuaní, provincia de Las Villas, donde un tío poseía una finca. Tal vez en relación con ese movimiento suyo algunos lo sitúan trabajando en una fábrica de baldosas en Santa Clara, refiriéndose al nombre de una ciudad que también se le daba a la provincia villareña. Se conocen mejor su temprano traslado a Oriente y sus labores como contratista de la United Fruit Company. También se le ha situado como obrero en minas de hierro y manganeso de Daiquirí y Ponupo, en Oriente. Daiquirí era operada por la Spanish-American Iron Corporation desde 1892. Dos años después inició labores la Ponupo Manganese Corporation. Don Ángel compartió con otros trabajadores una vida incómoda en barracas donde el entretenimiento consistía en partidas de naipes o dominó. Según su amigo Amaury Troyano, entre las más conocidas actividades de Castro estaban los colmenares de abejas, la compra de parejas de bueyes y el ofrecer varios servicios y transporte a compañías norteamericanas con trabajadores que él mismo se encargaba de organizar para tal labor. Con el tiempo llegó a poseer fincas y fue adquiriendo alguna instrucción por sus propios esfuerzos pues sus estudios formales eran casi inexistentes aparte de su entrenamiento como recluta. Su falta de cultura no fue en modo alguno un obstáculo para su éxito en un ambiente difícil.

Matrimonios e hijos

En 1911, Ángel Castro contrajo nupcias con Maria Luisa Argota Reyes, maestra de escuela de Fray Benito, en Gibara, e hija de un funcionario de la United Fruit Company. Tenía cumplidos treinta y cinco años. De ese primer matrimonio nacieron Manuel (1912), Maria Lidia (1913), Pedro Emilio (1914), Antonia María Dolores (1915), Georgina de la Caridad (1918). Algunos murieron en su infancia: Manuel, Antonia María Dolores y Georgina de la Caridad. La familia vivió en Mayarí mientras trabajaba como contratista de la United Fruit Company. La relación entre Ángel y María Luisa su esposa terminó muy temprano, pero el matrimonio no sería disuelto legalmente hasta 1941.[4] Según algunas fuentes, María Luisa Argota vivió en Birán hasta 1936, mudándose después a Mayarí y luego a una casa propiedad de Fidel Pino Santos en Santiago de Cuba, para radicarse después en La Habana. Allí estuvo alojada inicialmente con sus hijos en la residencia de la familia del doctor José Lacret.

Los hijos del primer matrimonio mantuvieron buenas relaciones con Fidel y sus hermanos del segundo matrimonio. María Lidia se ocupó siempre de Fidel. Con el correr del tiempo se preocuparía por el hijo de Fidel, Fidel Castro Díaz-Balart, cuando este estudiaba en La Habana.

Ángel Castro llegó a adquirir algunas fincas. La primera de todas fue Manacas, en Birán, barrio perteneciente al municipio de Mayarí. Era un caserío que contaba con lechería, panadería, talleres mecánicos, un matadero, una tienda mixta manejada por la familia, correos, una escuela rural de enseñanza elemental, etc. No había allí ningún templo o capilla.

Don Ángel conoció en Birán a Lina Ruz, quien trabajaba en su casa en labores domésticas. Pronto se estableció entre ellos una relación sentimental. De su unión nacerían varios hijos. La primera fue Ángela María (1923). Después nacerían Ramón Eusebio (1924), Fidel Alejandro (1926), Raúl Modesto (1931), Juana de la Caridad (1933), Emma Concepción (1935) y Agustina del Carmen (1938). El matrimonio entre Ángel y Lina se llevó a cabo en una ceremonia civil el 26 de abril de 1943 ante el doctor Amador Ramírez, Juez Municipal y Encargado del Registro Civil en Cueto.

El 10 de enero de 1941, Ángel Castro había renunciado ante el mismo juez Ramírez a su ciudadanía española, para optar por la cubana. En el documento todavía se menciona como vigente su matrimonio con María Luisa Argota. La carta de ciudadanía le fue expedida el 19 de septiembre de 1941 por el Ministerio de Estado de Cuba. Como también apunta Amaury Troyano el matrimonio realizado en 1943 fue entre dos ciudadanos cubanos.

El camino hacia Birán

Fidel Castro le ha dicho a más de un visitante extranjero que a Birán se llegaba «por tren y a pie» o «a caballo o en carretas de bueyes». Además de caminos carreteros y otros caminos vecinales cercanos, había una pequeña locomotora tipo tranvía que trasladaba el ganado y personas por raíles estrechos hasta un cercano ingenio azucarero que se comuni-

caba con otros poblados. El ferrocarril de la Nipe Bay Company recorría cuatro kilómetros dentro del barrio. Había un paradero de
ferrocarril perteneciente a la Cuban Rail Road Company a doce kilómetros de allí, en Alto Cedro. El curioso vehículo llevaba el siguiente letrero: «Castro e hijos».

En la región había algo de violencia. Para protección, se hacían arreglos con la Guardia Rural y su puesto en Guaro, a veinte kilómetros.
Los bandoleros abundaban y se ocultaban en los maniguales y serra-
nías. Según Amaury Troyano se hablaba mucho allí de personajes
como «el chino Majaguabo», Papito, Nemesio, Zafrán, Varela, Arroyito
y otros. Se recordaba el asesinato de un jamaicano residente en los alrededores del Central Miranda. Por ese asesinato hubo protestas ante el
cónsul de Su Majestad Británica y éste lo hizo ante el Gobierno Provincial.

En la finca trabajaban cubanos junto a inmigrantes haitianos y jamaicanos. Muchos llegaron a partir de 1913. Durante la Primera Guerra
Mundial y después, vinieron días de prosperidad para la venta de azúcar
y se hablaba de «La Danza de los Millones». Más adelante vendría una
crisis bancaria y económica que los cubanos asocian con «las vacas flacas». Muchos haitianos y jamaicanos siguieron trabajando en Cuba hasta llegar la implementación de leyes revolucionarias de 1933 como la
nacionalización del trabajo y la reducción del número de trabajadores
extranjeros. Llegaban a Cuba llevados por la Nipe Bay Company, pero
muchos de ellos preferían trabajar con Ángel Castro. Algunos españoles
se radicaron en sus fincas. Otros trabajadores, blancos y negros, eran
oriundos de la región. Algunos descendían de cubanos que lucharon
contra el dominio colonial.

Ángel Castro ha tenido detractores. Se ha dicho que movía las cercas
para extender sus terrenos. Se le ha llamado un capataz duro. Se ha comentado que tuvo contacto sexual con algunas campesinas con las cuales tuvo prole. Algunos biógrafos de su hijo citan fuentes para sugerir
actos aún menos encomiables. Nosotros no podemos asegurarlo específicamente. Un opositor de Fidel Castro, el antiguo comandante revolucionario Amaury Troyano, que conoció a don Ángel y su entorno,

afirma ser testigo de actos de generosidad suya con los trabajadores y entiende que quizás se han exagerado sus faltas.

La vida en zonas rurales cubanas, sobre todo las más apartadas, era difícil. Para los que no poseían tierras, era una vida sin esperanza, de niños raquíticos con el estómago inflado por el guarapo y las viandas cocidas, único alimento que ingerían con frecuencia. Algunas familias de terratenientes se ocupaban de sus trabajadores y colonos con paternalismo y hasta los consideraban como «de la familia», pero muchos explotaban a los braceros y eran frecuentes las expropiaciones forzosas. La ubicación de su casa era a orillas del antiguo Camino Real, «un sendero de tierra y fango que iba de la capital del municipio hacia el sur». Y añade: «[Birán] no era un pueblo, ni siquiera una pequeña aldea; apenas unas casas aisladas».[5]

La primera casa de Fidel

Fidel respondió a una pregunta de Ignacio Ramonet situando a Birán hacia el centro norte de Oriente, no lejos de la bahía de Nipe y cerca del central Marcané.

Se ha descrito la casa de madera donde nació y vivió como de arquitectura gallega o española. La casa original fue destruida en un incendio en 1954. En conversación con el religioso brasileño Frei Betto, Castro añadió: «Yo he pensado por qué mi casa tenía pilotes altos, tan altos que algunos eran de más de seis pies. El terreno no era plano y, así, para donde estaba la cocina, por ejemplo, que estaba al final, una sección alargada añadida a la casa ... las vacas dormían debajo de la casa ... Allí se ordeñaban las vacas, amarrándolas a algunos de aquellos pilotes...»[6]

Los nombres de Fidel

La vida se encargó de que llevara distintos nombres y apellidos. Lo bautizaron en la Catedral de Santiago de Cuba el 19 de enero de 1935 como Fidel Hipólito[7], hijo de Lina Ruz González. El 11 de enero de 1938 lo inscribieron por primera vez en el Registro Civil de Cueto, en cuya jurisdicción estaba Birán. Aparece como nacido en Cueto, aunque no así en el certificado bautismal, que menciona a Birán. En Cueto se le dio como nombre el de Fidel Casiano Ruz González. A partir de 1943 su certificado de nacimiento ofrecería otros datos. Lo inscribieron finalmente como Fidel Alejandro Castro Ruz en la Sección de Nacimientos del Registro Civil de Cueto. Esa sería su inscripción definitiva, pero al recibir el título de Bachiller en Letras del Instituto de Segunda Enseñanza No. 2 de La Habana, con fecha 29 de septiembre de 1943, se le identifica como Fidel Casiano Castro Ruz. Su admiración de Fidel por Alejandro Magno tiene relación con su segundo nombre. El mundo le conocería como Fidel Castro.

Los primeros años (1926-1934)

Los primeros años de Fidel parecen haberse desarrollado en gran parte en casa de sus abuelos, durante el período de transición entre su nacimiento y la separación definitiva entre don Ángel y su primera esposa. Pero lo que se conoce con más precisión es la vida de Fidel en casa de su padre, rodeado de los otros hijos de doña Lina. Según varios autores, la señora Lina continuó siendo una trabajadora doméstica después del nacimiento de sus hijos. La primera esposa, por lo tanto, residiría en la casa principal y los hijos de Lina en casa de los abuelos. Pero lo que se conoce con toda seguridad acerca de la vida de Fidel y sus hermanos tiene relación con la casa principal.

Se ha podido conocer la existencia de un medio hermano de Fidel, Martín, que no procede de la unión de Ángel con María Luisa o con Lina. Troyano conoció a la madre de Martín, identificada como «la mulata Generosa», que según él no creaba problemas de ninguna clase. En una ocasión invitaron a Martín a una cena de Nochebuena (24 de diciembre) en la cual Lina pudo afirmar: «Ya está reunida toda la familia, pueden pasar al comedor», con el acatamiento de don Ángel.[8]

Fidel Pino Santos

El que le pusieran Fidel se debió a la amistad de su familia con Fidel Pino Santos. Pino Santos era hijo de un comerciante de origen canario establecido en el vecino pueblo de Banes. Castro y Pino Santos se conocían desde que trabajaban para la United Fruit Company. Oscar Zanetti, Alejandro García y otros autores de un documentado libro explican las relaciones de esa compañía con la política,[9] lo cual pudiera explicar aspectos de la futura vida política de Pino Santos.

Dos años antes del nacimiento de Fidel Castro, su padre había firmado junto a Pino Santos un contrato según el cual se comprometía a entregar por veinte años a la Warner Sugar Corporation las cañas que iba a sembrar. Las entregas debían hacerse a Pino Santos. Así se canceló una hipoteca a favor de este último.

Otra operación de cierta monta ocurrió en 1928 en la cual don Ángel reconoció una deuda de 120.000 pesos oro, acuñada en Estados Unidos, suma a devolver en cinco años con intereses. Esta segunda hipoteca de su finca reflejaba las relaciones entre dos hombres con visión comercial.

Como eran amigos íntimos, realizaron otras operaciones, no siempre mediante la firma de papeles. No sólo visitaba Pino Santos la casona de Birán sino que Ángel Castro lo visitó a él en varios lugares, incluso en Santiago de Cuba. El 8 de diciembre de 1938, doña Lina escribió al entonces Representante a la Cámara Fidel Pino Santos, pidiéndole que, en base a la íntima relación del legislador con don Ángel, obtuviera que éste contrajera nupcias con ella y reconociera legalmente a los hijos nacidos de su unión. Se esperaba como asunto lógico que Pino Santos sirviera de padrino de bautismo del niño Fidel, nombrado así en su honor. La ceremonia no se celebró por no coincidir la presencia del padrino escogido con la de algún sacerdote visitante.

En algunos escritos se menciona la elección de Pino Santos por el Partido Conservador. Ese partido no existía ya en 1938 cuando llegó a la Cámara. Fue elegido por el Conjunto Nacional Democrático, fundado por el mismo que fundó el Conservador, el general Menocal. En las elecciones de 1938 Pino Santos obtuvo 5.163 sufragios, la mayor votación obtenida ese año por un representante por Oriente. En aquella fecha votaron en la provincia 152.441 electores, pero la votación era proporcional para conseguir un escaño y se dividía entre los partidos. En 1942 se reeligió con 7.963 votos, cuarto lugar en la votación del Partido Demócrata (otro partido surgido del menocalismo). En 1946 triunfó con 16.815 votos, segundo lugar de los candidatos del Partido Auténtico en Oriente. Ese partido era considerado socialdemócrata, pero Pino Santos no era de izquierda.

La familia Castellanos

Otra importantísima relación en la zona era con los Castellanos. El padre de Baudilio «Bilito» Castellanos, quien llegaría a ser una de las personas más allegadas a Fidel, era farmacéutico en el cercano central Marcané. Numerosas personas nos hablaron de esa familia. Castellanos era hijo de un veterano de la Guerra de Independencia. Toda su familia había tenido algo que ver con esa lucha. Como evidencia de la influencia de los bautistas en esa zona, Castellanos había sido becado por los bautistas de la parte norte de Estados Unidos para que cursara estudios de «high school» (secundaria) y de «college» (universidad) en ese país. Mediante fuentes bautistas confirmamos su doctorado en Farmacia expedido por la Universidad de Valparaíso en Indiana. Después de revalidar en Cuba sus credenciales, Castellanos trabajó en el central Preston y posteriormente se estableció como farmacéutico en Marcané. Es probable que los estudios de la hija menor de Castro, Agustina, en una escuela bautista, tuvieran relación con esa amistad. Allí también estudió «Bilito» Castellanos.

Primeros estudios de Fidel (1930)

Los primeros estudios formales de Fidel parecen haberse realizado en la Escuela Rural Mixta No. 15, pequeño plantel rural cuyas instalaciones físicas distaban de ser impresionantes. Se trataba de una casita de madera con techo de zinc, como tantas otras escuelas rurales cubanas. Una pequeña pizarra, el escritorio de la maestra, modestos pupitres para los alumnos, unos estantes con escasos libros y no más de dos docenas de estudiantes. Su primera maestra fue la «señorita Engracia», una jovencita, quizás uno de los primeros amores del niño, como sucede frecuentemente en la infancia. Muy diferentes serían sus relaciones con la maestra Eufrasia Feliú Ruiz, exigente y dada a castigos físicos de la época. Es posible que allí ocurrieran los primeros asomos de rebeldía del joven estudiante. Según Katiuska Blanco, «soltaba una sarta de malas palabras aprendidas con los haitianos y los vaqueros, y escapaba por la ventana del fondo o por el corredor. Saltaba la baranda y ¡adiós reglazo de castigo! Un día no le sonrió la suerte y cayó sobre una pequeña caja de madera y se clavó una puntilla en la lengua».[10]

> **A una edad muy temprana lo [enviaron] a residir en Santiago de Cuba... A pesar de cualquier limitación representada por vivir lejos de centros urbanos con población apreciable, el ambiente rural de Birán tenía ventajas...**

El inicio de sus clases ocurriría en septiembre de 1930, pero su inscripción parece haberse realizado en enero de 1932. Se ofrecían nociones de escritura y aritmética, y se iniciaban las rudimentarias lecturas de niño de primer grado. El estudiante Fidel Castro, a quien nadie le negaría después inteligencia y copiosas lecturas, no tiene fama de haber escuchado siempre con atención las clases de sus profesores de diversas asignaturas en otros niveles. Eso se desprende de sus propias observaciones en algunas entrevistas. Pero su excelente memoria ya era evidente al terminar formalmente el primer grado en junio de 1932. Además, cantaba el himno nacional y recitaba versos de José Martí como otros estudiantes de escuela primaria.

Un dato que puede haber marcado el carácter de Fidel Castro pudo haber sido el que a una edad muy temprana lo enviaran a residir en Santiago de Cuba con el propósito de que recibiera instrucción lejos de Birán. A pesar de cualquier limitación representada por vivir lejos de centros urbanos con población apreciable, el ambiente rural tenía ventajas, además de la proximidad y el apoyo del círculo familiar. Allí hallaba comida abundante, entretenimiento agradable en los amplios terrenos de la propiedad, número apreciable de amigos, baños en el río Manacas. Las probables tensiones hogareñas quedaban aliviadas por familiares inmediatos, entre ellos sus abuelos. Pero algunos biógrafos insisten en que el que lo enviaran a Santiago puede haber tenido relación con las tensiones de una familia en la que los hermanos, de dos diferentes uniones, vivían en distintos lugares. Hay una diferencia entre estudiar viviendo en su propio hogar y ser enviado a vivir lejos de casa y con personas cuyo carácter y trato dejaba una huella negativa. Las necesidades escolares de su hermana Angelita tuvieron relación con los estudios elementales de Fidel Castro en la lejana Santiago. Su hermana sólo podía recibir hasta el cuarto grado de instrucción en la pequeña escuela de Birán y por lo tanto se hacía necesario enviarla a otro lugar. La maestra Eufrasia, también conocida como «Eufrasita», recomendó que la enviaran a Santiago. Allí vivían algunos familiares de la maestra, sobre todo su padre Néstor Feliú y su hermana Belén, una maestra de piano. El que Fidel acompañara a Angelita tenía sentido, y el mismo tendría mejores oportunidades en cuanto a su educación. Según la maestra, Fidel tenía suficiente capacidad de aprendizaje para estudiar allí.

Las experiencias en esa ciudad son bastante conocidas. Los dos primeros años en Santiago dejarían malos recuerdos. Con la posterior llegada a Santiago de Ramón, eran seis los que vivían en aquella casucha de madera: la maestra Eufrasia, su hermana Belén y el señor Feliú, además de los tres hermanos. Los recursos que enviaba su padre alcanzaban apenas para mantenerlos. Los niños pasaban privaciones y recibían una alimentación deficiente.

Fidel recibió allí una escasa instrucción. No se le matriculó en ninguna escuela, aunque Angelita estudió en el Colegio Spencer. Los entretenimientos eran escasos y poco memorables. Con el tiempo, todo llegaría a oídos de sus padres.

Mientras tanto, en Santiago y en Birán, uno de los temas de conversación sería necesariamente «el machadato», como se llamaría al gobierno de Machado.

4

Vientos de Revolución (1925-1933)

Fundación del primer Partido Comunista de Cuba — 1925

Reelección de Machado como candidato único — 1928

«Mediación» norteamericana y caída de Machado — 1933

El doctor **Juan Marinello,** presidente del Partido Socialista Popular (comunista) y figura importante de la intelectualidad cubana.

Ramón Vasconcelos, periodista liberal que sobrevió políticamente el derocamiento de Machado, reorganizó el Partido Liberal y fue ministro de tres gobiernos. En el futuro abriría las columnas de su periódico *Alerta* a un joven llamado Fidel Castro.

FIDEL IBA CONOCIENDO las calles y las gentes de Santiago de Cuba. ¿Qué estaba sucediendo en el país entre 1932 y 1933? Los «revolucionarios del treinta» se adelantarían a la revolución que iniciaría en 1953. Las raíces habría que buscarlas pocos años atrás. Aquellos tiempos que pasó Fidel en Santiago coincidían con el fin de la administración de Machado, calificada de dictadura. El camino hacia una revolución se inició en el mismo año de su inauguración (1925) con actos de violencia en medio de un progreso innegable traído por el nuevo gobierno. Como había prometido en 1924, el «machadismo» realizó grandes obras públicas. Se le recuerda por el Capitolio Nacional, la Carretera Central y una política económica bastante nacionalista. También había logrado al principio proyectar una imagen de cierta honestidad.

Fundación del Partido Comunista (1925)

El ambiente político de la época tenía mucho que ver con los acontecimientos que se habían producido en geografías tan lejanas como Alemania y Rusia. En 1925 se había fundado en La Habana el primer Partido Comunista de Cuba. La Confederación Nacional Obrera de Cuba (CNOC), otro importante movimiento inclinado a la izquierda, quedaría establecida durante un congreso en Camagüey. Alfredo López, de convicciones anarcosindicalistas fue su primer presidente. El movimiento sindical cubano tenía raíces anarquistas desde el siglo XIX. Uno de sus líderes fue Enrique Roig de San Martín.[1] Otro sector obrero, con inclinaciones comunistas, prevalecería dirigido por César Vilar y siguiendo la línea del COMINTERN, la Internacional Comunista. Los líderes obreros empezaban a hacer demandas cada vez mayores que las anteriores, aunque algunos respondían a Machado. En el país existían pequeños grupos de izquierda, algunos con el nombre socialista. Antiguos «socialistas utópicos» y elementos procedentes del anarquismo se fueron radicalizando y muchos empezaron a declararse comunistas.

Según la historiografía marxista cubana, el primer partido obrero había sido el Socialista Cubano, fundado en 1899 por Diego Vicente Tejera, de breve duración. En 1893, Carlos Baliño creó el Club de Propaganda Socialista. En 1904 se fundó un Partido Obrero que llegó a llamarse Partido Obrero Socialista al integrarse los miembros del Club. En 1906 varios grupos integraron un Partido Socialista de Cuba con ideología marxista, pero dejó pocas huellas. Varios grupos locales, así como movimientos sindicales compatibles con el marxismo, se mantuvieron activos hasta que en el clima de libertades de la administración del presidente Zayas (que se extendió a los primeros tiempos del gobierno de Machado) las circunstancias permitieron la organización de un partido comunista. El 16 y 17 de agosto de 1925 se llevó a cabo la fundación oficial en «un viejo caserón del Vedado, situado en Calzada número 81». Jorge García Montes y Antonio Alonso Ávila lo describen: «Allí estaban, a más de Carlos Baliño, Mella y Alejandro Barreiro, representando a la Agrupación Comunista de La Habana; Miguel Valdés y Emilio Rodríguez, a nombre de la Agrupación de San Antonio de los Baños; Venancio Rodríguez, por la de Guanabacoa; Yoska Grimber y Yunger Semovich, por la Sección Hebrea y Félix Gurbich, delegado fraternal de la Juventud Comunista Hebrea. La Agrupación de Manzanillo no había podido enviar delegados. También estaban presentes un español, natural de Canarias, José Miguel Pérez; un hebreo de apellido Vasseman, que fungía de intérprete; un representante del Partido Comunista de México, Enrique Flores Magón, que hacía las veces de representante de la internacional, y otros extranjeros».[2]

Se discute si una figura fundamental de la primera etapa del comunismo en Cuba, Fabio Grobart, ciudadano polaco (conocido también como Aarón Sinkovich, José Michelon, Otto Modley y Abraham Grobart), estuvo o no presente, aunque un estudio sobre su persona[3] sostiene su presencia e intervención en las primeras reuniones. Sus vínculos con la Internacional Comunista son bien conocidos.

Un importante estudio de Lionel Soto Prieto revela aspectos importantes. Soto Prieto aclara que la Agrupación Comunista de La Habana se fundó el 18 de marzo de 1923, el día en que se conmemoraba la Comuna de Paris. La obra de Soto[4] es una fuente casi inagotable de datos sólo discutibles en cuestiones de interpretación. Según este autor, el primer Comité Central lo integraron como miembros propietarios las siguientes personas: Julio Antonio Mella, José Peña Vilaboa, Alejandro Barreiro, Miguel Valdés, Carlos Baliño, Venancio Rodríguez y José Miguel Pérez. Como miembros suplentes: Alfonso Bernal del Riesgo, Francisco Pérez Escudero, José Rego y otro miembro que identifica solo como Vasserman.

Otras agrupaciones socialistas y comunistas habían tomado forma años atrás, como la de Manzanillo, donde se destacó Agustín Martín Veloz («Martinillo») como organizador. Muchos grupos socialistas tenían en realidad origen anarquista. Pero los líderes de mayor prestigio que surgirían pronto en las filas comunistas con apoyo en las masas serían el dirigente estudiantil Julio Antonio Mella, el poeta Rubén Martínez Villena y el líder obrero César Vilar. No mucho tiempo después, en la década del 1930, el liderazgo comunista recaería en Blas Roca (Francisco Calderío), una de las principales figuras del comunismo latinoamericano. Roca y Fabio Grobart disfrutaron de la confianza de la Internacional Comunista y la URSS.

Estudiantes y Política (Década de 1920)

La mayor agitación la harían los estudiantes. Desde 1923, las demandas de autonomía universitaria y las protestas contra el gobierno habían dado beligerancia a la Federación de Estudiantes Universitarios (FEU). Desde 1923 se había ido creando entre los estudiantes todo un ambiente revolucionario. Con el tiempo, la Universidad de La Habana se convertiría en un frente de batalla político no sólo contra gobiernos autoritarios, sino contra cualquier asunto que despertara la atención del estudiantado. Su héroe fue Julio Antonio Mella, que se hizo comunista y se convirtió en símbolo de oposición a Machado.

> Julio Antonio Mella tuvo que ver con la creación de una universidad popular y con movimientos que se proclamaban anticlericales o antiimperialistas. Pocas personas tuvieron una actividad tan intensa...

Julio Antonio Mella tuvo que ver con la creación de una universidad popular y con movimientos que se proclamaban anticlericales o antiimperialistas. Pocas personas tuvieron una actividad tan intensa contra los gobiernos de Zayas y Machado. Su asesinato en 1929 durante su exilio en México causó gran agitación. En su exilio tenía como compañera a la famosa Tina Modotti, fotógrafa profesional de afiliación comunista. Ambos tuvieron vínculos con el Partido Comunista Mexicano. Se ha acusado al gobierno de Machado por el asesinato. Otros señalan a los comunistas. Había diferencias entre Mella y algunos dirigentes del partido.

De los partidos a la revolución (1925-1933)

A los nuevos partidos políticos con aspiraciones electorales se les cerró el camino el 20 de diciembre de 1925. Se promulgó una ley que prohibía la organización de nuevos partidos, lo cual cerraba el camino a las aspiraciones de los que deseaban ocupar o al menos compartir el poder.

La Unión Nacionalista, integrada por liberales que habían apoyado a Carlos Mendieta en 1924, se convirtió en fuerza opositora, pero no se le permitió concurrir a elecciones. Algunos elementos opuestos a Machado lograron postular para alcalde de La Habana por el pequeño Partido Popular Cubano a Miguel Mariano Gómez, hijo del caudillo liberal José Miguel Gómez.

La victoria de Miguel Mariano en 1926 fue una mala señal para el gobierno. El clima revolucionario estaba inicialmente tomando forma independientemente de los grupos radicales. A pesar de los avances que iba logrando el gobierno en varios renglones y a estar constituido su gabinete por figuras, muchas de ellas, respetadas en el país o de un alto nivel intelectual, los periódicos *Heraldo de Cuba* (después convertido en órgano machadista), *La Discusión* y el órgano de los conservadores y católicos clericales *Diario de la Marina* censuraban sus medidas.

El 20 de agosto de 1925, Armando André, director de *El Día*, periódico inclinado a Mendieta, fue asesinado. Sus críticas tan fuertes a Machado, a quien acusaba de vida licenciosa, lo hicieron sospechoso al gobierno. Los asesinatos de líderes obreros como Alfredo López y Enrique Varona, restricciones a sindicatos y la represión de manifestaciones estudiantiles deterioraban la imagen de aquel gobierno tan efectivo en algunos aspectos y radicalizaban la revolución.

Sin embargo, abundaban las declaraciones de entidades cívicas, católicas, masónicas, obreras y profesionales en las que se exaltaba a Machado. Y la Universidad de La Habana le concedió a Machado el título de «doctor honoris causa», lo que muchos consideraron un acto de servilismo.

Por su parte, elementos partidarios de la reelección, que eran muchos, propiciaron un cambio constitucional y una prórroga de poderes. La nueva constitución, aprobada en 1928 por una Convención Constituyente presidida por el eminente abogado internacionalista Antonio Sánchez de Bustamante (miembro del Tribunal Internacional de La Haya y autor de códigos de derecho internacionales), estableció el derecho de la minoría a estar representada en el Senado y aprobó la prórroga de poderes de los funcionarios electos, incluyendo el Presidente. Machado no aceptó la prórroga concedida a sus funciones, pero sí la de otros políticos.

Las elecciones de 1928 tuvieron como candidato único de los partidos Liberal, Conservador y Popular a Gerardo Machado. En las parciales de 1930, los cargos se los repartieron esos tres partidos «cooperativistas». Así sucedería en 1932, cuando por cierto los comunistas llevaron candidatos en la columna en blanco.[5] Las fuerzas principales del país eran entonces el Partido Liberal de Machado, la Unión Nacionalista de Mendieta y el grupo de «conservadores ortodoxos» que no apoyaba a Machado. Pero iba surgiendo una oposición aparte de los partidos tradicionales.

El gobierno había iniciado una tradición de participar en la economía nacional de manera mucho más marcada que en el pasado. El Plan Chadbourne (1931) tenía esos objetivos y era apoyado por varios países productores pero sin la cooperación de Estados Unidos, al menos en el caso de Cuba.

La depresión económica en Estados Unidos y el mundo afectó a Cuba desde 1929. Una guerra de tarifas agravó la situación. El Arancel Hawley-Smoot aumentó la tarifa cobrada en Estados Unidos al azúcar cubano a 2 centavos por libra en 1930. Se proponía proteger a los productores azucareros en su país y territorios como Puerto Rico, Hawai y Filipinas. En medio de esa crisis, Machado continuó pagando deudas las contraídas, pero le impedía pagar a tiempo a los empleados públicos.

La agitación aumentaba. En 1931 explotó una bomba en el palacio presidencial, pero el Presidente continuó con sus planes de inaugurar la Carretera Central, para la cual había contratado mediante subasta a la compañía estadounidense Warren Brothers. Cada ataque, alzamiento o práctica terrorista provocaba una reacción de los partidarios del gobierno, a veces con crueldad manifiesta. Un grupo paramilitar llamado «La Porra» reprimía al sector oposicionista que recurría a la violencia. Lo mismo hacían la Policía y la Guardia Rural. Al Supervisor Militar de Oriente, comandante Arsenio Ortiz, se le conocía como «El Chacal de Oriente».

Hubo varios intentos bélicos. Menocal y Mendieta planeaban desembarcar en Puerto Padre, Oriente, pero al fracasar el proyecto, terminaron haciéndolo en Río Verde, Pinar del Río, pensando que no los esperaban allí; pero enseguida se vieron rodeados por militares que los encarcelaron. Una Junta Revolucionaria en Nueva York (compuesta por Sergio Carbó, Domingo Méndez Capote, Cosme de la Torriente y Aurelio Alvarez y el intelectual Fernando Ortiz) envió a Cuba el barco

«Ilse Volmauer» con doscientos hombres que se redujeron a treinta y siete por la persecución policíaca norteamericana. Una junta a bordo de ese barco, integrada por el ingeniero Carlos Hevia, Emilio Laurent y Carbó se propuso llegar a Gibara, Oriente. Al lograrlo, tomaron la población, pero tropas al mando del general Alberto Herrera los derrotaron y encarcelaron.

En esa resistencia contra Machado surgieron movimientos de resistencia tan importantes como el Directorio Estudiantil Universitario, el Ala Izquierda Estudiantil y el movimiento ABC. Todos estos apelaban a la violencia, sobre todo el ABC. Los estudiantes empezaron a recibir apoyo de muchos profesores y entre ellos surgiría «la Generación del Treinta». Uno de esos líderes estudiantiles, Carlos Prío (del Directorio), llegaría a Presidente en 1948 y otro, Raúl Roa, uno de los principales intelectuales cubanos, sería Ministro de Relaciones Exteriores del gobierno de Fidel Castro.

En diciembre de 1932 se publicó clandestinamente el Manifiesto-Programa del ABC titulado «El ABC al Pueblo de Cuba» con propuestas de corte nacionalista que sus adversarios consideraron de corte fascista. Su principal líder era el doctor Joaquín Martínez Sáenz, ayudado por intelectuales, periodistas y políticos como Jorge Mañach, Emeterio Santovenia, Francisco Ichaso, Carlos Saladrigas, Pedro López Dorticós, Justo González Carrasco, Pedro Vasseur y otros. El ABC tenía una organización celular y realizó importantes actos de terrorismo, actividad que también realizaban algunos de los otros grupos.

Uno de los momentos más dramáticos fue el asesinato del líder liberal Clemente Vázquez Bello por miembros del ABC. Vázquez Bello era considerado el posible heredero político de Machado. La oposición hasta intentó volar un segmento del Cementerio de Colón, en La Habana, esperando se celebrara allí el entierro de Vázquez Bello, pero este fue realmente enterrado en su nativa Santa Clara. Un jardinero halló los explosivos, lo que hizo fallar los planes terroristas.

La Mediación (1933)

Machado había tratado de mantener excelentes relaciones con Estados Unidos. Incluso visitó la Casa Blanca antes de tomar posesión, e invitó al Presidente Calvin Coolidge a visitar Cuba, lo cual hizo en 1928 en ocasión de la Conferencia Panamericana, en la que Cuba apoyó posiciones del gobierno de Washington. Pero una combinación de preocupaciones por su política nacionalista en lo económico y sobre todo la posibilidad de que Cuba quedara desestabilizada por otra guerra civil, el terrorismo y la represión oficial, hicieron que el nuevo presidente estadounidense elegido en 1932, el demócrata Franklin Roosevelt (autor de la «política del buen vecino» hacia América Latina), decidiera mediar en Cuba para evitar la ocupación militar. Ese proyecto sería conocido como «La Mediación».

Roosevelt y Fidel

Como nota curiosa, Franklin Roosevelt tuvo una simpática relación con Fidel Castro. En noviembre de 1940, el joven Fidel le escribiría en inglés al presidente norteamericano felicitándole por su reelección. Fidel le pediría un billete verde de diez dólares al gobernante, ya que no había visto todavía un billete así. En la posdata le sugirió a Roosevelt que si necesitaba hierro para construir sus barcos, él (Fidel) estaba dispuesto a mostrarle «las más grandes minas de hierro de la tierra». Se refería a las de Mayarí. El presidente respondió lamentando no poder enviarle dinero en el sobre, pero Castro utilizó la carta para mostrarla a sus amigos. Le había escrito el poderoso Presidente norteamericano.

Roosevelt y Cuba

Franklin Roosevelt tuvo que ver no sólo con Fidel en ese simpático incidente. Tuvo también que ver con una crisis que afectaba a todos los cubanos cuando decidió intervenir de alguna forma en el desarrollo de los acontecimientos ocurridos en los últimos días del gobierno de Machado.

Las elecciones que llevaron a Roosevelt al poder tuvieron relación directa con la gran depresión económica ocurrida durante la administración republicana de Herbert Hoover. El 4 de marzo de 1933, Franklin Roosevelt asumió la presidencia. El Partido Demócrata regresaba al poder después de 12 años. El 15 de abril de 1933, Benjamin Sumner Welles fue liberado temporalmente de sus responsabilidades como subsecretario de Estado y designado como embajador en Cuba para intentar resolver la crisis cubana. Como en 1906, 1912 y 1917, el caos amenazaba con convertirse en realidad cotidiana.

En el Congreso norteamericano se estaban moviendo de cierta manera los mecanismos que posibilitaran soluciones que respondieran a la Enmienda Platt. El principal oponente de Machado en el Congreso norteamericano era el congresista Hamilton Fish.

El 19 de abril se entrevistó Roosevelt con el embajador cubano Oscar Cintas y el 8 de mayo llegó a La Habana el embajador Welles, quien presenta sus cartas credenciales el 11 de mayo con un discurso sosteniendo la conveniencia de un nuevo Tratado de Reciprocidad Comercial que enfrentara la depresión económica mundial. El 13 de mayo Welles rinde un informe al Departamento de Estado. Se reúne con Machado y el secretario de Estado Orestes Ferrara, pero muy pronto entabla conversaciones con otras personalidades y con la oposición, despertando inquietud dentro del gobierno y esperanzas dentro de un sector de oposición. En julio se definía claramente el propósito de Welles. Un Comité de Mediación lo integrarían Cosme de la Torriente como presidente y representantes del gobierno y la oposición, incluyendo al ABC. El Directorio Estudiantil Universitario, un llamado «ABC Radical» y otros grupos se opusieron. El ex presidente Menocal no tomó parte.

La Huelga de Agosto (1933)

Una huelga general y disensión dentro de las fuerzas armadas acompañadas por revueltas y manifestaciones contribuyeron a terminar con el régimen. El sábado 5 de agosto estalló una huelga general y casi todas las actividades se paralizaron. Los comunistas Rubén Martínez Villena, Cesar Vilar y Joaquín Ordoqui desempeñaron un papel determinante. La situación económica se había agravado. De la caída de precios se pasó a una escasez de alimentos. La radio solo trasmitía noticias favorables al gobierno, aunque estaciones piratas lo desafiaban. Se difundían informaciones de boca en boca, muchas veces distorsionadas o exageradas, conocidas en Cuba como «Radio Bemba». La «porra» hostigaba las manifestaciones de repudio al régimen. «Porristas» y «apapipios» (otra palabra que el populacho aplicaba a los partidarios del gobierno) intentaban enfrentar la creciente oposición. Pero el gobierno contaba todavía con algún apoyo.

Últimos intentos de Machado (1933)

Machado hizo gestiones en Washington enviando al Secretario de la Presidencia Ramiro Guerra, con lo que afirmaba defender la soberanía cubana. El embajador Cintas y el Secretario de Estado Orestes Ferrara utilizaban todos sus recursos para arrebatar la iniciativa a Welles. El representante a la Cámara Salvador García Ramos acusaba en el Congreso a Welles de «agente provocador que violaba la soberanía cubana». El gobierno seguía ofreciendo elecciones en 1934 y entregar el poder en 1935. Welles buscaba algún mecanismo constitucional para reemplazar a Machado con apoyo de varios partidos y grupos.

El 7 de agosto, una estación radial anunció una supuesta caída del gobierno. Unos lo consideraron una maniobra oficialista. Otros apuntaban hacia un rumor originado por el ABC para impedir el final de la huelga. La alegría del pueblo se convirtió en histeria colectiva que los «porristas» y la Policía aprovecharon para castigar a la multitud. Los hechos de sangre se repetían por ambas partes y elementos de las fuerzas armadas empezaban a manifestar su disgusto con el gobierno.

El «Error de Agosto» (1933)

El papel de los comunistas en la decisión de ponerle punto final a la huelga es llamado en la historiografía marxista «El Error de Agosto». Veamos lo que sucedió.

El más prestigioso líder comunista, Rubén Martínez Villena, regresó a Cuba a principios de 1933. El intelectual oficialista Alberto Lamar Schweyer lo consideraba «el primer poeta de nuestra generación». Martínez Villena, que por cierto era víctima de una penosa enfermedad, recibió durante la huelga de agosto de 1933 un breve cable del Buró del Caribe de la Internacional Comunista: «Demoren venta final». La interpretación que hizo era que había que demorar la caída de Machado. La dirección comunista decidió entonces aceptar algunas concesiones económicas y políticas que ofrecía el Presidente, teniendo en cuenta que gran parte de la oposición era tan hostil a los comunistas como Machado.

Según un dirigente comunista a quien se culpó después por «El Error de Agosto», Jorge Vivó, nada podía esperarse de un gobierno que surgiera de «La Mediación» y de los políticos antimachadistas tradicionales. Una comisión del partido, encabezada por Joaquín Ordoqui, se entrevistó con el Presidente en el Palacio Presidencial y Machado accedió a reconocer al partido si este se retiraba del paro. César Vilar, principal dirigente de la huelga, consiguió entonces un acuerdo de retornar al trabajo. A pesar de la resistencia de varios líderes, la dirección comunista se imaginó que un entendimiento era posible, sin entender la inevitabilidad de la caída del régimen.

12 de Agosto de 1933: Cae Machado

Ante las presiones y el agravamiento de la situación, Machado empieza a aceptar la realidad de que debía renunciar y entregar al poder a un go-

bierno provisional. Al atardecer del 11 de agosto, el general Alberto Herrera, jefe del Estado Mayor del Ejército informó al Presidente que todo
estaba controlado y que debía trasladarse a su finca en Rancho Boyeros,
cerca de La Habana. Así lo hace después de conferenciar con dos asesores, los historiadores Orestes Ferrara y Ramiro Guerra.

A la media noche, sin embargo, recibió una llamada de su yerno desde Varadero, Matanzas, para dejarle conocer que Alberto Herrera planeaba quedarse como Presidente. Machado regresó a Palacio, pero la
suerte estaba echada, y una serie de acontecimientos ocurridos en cuestión de horas le convencieron de que debía abandonar el país. Después
de maniobras y negociaciones los partidarios de La Mediación iniciada
por Welles habían aceptado que el doctor Carlos Manuel de Céspedes y
de Quesada, hijo del Padre de la Patria (Carlos Manuel de Céspedes) se
hiciera cargo de la presidencia que brevemente había quedado en manos de Herrera. Uno de los artículos constitucionales de sucesión presidencial, el 71, facilitó la sucesión. Renunciaron los secretarios del
gabinete (no llevaban todavía el título de ministros) y el único que quedó, el Secretario de Guerra y Marina general Herrera, asumió la Presidencia, designando Secretario de Estado a Céspedes. Con la renuncia
casi inmediata de Herrera, Céspedes se convertía automáticamente en
presidente.

El 12 de agosto de 1933, Machado y algunos de sus partidarios vola-
ron hacia Nassau. Las multitudes se arrojaron a las calles para celebrar o
vengarse. Se produjeron saqueos, incendios y asesinatos de oficialistas.
El 13 de agosto tomaba posesión Céspedes con un gabinete integrado
por políticos que aceptaron «La Mediación». Vientos de revolución soplaban mientras el niño Fidel se movía entre Birán y Santiago de Cuba.[6]

5

¿Un joven rebelde?
(1932–1942)

El incidente de la campana. Entre otros, el joven Fidel Castro (segundo desde la izquierda) y
su amigo entrañable Alfredo «el Chino» Esquivel
(primero desde la derecha) junto a la histórica
campana de La Demajagua.

POCO DESPUÉS DEL TRIUNFO de 1959, medio siglo después de la revolución del treinta, una de las organizaciones creadas por el gobierno revolucionario sería conocida como «Jóvenes Rebeldes». De esa manera compartían el romanticismo del Ejército Rebelde creado por Castro en la Sierra Maestra. La radio que transmitía clandestinamente desde las montañas se había llamado siempre Radio Rebelde y continuó trasmitiendo desde La Habana. Se publicaría el periódico *Juventud Rebelde* y desde el punto de vista de los comentarios históricos se habla de «la rebeldía nacional». Los que estudian a Fidel Castro le atribuyen una temprana rebeldía.

En la década del 1940, la situación se complicaba y se producían episodios desagradables. La vida de Fidel y sus hermanos oscilaban entre Santiago y Birán. Los años 1932 y 1933 fueron difíciles para todos. El terrorismo de la oposición más enconada y la cruel represión oficial, unidos a la depresión mundial y a problemas económicos nacionales, preocupaban a todos. A Santiago y a Birán llegaban noticias. Las conversaciones sobre personas amigas puestas en prisión o afectadas por algún acto de la oposición prevalecían en veladas familiares en las que era imposible esquivar temas políticos que también llegaban a oídos de los niños.

El retorno a Birán, aunque breve, significó una vida diferente a la que estos habían tenido en la capital provincial. Estarían alejados del bullicio de calles, restaurantes, bares y parques. La vida era más agradable en el campo: baños en el Charco del Jobo. Paseos en el caballo «El Careto», considerado en la finca como el mejor. Después vendrían excursiones a los pinares de Mayarí, de donde su padre extraía maderas. En Birán, como otros niños de la época, Fidel y sus hermanos jugarían «a los indios» por la influencia de las historietas acerca de indígenas norteamericanos, mohicanos, apaches, navajos y de otras tribus. Esto sería más evidente en la próxima generación con mayor acceso a «películas del Oeste», las cuales no atraían demasiado a Fidel, según sus amigos de entonces.

> Los juegos y las amistades renovadas en el ambiente juvenil levantaron de nuevo el espíritu y la rebeldía del joven Fidel, quien un día destruyó un mapa de Oriente porque no aparecía en él una mención de Birán.

Fidel compartía en Birán una habitación con sus hermanos Ramón y Raúl. Una nueva hermana había nacido en 1933: Juanita. La alimentación que recibían allí era buena, en contraste las limitaciones se decía que había en casa de los Feliú.[1]

Los juegos y las amistades renovadas en el ambiente juvenil levantaron de nuevo el espíritu y la rebeldía del joven Fidel, quien un día destruyó un mapa de Oriente porque no aparecía en él una mención de Birán. A pesar de la disciplina hogareña, Fidel podía manifestarse con mayor libertad. Sin embargo, después de un período de distanciamiento entre los Castro y la maestra Eufrasia, se dispuso el retorno a Santiago, bajo mayor supervisión familiar y con planes más específicos en cuanto a la educación de los hermanos.

El año 1935

Fidel acompañó nuevamente a Angelita a Santiago de Cuba, mientras Ramón se recuperaba de ciertos padecimientos físicos junto a sus padres. Algunas cosas cambiarían en Santiago y en la casa de los Feliú. Belén contrajo matrimonio con el cónsul de Haití, Luis Hibbert. Los Feliú se habían mudado a una casa al lado de la anterior, pero más protegida de la lluvia pues la otra tenía muchas «goteras». Y el trato y la alimentación mejoraron. A Angelita la matricularon en una escuela muy distinta al Colegio Spencer. Pronto regresaría Ramón.

Por un tiempo Fidel, que ya podía leer a los cinco años, no asistió a escuelas en Santiago, aunque se le impartía algún tipo de educación en casa utilizando antiquísimos métodos de enseñanza como los dictados y la repetición de tablas de multiplicar. El Colegio La Salle de Santiago sería parte del futuro inmediato. El año 1935 sería importante para Fidel, que matriculó muy temprano ese año en esa escuela para completar su primer grado y pasar al segundo. Contaba sólo ocho años de edad.

El 9 de enero de 1935, el niño destinado a una escuela católica recibiría las aguas del bautismo. A Fidel no le gustaba que lo consideraran «judío», una manera popular de origen española de referirse a los que no se bautizaban. Peter G. Bourne está entre los que mencionan ese asunto.[2] Ese autor relaciona al entonces obispo de Camagüey, Enrique Pérez Serantes, con cuestiones como el bautismo y la confirmación. Incluso se refiere muy de paso a un matrimonio religioso de sus padres sobre el cual no tenemos otros datos. También menciona que Ángel Castro hizo esos arreglos con Monseñor Pérez Serantes por ser este su amigo y también «inmigrante de Galicia». Independientemente de la exactitud de algunos datos ya se ha explicado que el bautismo había demorado porque el padrino escogido no coincidió en su visitas a Birán con la presencia de un sacerdote.

Según el certificado de bautismo, sucedió lo siguiente: «En la Parroquia de la Santa Iglesia Catedral de la ciudad y Arzobispado de Santiago de Cuba, a diez y nueve de Enero de mil novecientos treinta y cinco fue bautizado Fidel Hipólito, que nació en Birán el trece de Agosto de mil novecientos veintiséis, hijo de Lina Ruz González, natural de Pinar del Río, abuelos maternos: Francisco y Dominga. Padrinos: Luis Alcides Hibbert y Emerenciana Feliú…» (Libro Cuarenta y Dos de Bautismos). El certificado no incluye el nombre de su padre ni de sus abuelos paternos. Pasarían cinco años para que en los documentos mencionaran a don Ángel como padre del niño.

Como hemos visto, sería en 1943 que el adolescente quedaría inscrito como hijo del inmigrante gallego. La inscripción fue facilitada por el matrimonio de sus padres, pero se realizó al amparo de una ley de prórroga de agosto de 1938, pasada antes del divorcio con la anterior esposa. Téngase en cuenta que en dos ocasiones la inscripción se realizó muchos años después del nacimiento y era necesario apelar a las prórrogas.

Para nosotros no tiene mayor trascendencia que a un niño lo inscriban o bauticen de una manera o de la otra, con uno u otro nombre, con sus dos padres o con uno sólo. Hacer diferencia o establecer categorías debe ser considerado un convencionalismo o tecnicismo que no afecta el valor personal. Pero para un niño o un adolescente, en una sociedad tradicional, ese dato que nos puede parecer casi intrascendente debe haber ejercido influencia sobre sus relaciones con los demás. En Santiago, el bautismo tiene que haber sido un paso importante. Fidel Castro inició su adolescencia como un jovencito que asistía a la iglesia y recibía sus sacramentos. Seis meses después del bautismo recibiría la Primera Comunión, una especie de iniciación en la vida de un católico.

¿Otro rebelde de la década del 1940?

Se relatan muchos incidentes de la vida de Fidel Castro que indican cierto grado de rebeldía desde su niñez y juventud. No aceptamos literalmente los comentarios de personas que favorecen o rechazan su persona. Se comentan incidentes de su niñez, ya sea crueldad con animales o no tratarlos con cuidado. También se mencionan animales muertos después de juegos propios de un ambiente rural. Otros datos (extraídos también de conversaciones, entrevistas y biografías) quizás tienen una base más concreta. De acuerdo con su amigo Luis Conte Agüero, «...cuando la madre amenaza pegarle como sanción por alguna travesura, ofrece las nalgas al castigo. Desconcertada, doña Lina sonríe y renuncia a pegar. Opera lagartijas, dice que va a ser médico. También le interesa la historia, especialmente los relatos heroicos».[3]

En una ocasión parece haber amenazado a sus padres con quemar la casa si no le permitían estudiar fuera de Birán. A Frei Betto le contó que dio «la batalla» para continuar de estudiante. El problema radica en que en el Colegio de La Salle habían advertido a la familia de su mal comportamiento, y esta no quería enviarle a otro plantel para que repitiera los mismos incidentes. Y todo indica que ya se había rebelado en casa de los Feliú con el propósito de que lo matricularan como estudiante interno de La Salle y así disfrutar de paseos y actividades que le estaban prohibidas durante su estancia en esa casa.

Es bien conocido que como joven le encantaban las excursiones, los viajes y las salidas. Brian Latell y Carlos Franqui también se refieren a que logró mediante sonadas protestas que lo matricularon como interno en La Salle, en parte para poder participar de ese tipo de actividades. Algo similar sucedió cuando era huésped en casa de la familia Mazorra durante sus estudios en el Colegio Dolores.

En sus conversaciones con Frei Betto, Fidel Castro expresa opiniones que rebelan cierta rebeldía. Después de manifestar su interés por los estudios históricos, incluyendo la historia sagrada extraída de la Biblia, hace críticas bastante fuertes al Colegio La Salle de Santiago aunque reconoce algunos aspectos de la enseñanza que considera de calidad y comenta favorablemente la alimentación y la vida en comunidad como estudiante, pero se queja de que algunos profesores o autoridades castigaban físicamente a los alumnos. Y se refiere sobre todo a un problema suyo con otro estudiante: «Mi conflicto allí fue por eso, debido a un incidente con otro alumno, una pequeña reyerta de las que solían ocurrir entre estudiantes a esa edad. ... Esa fue la primera vez que me golpeó el hermano inspector, encargado de los alumnos, con bastante violencia. Me abofeteó bruscamente en ambos lados de la cara ... aquello terminó en un violento enfrentamiento entre el inspector y yo...»[4] En esa entrevista, Fidel se refiere a ciertas deficiencias intelectuales de los maestros de La Salle, pero sólo si se les compara con los jesuitas del Colegio Belén. Según él, les faltaba la disciplina jesuita. Incluso le dice a Frei Betto que eran «menos sólidos éticamente que los jesuitas», a la vez que acepta la necesidad de la disciplina que, en sus propias palabras, «tenían que

imponernos». Y le señala al religioso brasileño que tenían interés económico y observó «privilegios y favoritismos en aquella escuela».[5]

Brian Latell tiene a Fidel como un indócil y consentido. Menciona
un incidente en su juventud durante unas vacaciones en que un campe-
sino llamado Aracelio Peña irrumpió en la casa de la familia Castro
cuando estaban comiendo. Según su hermana Juanita, Fidel «lo agarró
por el cuello y lo levantó». La opinión de Latell es una opinión que me
han expresado varias personas, pero que pudieran reflejar sentimientos
personales de rechazo hacia Castro. Muchos de los incidentes de rebeldía en su niñez y adolescencia ocurrieron antes o después de su entrada
en La Salle, pero evidentemente sus primeros años en Santiago de
Cuba, en casa de los Feliú y en La Salle, así como sus vacaciones, pudieran rebelar cierto grado de rebeldía, no necesariamente diferente al de
muchos otros jóvenes. De todos modos, no parece haber sido un niño o
un joven tranquilo. Nos referimos al período 1932-1938, entre los seis y
los doce años de edad. Le esperaban, a partir de 1938, otras experiencias
en Santiago y en Birán.

El director del Colegio La Salle le había presentado a los padres del
jovenzuelo Fidel «un catálogo de lamentaciones» con referencias a su
conducta y la de alguno de sus hermanos como «indisciplinada, desa-
fiante e inaceptable». También se le atribuye este comentario a don ,
informado de la conducta de algunos de sus hijos varones: «Son los bandoleros más grandes de la escuela».[6] De ahí las dificultades para facilitar-
les el regreso a Santiago y a una nueva escuela con los gastos que
representaba y los nuevos incidentes que podían producirse. La perseverancia de doña Lina y las protestas de Fidel hicieron posible el regreso
a Santiago y la matrícula en el conocido Colegio Dolores de la Compañía de Jesús.

En el Colegio Dolores (1938-1942)

La educación de los niños tomó diversos caminos. Raúl recibió educación en Birán y en una Escuela Cívico Militar de las que habían sido
creadas por iniciativa y bajo la influencia del entonces jefe del Ejército,

el coronel Batista, que todavía no era Presidente. Algunos que los cono-
cieron, como Luis Conte Agüero, mencionan un breve paso de Raúl
Castro por los Colegios Internacionales de El Cristo, Oriente. También
lo asegura el contador Carlos Laó Valenzuela, que vivía en esa población y era miembro de la iglesia bautista local, confesión a la que pertenecía la escuela.

Una de las fechas más importantes en la vida de Fidel Castro sería el
11 de enero de 1938. Fidel quedó matriculado en el nuevo colegio ese
mismo día, al cuidado de una familia amiga, la familia Mazorra. Según
Amaury Troyano, el señor Martín Mazorra era propietario de una tienda o almacén, «La Muñeca», con las suficientes dimensiones para que
compraran allí los comercios de la zona alrededor de Birán, como el establecimiento que había abierto Ángel Castro en su propia finca. Katiuska Blanco también hace referencias a los hijos del señor Mazorra,
especialmente a su hija Riset, la cual, según ella, fue un amor platónico
de Fidel Castro por algún tiempo.[7]

En sus conversaciones con Frei Betto, Castro señala que la familia
Mazorra era cristiana y asistía a misa. Añade que no había nada malo
que decir de ese grupo familiar.[8] Casi todos los biógrafos de Fidel y muchos antiguos alumnos de la escuela coinciden en que fue un estudiante
con buen aprovechamiento académico en Dolores, interesado en Geografía, Religión e Historia. No era una escuela excesivamente cara, aunque sólo accesible a la clase media acomodada. Por esa razón no había
alumnos negros cuando Fidel estudiaba allí. Así justifican la ausencia de
estos algunos antiguos alumnos.

En ese plantel donde terminó la primaria y los dos primeros años del
bachillerato parece no haber experimentado mayores problemas, pero
lo impresionaban lo que le contaban del Colegio Belén en La Habana,
quizás la mejor escuela privada del país. Fidel Castro seguía teniendo
gran interés en excursiones y actividades propias de jóvenes exploradores que allí y deseaba aprovechar esas oportunidades que le brindaban.

Emiliana Danger: la maestra de Santiago

Muchas personas poco expresivas hacen excepciones con los que consideran como sus modelos en la vida. En Santiago, Fidel Castro recibió la influencia de una maestra particular de raza negra que dejó una gran huella en él: Emiliana Danger Armiñán. Aquella dama estaría quizás entre las primeras personas en reconocer aptitudes y posibilidades en el joven estudiante no dado a muchas manifestaciones de afecto, pero que estuvo siempre dispuesto a expresarlo a quien se había convertido en su maestra ejemplar.

> En Santiago, Fidel Castro recibió la influencia de una maestra particular de raza negra que dejó una gran huella en él: Emiliana Danger Armiñán. Aquella dama estaría quizás entre las primeras personas en reconocer aptitudes y posibilidades en el joven estudiante...

La profesora había trabajado en el Colegio Spencer y en el Instituto de Santiago, y había preparado a Angelita Castro para el riguroso examen de ingreso al bachillerato. La buena relación de la maestra con su hermana y lo interesante de sus clases lo atrajeron. Muchas personas comparten esa opinión. Por algún tiempo vivió en casa de aquella dama de familia haitiana y con ascendencia francesa cuya cultura enciclopédica y buen trato impresionaron al adolescente. En conversaciones con Frei Betto, Fidel Castro hace un gran elogio de «madame Danger»: «Quien estuvo más cerca de ser un preceptor fue aquella profesora negra de Santiago de Cuba, que daba clases por su cuenta, que preparaba alumnos para ingresar en bachillerato e impartía clases a alumnos de bachillerato. Esa fue la que trazó una meta, forjó un entusiasmo».[°] Es probable que Fidel recibiera cierta influencia cultural del contador de su padre, César Alvarez, que poseía alguna educación y amaba la lectura, y de su hermano Pedro Emilio, que dominaba varios idiomas y puso en su conocimiento datos e historias, y hablaba con el joven de sus inquietudes políticas. Pero el testimonio más elocuente y claro de hacia dónde iba su admiración intelectual en esta temprana etapa fue el que nos deja acerca de la profesora Danger. Esto nos llama la atención, pues parece haber cultivado una fuerte tendencia a criticar a sus maestros.

Cualquier tendencia a la rebeldía no parece haberse manifestado en contra quienes dejaron una huella que él considerara positiva. Antes de matricularse en Belén y en la Universidad de La Habana, sus comentarios sobre los profesores no llegan nunca a ser tan favorables como los emitidos sobre esa dama de raza negra, que quizás pensó en algún momento que aquel jovencito llegaría muy lejos, más allá de Santiago de Cuba y hasta de los sargentos y coroneles que ya gobernaban aquella tierra a la que gobernadores españoles llamaban «la muy leal Isla de Cuba» y que se acercaba a una nueva etapa de su agitada historia.

6

Entre sargentos y coroneles (1933–1944)

Fulgencio Batista, encabezó a los sargentos en el golpe revolucionario del 4 de septiembre de 1933. De sargento-taquígrafo ascendió a coronel y después a mayor general y Presidente de Cuba.

EL FUTURO LÍDER REVOLUCIONARIO había llegado a Santiago de Cuba en una primera estancia caracterizada por los últimos días del gobierno de Machado (1932-1933). El alcalde de Santiago de Cuba había sido hasta 1932 Desiderio Arnaz, padre de «Desi» Arnaz, quien sería famoso en la televisión norteamericana.

La situación había cambiado cuando regresó algún tiempo después. El régimen de Machado había terminado y Cuba era gobernada por gobiernos provisionales. Entre 1933, caída de Machado y 1940 cuando fue adoptada una nueva constitución solicitada por los revolucionarios y otros políticos(y precisamente el año de matrícula de Fidel Castro como estudiante «incorporado» en el Instituto de Santiago de Cuba), sucedieron acontecimientos importantes que deben haber impresionado al estudiante. Este período histórico pudiera extenderse hasta 1944, el triunfo electoral de los revolucionarios «auténticos».

En la periodificación de algunos historiadores, el período 1940-1952 es el de la democracia representativa. En el primer período presidencial de Batista (1940-1944), los únicos revolucionarios en el poder fueron la izquierda comunista y los abedecedarios de derecha, unidos a Batista después de haber apoyado a Grau en las elecciones. Prevalecían en el gobierno los partidos tradicionales con raíces liberales o conservadoras.

Durante este tiempo, Castro no necesitó abandonar Dolores. Los estudiantes de escuelas privadas podían pasar exámenes oficiales como alumnos «incorporados» de los Institutos de Segunda Enseñanza. En el período 1933-1940, ya sea que estuviera en el Colegio La Salle o en el de Dolores, Fidel no podía ser ajeno a lo que sucedía en el país. En Santiago se respiraba política.

Presidente por tres semanas:
Carlos Manuel de Céspedes (1933)

El 12 de agosto de 1933, a Machado lo reemplazó brevemente el candidato que escogió «La Mediación». Su gabinete incluía opositores a Machado, pero se le consideraba de corte tradicional. El gobierno de Carlos Manuel de Céspedes duró tres semanas. Visitaba Cárdenas en la provincia de Matanzas para inspeccionar los destrozos causados por un ciclón tropical cuando se produjo su derrocamiento mediante un golpe de estado revolucionario. Soldados, cabos y sargentos se rebelaron en el Campamento Militar de Columbia contra los oficiales. Entre sus líderes se encontraban los sargentos Fulgencio Batista y Pablo Rodríguez. Algunos de los otros integrantes de una llamada «junta de los ocho» serían después actores de acontecimientos importantes: José Eleuterio Pedraza, Manuel López Migoya, Juan Estévez Maymir, Echevarría, Mario Alfonso Hernández y Ramón Cruz Vidal. Una de las motivaciones de los que se rebelaron contra los oficiales eran las malas condiciones de trabajo en que se desarrollaban las actividades de los que no eran graduados de academias militares. Hasta entonces, el Ejército no había derrocado a ningún gobierno; pero las inquietudes de los soldados eran evidentes, sobre todo su deseo de que mejoraran sus salarios y la ausencia de beneficios para sus familiares. También había rivalidad entre ellos por utilizar una «ley de los sargentos» del presidente Zayas que permitía a algunos ocupar posiciones de oficiales.

De ese movimiento surgirían muchos asuntos: el derrocamiento de Céspedes, la formación de un gobierno revolucionario y el surgimiento de Batista como el líder que les otorgaría las condiciones deseadas. Los líderes del golpe militar de Columbia, convertido también en golpe de estado contra el gobierno de «La Mediación», recibieron de inmediato el apoyo del Directorio Estudiantil Universitario y otros sectores que consideraban que Céspedes era el resultado de «los americanos» y los políticos tradicionales. Algunos, como el periodista Sergio Carbó, afirmaban que debía darse paso a una revolución «auténtica». No consideraban revolucionario al gobierno de Céspedes.

El derrocado presidente había nacido en Nueva York, Estados Unidos, había hecho una larga carrera diplomática. Había sido coronel jefe de Estado Mayor de la Inspección General del Ejército Libertador en la Guerra de Independencia (1895-1898), representante a la Cámara y Secretario de Estado. Su madre se había exiliado antes de su nacimiento mientras su padre continuaba la lucha contra la dominación española. Como Zayas, Céspedes tenía una amplia cultura. Su hija Alba de Céspedes, nacida en Italia, sería una de las más notables novelistas italianas del siglo XX.

Un sargento llamado Batista: 4 de septiembre de 1933

El joven militar que había contraído nupcias en 1926, el año más probable del nacimiento de Fidel Castro (y que al principio del libro lo habíamos dejado leyendo en la rica biblioteca del culto presidente Zayas), encabezaría el golpe del 4 de septiembre de 1933 a pesar de su modesto rango de sargento-taquígrafo del Estado Mayor. Se discute si un discurso suyo de despedida de duelo de un compañero le convirtió en líder o si el proceso fue gradual o coyuntural. En cualquier caso, a partir de 1933 se convirtió en la figura más influyente del país. Elevado a coronel por Sergio Carbó durante la llamada Pentarquía, el nuevo Jefe de Estado Mayor del Ejército estaría decidiendo muchos acontecimientos.

El fenómeno de un hombre humilde que pasa de repente a los primeros planos repercutiría sobre un país dominado hasta entonces por generales y doctores...

El fenómeno de un hombre humilde que pasa de repente a los primeros planos repercutiría sobre un país dominado hasta entonces por generales y doctores apoyados por las clases dominantes. En algún documento norteamericano en que se informaba del caos reinante se informaba, quizás como una esperanza, que había «un sargento llamado Batista».[1]

La Pentarquía (1933)

Céspedes fue reemplazado por una Comisión Ejecutiva conocida como «la Pentarquía», integrada por Ramón Grau San Martín, Guillermo Portela, José Miguel Irisarri, Sergio Carbó y Fulgencio Batista. El sargento Batista no aceptó y se designó a Porfirio Franca, por recomendación de Rubén de León, uno de los líderes del Directorio Estudiantil Universitario. Sergio Carbó era conocido en el país por sus escritos contra Machado en *La Semana*. Lionel Soto hace elogios de José Miguel Irisarri como «antiimperialista».[2] Irisarri editó en 1931 con Juan Marinello, la revista Política y, según Prieto, estuvo al lado del gobierno de Castro hasta su muerte en 1968.[3] En el Directorio, gran punto de apoyo del gobierno surgido el 4 de septiembre, se destacaban Carlos Prío Socarrás, Manuel Antonio de Varona, Augusto Valdés Miranda, Justo Carrillo, Juan Antonio Rubio Padilla, Roberto Lago Pereda, Ramiro Valdés Daussá, Inés Segura Bustamante y otros dirigentes estudiantiles que se destacarían.

El doctor Grau y «los cien días» (1933-1934)

El gobierno colegiado de la Comisión Ejecutiva no funcionó debidamente y el 10 de septiembre Ramón Grau San Martín juraba la Presidencia. El doctor Grau había estado al lado de los estudiantes revolucionarios en sus luchas contra Machado. En su Consejo de Secretarios se designó al doctor Antonio Guiteras Holmes, cubano nacido en Filadelfia, considerado uno de los elementos radicales del movimiento revolucionario. Como factor principalísimo debía tenerse en cuenta al nuevo coronel Batista, Jefe del Estado Mayor del Ejército. El gobierno Grau-Guiteras llegó al poder con apoyo militar y no podía gobernar realmente sin las fuerzas armadas. Por un tiempo las tres grandes figuras del gobierno fueron Grau, Guiteras y Batista y se le conocería como el «gobierno de los cien días» aunque su duración se extendió desde el 10 de septiembre de 1933 hasta el 16 de enero de 1934, es decir, 128 días.

Durante su gobierno, se estableció la jornada máxima de ocho horas, la intervención provisional de la Compañía Cubana de Electricidad y una Ley de Nacionalización del Trabajo limitando a un 50% el número de extranjeros empleados en cada empresa. Esta Ley provocó la salida del país de miles de inmigrantes españoles y preparó el camino para deportaciones masivas de braceros haitianos, jamaicanos y caribeños. Se declararon «inembargables» los salarios de obreros y empleados de las empresas de servicio público, se promulgó una ley regulando el seguro de accidentes del trabajo y otra concediendo el derecho de las mujeres al voto.

Después de la caída de Machado el país estaba al borde del caos y el desorden prevalecía. En algunas poblaciones era difícil determinar quién estaba en control. Los actos de venganza contra partidarios de Machado eran frecuentes. En la región oriental, los comunistas proclamaron «soviets4» campesinos en los centrales Mabay, Senado y Jaronú.

Los comunistas llevaron a Cuba el cadáver de Julio Antonio Mella el 18 de septiembre de 1934 y la procesión funeraria el día 29 terminó en un incidente con la fuerza pública. Los comunistas culparon al gobierno. Muy pronto los antiguos oficiales resistieron al gobierno revolucionario y a los sargentos que habían sido sus subordinados. Muchos oficiales se acuartelaron en el Hotel Nacional en La Habana, de donde fueron desalojados luego de combates que costaron muchísimas vidas. Los revolucionarios también se enfrentaban entre ellos. Un grupo dirigido por un admirado luchador contra Machado, Blas Hernández, se enfrentó infructuosamente al Ejército en el Castillo de Atarés, donde se produjo una masacre. Mientras el Ejército prevalecía sobre la agitación, se debilitaba el gobierno revolucionario.

Sumner Welles se oponía a la administración Grau-Guiteras, entre otras razones por la independencia demostrada por Grau al juramentarse ante el pueblo y no jurar una constitución (la de 1901) que incluía la Enmienda Platt.

Estados Unidos no reconocería el gobierno de Grau. También importantes grupos revolucionarios como el ABC y el Partido Comunista se le oponían. Los comunistas apoyaban algunas medidas, pero no confiaban en los integrantes del gobierno y los combatían ideológicamente. Su administración tampoco recibiría apoyo de partidos tradicionales como la Unión Nacionalista de Mendieta, los partidarios de Menocal ni los liberales que sobrevivieron políticamente a Machado y se agrupaban en torno a Miguel Mariano Gómez o deseaban volver a organizarse con su viejo nombre.

La falta de reconocimiento internacional y las actividades del embajador Welles deterioraban la capacidad de maniobra de Grau. Welles regresó a Estados Unidos a ocupar su antiguo cargo de subsecretario de Estado y lo sustituyó como embajador Jefferson Caffery quien pronto establecería relaciones estrechas con Batista.

Se habían recibido buenas noticias de Montevideo, Uruguay, donde se había celebrado la Séptima Conferencia de Estados Americanos. La delegación cubana había logrado gran apoyo y el Secretario de Estado Cordell Hull expresó allí que Roosevelt estaba dispuesto a negociar la abrogación de la Enmienda Platt si se establecía un gobierno estable.

En entrevista del 10 de enero de 1934 entre el embajador Caffery, Grau y Batista se tocó el tema del cambio de gobierno. Batista favorecía entonces al coronel Carlos Mendieta como sucesor de Grau, pero se convocó a una junta de revolucionarios y políticos conocida como la «Junta Revolucionaria de Columbia» y se decidió sustituirle con Carlos Hevia, aceptable para Grau.

El ingeniero Hevia: cuarenta y ocho horas de gobierno (1934)

El 16 de enero de 1934 asumió la Presidencia Carlos Hevia, activo en conspiraciones contra Machado e hijo de un antiguo Secretario de Gobernación del presidente Menocal. Hevia se educó en el Colegio La Salle de La Habana y en la Academia Naval de Annapolis, donde fue el primer iberoamericano en graduarse como ingeniero naval. Pero sus vínculos con los revolucionarios y la administración grausista no le favorecían ante ciertos sectores, y muy pronto comprendió que no tenía apoyo entre los que tenían influencia en el ejército y las altas esferas del país.

> Sería posible afirmar que con Machado
> había terminado la primera era
> republicana, la de los generales
> y los doctores...

Hevia le entregó el poder al Secretario de Estado Manuel Márquez Sterling para que le traspasara la presidencia a Mendieta, cuya base de apoyo incluía a Batista. El paso por la presidencia del diplomático y periodista Márquez Sterling (ex ministro de Cuba en México, había intentado salvar la vida al presidente mártir de México Francisco I. Madero, asesinado por militares) solo duró el tiempo necesario para juramentar al nuevo presidente. Con un gobernante como Mendieta que tendría apoyo en partidos políticos y sectores financieros se esperaba dar estabilidad al país y conseguir el reconocimiento de Washington. Mendieta asumió el poder el 18 de enero de 1934.

La entrada de los coroneles (1934)

Sería posible afirmar que con Machado había terminado la primera era republicana, la de los generales y los doctores, pero es necesario matizarlo. En Cuba se ha llamado tradicionalmente «doctores» a los abogados y a los médicos, así como a otros profesionales con título doctoral; pero la palabra «doctor» puede indicar en el ambiente popular a una persona culta, un profesor eminente como Estrada Palma o un diplomático como Márquez Sterling.

El que primero reemplazó a Machado, aunque por breves horas, era otro general, Alberto Herrera. Aún con el cambio de Herrera a Céspedes y de este a Grau, las estructuras políticas seguían siendo las mismas. Esa realidad la confirmaría el resurgimiento del Partido Liberal, pero un frecuente aliado suyo en las urnas sería precisamente el partido más radical, el Comunista.

Los generales y los doctores fueron reemplazados brevemente por un coronel y doctor (Carlos Manuel de Céspedes) mientras el país iba encaminándose hacia un sargento ascendido a coronel (Fulgencio Batista), un hombre de origen humilde que llegaría al rango de mayor general. Bajo la influencia de Batista gobernarían dos presidentes que eran a la vez coroneles y doctores (Carlos Mendieta y Federico Laredo Brú), mientras que tres doctores que no eran militares (pero como otros universitarios con vínculos estrechos con las altas clases sociales, es decir, Estrada Palma, Zayas, Márquez Sterling y Hevia) llegarían también al poder Ramón Grau San Martín, José Agripino Barnet y Miguel Mariano Gómez.

El coronel y doctor Carlos Mendieta (1934–1935)

Algunos historiadores asocian tan estrechamente a los coroneles Mendieta y Batista con el embajador Jefferson Caffery que se refieren este gobierno como el gobierno Mendieta/Batista/Caffery. El coronel Mendieta poseía también el título de Doctor en Medicina y había sido director del diario *Heraldo de Cuba*. Sus pasiones habían sido la independencia, el Partido Liberal, la Unión Nacionalista y las peleas de gallos. Se le tenía como uno de los políticos más honrados.

La administración Mendieta sintió siempre la influencia de Batista. No compartimos la opinión generalizada de que se trataba de un títere. Mendieta consiguió el reconocimiento diplomático de Estados Unidos. Durante su mandato el Congreso norteamericano abolió la Enmienda Platt, y se mantuvieron conquistas sociales del período revolucionario, pero devolvió la Compañía Cubana de Electricidad a la Electric Bond & Share y los centrales Delicias y Chaparra a la Cuban American Sugar Company.

En su gabinete figuraban elementos «marianistas» (partidarios de Miguel Mariano Gómez), «menocalistas» (partidarios de Menocal), «abecedarios» de Joaquín Martínez Sáenz, «nacionalistas» (sus propios partidarios) y algún viejo liberal.

El Presidente promulgó una Ley Constitucional hasta que se adoptara una nueva constitución y nombró un grupo de asesores con el nombre de Consejo de Estado. Pero durante su administración hubo mucha agitación política, estudiantil y sindical. Sobresale históricamente la huelga comunista de 1934 y la famosa huelga de marzo en 1935, apoyada por muchos elementos revolucionarios y en la cual hubo muertos y heridos en confrontaciones violentas. El coronel Eleuterio Pedraza como jefe de la Policía reprimió en La Habana una serie de manifestaciones públicas.

Las luchas entre partidarios del ex Secretario de Gobernación Antonio Guiteras, agrupados en la organización Joven Cuba y los del ABC (abecedarios) se complicaba con la posición de los comunistas, opuestos tanto a los guiteristas como a los abecedarios. Una manifestación del ABC en La Habana tuvo un final sangriento. Por otra parte, un pequeño Partido Bolchevique Leninista, encabezado por Sandalio Junco y otros líderes, adoptó una posición trotskista a la cual se enfrentaban los comunistas que controlaban los sindicatos de la CNOC. Los enfrentamientos eran constantes entre todos los grupos revolucionarios. Durante su gestión murió en enfrentamiento con las fuerzas armadas el ex secretario de Gobernación Antonio Guiteras.

Entre las muchas crisis que enfrentó Mendieta se encuentra la salida de su gabinete de los miembros del ABC. Esa pérdida de apoyo se reflejó en nueva hostilidad por parte de ese sector. Finalmente, bajo presión de los menocalistas que se convirtieron en la oposición y aspiraban en las elecciones que se convocaba para 1936, Mendieta renunció y entregó el poder a su secretario de estado José Agripino Barnet. La causa principal era que Menocal, que aspiraba a la Presidencia, entendía que Mendieta apoyaría a Gómez.

Resurge el Partido Liberal (1935)

El Partido Liberal había sido proscrito por su apoyo a Machado. Muy pronto se inició el proceso de solicitar el levantamiento de la proscripción. El periodista Ramón Vasconcelos, que se propuso reorganizar las huestes liberales, llegó a amenazar con inscribir a los liberales en el Partido Comunista si no reconocían al liberalismo.

El periodista Ramón Vasconcelos, que se propuso reorganizar las huestes liberales, llegó a amenazar con inscribir a los liberales en el Partido Comunista si no reconocían al liberalismo.

En época de Mendieta se reorganizó el Partido Liberal. Además de Vasconcelos, una serie de personas influyentes como el empresario Alfredo Hornedo habían luchado por el renacimiento del liberalismo. Los liberales postularon inicialmente como candidato presidencial a un nuevo liberal, Carlos Manuel de la Cruz, conservador ortodoxo opuesto a Machado. En base a una opinión especializada conocida como «Laudo Dodds», por haberse encargado del arbitraje al presidente de la Universidad de Princeton Harold W. Dodds, un experto en cuestiones electorales, se despostuló a de la Cruz para que el Partido Liberal, bajo la influencia de Batista, se integrara en la Coalición Tripartita junto a Acción Republicana y Unión Nacionalista. La Coalición se enfrentaría a un nuevo partido menocalista, el Conjunto Nacional Democrático, y al Unionista Cubano, partidos que postulaban a Menocal.

El doctor Barnet y los banquetes (1935–1936)

El doctor José Agripino Barnet, hijo de padres cubanos, había nacido en Barcelona, España. Formado en Cuba y dedicado a la carrera diplomática, era secretario de estado al renunciar Mendieta y asumió la presidencia el 13 de diciembre de 1935. Le correspondió presidir el proceso electoral convocado. Sus críticos ridiculizaron su administración por los frecuentes banquetes que celebraba el nuevo presidente.

En las elecciones en 1936 triunfó la Coalición Tripartita y su candidato Miguel Mariano Gómez, y obtuvo todos los escaños del Senado. Pero se creó por decreto una minoría senatorial integrada por el Conjunto Nacional Democrático. Los senadores minoritarios (dos por provincia) fueron seleccionados por las asambleas provinciales del partido opositor.

El doctor Miguel Mariano Gómez: destitución en vísperas de la Navidad (1936)

El doctor Miguel Mariano Gómez, abogado y político de profesión, asumió la presidencia el 20 de mayo de 1936. Había sido opositor a Machado y había demostrado su honestidad administrativa en la Alcaldía de La Habana. El nuevo gobernante prometió reformas políticas y sociales para calmar a los sectores revolucionarios que no habían participado en las elecciones, como el Partido Revolucionario Cubano (Auténticos).

La agitación revolucionaria y su enfrentamiento con el ejército disminuirían su efectividad. Gómez había llegado al poder con el apoyo de Batista, pero se opuso a un impuesto al azúcar que permitiría al Ejército ampliar un plan de escuelas cívico rurales creado por Batista independientemente de la Secretaría de Educación. Este proyecto llevaría a las regiones rurales la educación mediante «sargentos maestros» con títulos de maestro o Bachiller.

Aprovechando ciertas presiones realizadas por Gómez sobre los miembros del Congreso para evitar que estos pasaran por encima de su veto, sus adversarios lograron que la Cámara lo acusara ante el Senado. El 24 de diciembre de 1936 Gómez fue destituido a pesar de la defensa que hizo del Presidente el doctor José Manuel Gutiérrez, senador «marianista» por Matanzas.

El coronel y doctor Laredo Brú (1936-1940)

El próximo coronel y doctor en ocupar la presidencia sería el vicepresidente de Miguel Mariano Gómez. La destitución del primer mandatario convirtió a Federico Laredo Brú en presidente. Un alto oficial de la Guerra de Independencia, abogado eminentísimo, líder de una rebelión frustrada contra el presidente Zayas en 1923, Laredo BMU se había unido a Carlos Mendieta en la fundación del Partido Unión Nacionalista.

Con habilidad para la política de gabinete, Laredo Brú aceptó la influencia de Batista, pero supo maniobrar de tal manera que supo ser su propio hombre en asuntos de estado, y se enfrentó al jefe del ejército en varias ocasiones. Laredo Brú evitó por un lado el predominio absoluto del ejército y se enfrentó al caos y el desorden.

Durante su administración se aprobó la Ley de Coordinación Azucarera que daba a los hacendados, colonos y trabajadores agrícolas una participación proporcional en el precio del azúcar. El ingeniero Amadeo López Castro desempeñó un papel importante. Jamás se había promulgado una ley tan trascendental para la economía desde la instauración de la República.

El presidente firmó también una Ley Docente que reconocía la autonomía de la Universidad, creó Institutos de Segunda Enseñanza y continuó la repatriación de braceros antillanos (sobre todo jamaicanos y haitianos) en conformidad a la Ley de Nacionalización del Trabajo. Hasta 50.000 fueron repatriados.

Legalización del Partido Comunista (1938)

El reconocimiento del Partido Comunista se produciría bajo la influencia del coronel Batista, que entendió que el partido podía ayudarle a formar una coalición para alcanzar la presidencia mediante elecciones y le ayudaría a recibir apoyo en los sindicatos. Un pequeño Partido Unión Revolucionaria, presidido por Juan Marinello, se unió al Partido Comunista para formar el Partido Unión Revolucionaria Comunista dirigido por Blas Roca. Unión Revolucionaria había sido una polea de transmisión del Partido Comunista para acoger a algunos de sus simpatizantes más conspicuos mientras el movimiento comunista obtenía la legalidad. El 13 de septiembre de 1938 el Partido Comunista pudo inscribirse legalmente. Los comunistas habían iniciado la política de acercarse a políticos tradicionales.

Tan pronto Batista se reunió con ellos y se lograron acuerdos preliminares, el partido empezó a referirse a «los pasos progresistas» del coronel Batista e incluso apoyaron su viaje a Estados Unidos a entrevistarse con Roosevelt, y lo recibieron de regreso en La Habana como «el mensajero de la prosperidad».

Se aceptó que los comunistas y sus aliados controlaran la Confederación de Trabajadores de Cuba (CTC). Los sindicatos se unieron en un Primer Congreso Nacional Obrero (13 al 28 de enero de 1939) que eligió a Lázaro Peña (comunista) como Secretario General.

La entrada del Autenticismo (1934)

El Partido Revolucionario Cubano (Auténticos), el PRC, fundado el 8 de febrero de 1934, empezó a encaminarse hacia las elecciones. La creación del partido había unido a grupos revolucionarios. No había participado en los comicios de 1935, pero cambió su postura en cuanto a futuras elecciones. Un grupo de auténticos organizó el Partido Nacional Revolucionario, conocido como «realistas», para entenderse con Batista.

Las masas auténticas no se incorporaron al «realismo», pues sólo respondían por el momento a las consignas de Grau San Martín, quien incorporaría después a Eduardo Chibás como uno de sus voceros. Entre los «realistas» estuvo un importante fundador del PRC, Rubén de León, que regresaría al autenticismo.

La Asamblea Constituyente (1939-1940)

Desde antes de su llegada al poder, el clamor de los revolucionarios e incluso de muchos políticos tradicionales era que se organizara una

Asamblea Constituyente. El Presidente Laredo Brú que había reformado el Código de Defensa Social, reemplazando el Código Penal de 1870 y eliminando viejos códigos coloniales, promulgó un Código Electoral que abrió el camino al Tribunal Superior Electoral para convocar elecciones para delegados a la Constituyente.

Celebrados estos comicios en 1939, los partidos favorables a Batista obtuvieron treinta y seis delegados y los aliados a los auténticos consiguieron elegir cuarenta y cinco. Los principales partidos del Bloque de Oposición eran los auténticos y el Demócrata Republicano (otro partido fundado por Menocal) mientras que el principal partido oficialista era el Liberal. Los comunistas, que no gozaban de la simpatía de Laredo Brú pero eran protegidos de Batista, obtuvieron seis de los ochenta y un escaños y apoyaron al bloque gubernamental.

La Constitución de 1940

Con un nuevo ambiente político y con grandes esperanzas se reunió la Asamblea Constituyente, presidida originalmente por Ramón Grau San Martín, símbolo de oposición.

Ya adelantadas las sesiones, uno de los partidos opositores, el Demócrata Republicano, decidió formar coalición con el bloque gubernamental y Grau San Martín renunció. Lo sustituyó el doctor Carlos Márquez Sterling.

Las sesiones de la asamblea fueron transmitidas por radio a todo el país. Las discusiones eran animadas. Algunos delegados liberales como Orestes Ferrara, José Manuel Cortina y Quintín George, auténticos como Eduardo Chibás, demócrata-republicanos como Santiago Rey y comunistas como Salvador García Agüero y Blas Roca llamaron mucho la atención. Todavía en 2006 vivía uno de los miembros de la Asamblea, el entonces auténtico (luego ortodoxo) Emilio «Millo» Ochoa.

La Constitución de 1940 ha sido considerada como la más progresista de América en aquella época por incorporar medidas de justicia. Algunos la han considerado como socialista. Los derechos de la mujer, los obreros, los campesinos, las minorías raciales y los maestros recibieron especial atención. Se preservaron y aumentaron las libertades cívicas, se mantuvo la separación de la Iglesia y el Estado y la enseñanza laica en las escuelas públicas, sin interferir la religiosa ofrecida en las privadas. Se estableció el derecho de las minorías electorales a ser representadas no sólo en la Cámara de Representantes y ayuntamientos —por el viejo método de representación proporcional— sino que se hizo constitucional la elección de senadores minoritarios en todas las provincias.

Batista Presidente: el regreso de los generales (1940-1944)

El período de los sargentos y los coroneles culmina con el acceso al poder de un general que hasta hace poco había sido coronel y siete años antes sargento. Fulgencio Batista fue elegido en las elecciones de 1940. La Coalición Socialista Democrática integrada por los partidos Liberal, Demócrata Republicano, Unión Nacionalista, Conjunto Nacional Democrático, Unión Revolucionaria Comunista y Nacional Revolucionario («Realista») derrotó a una alianza de los partidos Auténtico, Acción Republicana y ABC que llevaba como candidato a Ramón Grau San Martín. Sólo les unía su rechazo a Batista. El voto columnario (conocido como «voto convoyado») favorecía a Batista por el número de sus partidos, además llevó a cabo una campaña en la que desempeñaron un gran papel los comunistas y el movimiento obrero organizado de la CTC. También favoreció a Batista el apoyo del ex presidente Menocal y su nuevo partido Demócrata Republicano.

El pacto Batista-Menocal permitió la elección como alcalde de La Habana de Raúl Menocal, hijo del ex presidente. Los comunistas no lograron elegir senadores pero sí diez representantes a la Cámara y muchas posiciones municipales, entre ellas la alcaldía de Manzanillo, Oriente. El gobierno mantuvo las conquistas sociales y laborales. También se preocupó por mejorar la educación de las clases humildes y continuó su programa educativo en los campos. Se fundaron numerosas escuelas vocacionales e Institutos Cívico Militares.

A pesar de la política inicial de neutralidad en la Segunda Guerra Mundial, Cuba se unió a Estados Unidos contra el eje Berlín-Roma-Tokío.

En 1943 se formó un Gobierno de Unidad Nacional en el cual no figuró oficialmente el partido Auténtico aunque una de sus figuras, el ex presidente provisional Carlos Hevia, fue designado para dirigir la ORPA (Organización Reguladora de Precios de Alimentos). Juan Marinello del partido Comunista fue designado ministro sin cartera. A partir de 1940 los secretarios de despacho se convirtieron en ministros. Por primera vez los comunistas compartieron no sólo el poder legislativo sino el ejecutivo. En 1944, Marinello aspiró al Senado y fue reemplazado como ministro por otro intelectual comunista, el doctor Carlos Rafael Rodríguez.

Las elecciones de 1944 dieron la victoria a la oposición. El Código Electoral de 1943 permitía votar en diferentes columnas y el número de partidos no decidiría necesariamente el resultado. La Coalición Socialista Democrática concurrió con los partidos Liberal, Demócrata (nuevo nombre de los grupos conservadores menocalistas), ABC y Socialista Popular (nuevo nombre de Unión Revolucionaria Comunista), pero fue derrotado por la candidatura de Grau San Martín, apoyado por los partidos Auténtico y Republicano (sector de viejos menocalistas dirigido por el doctor Guillermo Alonso Pujol).

Los revolucionarios llegaban así al poder con los auténticos. La Alianza Auténtico-Republicana incluía a políticos tradicionales, pero su victoria el primero de junio de 1944 fue llamada «jornada gloriosa» por el revolucionario Eduardo «Eddy» Chibás. A Cuba le esperaban nuevos tiempos. ¿Cómo gobernaría la generación del 30?

¿Qué hacía Fidel? (1938-1945)

En el nuevo y más favorable ambiente del Colegio Dolores, Fidel Castro disfrutaba de viajes de exploración al Caney (con sus famosos y deliciosos mangos) y Puerto Boniato. Un viaje al Cobre había sido inolvidable. A las excursiones se sumaba el tiempo disfrutado con la familia. Cacerías y viajes a caballo en Mayarí, peleas de boxeo en las que su hermano Ramón servía de «referí». El aficionado tuvo sus buenos momentos en el «ring». Pero en una ocasión salió con un dolor de cabeza causado por un golpe.

¿Influencias políticas? Algunos empleados de don Ángel en Birán eran republicanos españoles, uno de ellos con ideas comunistas. En el período 1936-1940, Fidel tuvo que conocer bastante sobre la Guerra Civil española. En Cuba no había tema de conversación más frecuente entre los inmigrantes españoles que el enfrentamiento entre los «leales» a la República y los «nacionalistas» de Franco. Con el tiempo habría referencia a los «leales» como «rojos» y a los nacionalistas como «falangistas», por el apoyo que la Falange daba al levantamiento del general Francisco Franco contra la República en 1936.

Una Brigada Internacional había partido de Cuba hacia España en defensa de la República. Pablo de la Torriente Brau, nacido en Puerto Rico, fue uno de los cubanos que murieron en batalla junto a los «republicanos». Un futuro adversario de Fidel, Rolando Masferrer, entonces comunista y luego miembro del segundo gobierno de Batista (1952-1959), se había destacado junto a «los rojos».

Pero los periódicos que llegaban a Birán se inclinaban a la derecha. El mecánico de Birán, Antonio Gómez, había sido puesto en prisión por actividades contra Machado. Los haitianos le contarían a Fidel las penurias de su país. Su madre sentía respeto por las autoridades militares y la religión. Don Ángel, un hombre de derecha, se llevaba bien con los militares.

El 15 de mayo de 1940, el estudiante de Dolores se matriculó también en el Instituto de Segunda Enseñanza de Santiago de Cuba. Ahora era alumno «externo» en Dolores y estudiante «incorporado» en el Instituto oficial para los exámenes que le permitirían recibir el título de Bachiller, el cual obtendría en otro Instituto en la capital.

Se iniciaba una etapa «importante» porque en el interior los estudiantes de bachillerato recibían cierto reconocimiento de los mayores. Sería época propicia para disfrutar de las películas de Charlie Chaplin y sobre los enfrentamientos de los ingleses con los nativos en la India.

Atraía mucho el personaje «Tarzán de los monos», presente en las matinés de los cinematógrafos. Era temporada de bailes y romances, y también de acceso a nuevos libros. No eran sólo de historietas, pues el plan de estudios secundarios incluía lecturas serias.

Correspondía estudiar «Historia Antigua y Media» en el primer año e «Historia Moderna y Contemporánea» en el segundo. Fueron oportunidades para reflexionar sobre Alejandro Magno, Aníbal, Julio César, Napoleón Bonaparte, Simón Bolívar. Por supuesto habría referencias escolares al padre de la patria Carlos Manuel de Céspedes, al apóstol José Martí, al «bayardo» Ignacio Agramonte, al «generalísimo» Máximo Gómez y al «titán de bronce» Antonio Maceo. Fidel se inclinó por todos ellos, pero Alejandro Magno sobresalía.

La salida de Machado había conllevado cambios políticos que afectaban a mayores y también a jóvenes como Fidel Castro. En Santiago la salida del alcalde conservador Filiberto Guerra que había reemplazado al liberal Desiderio Arnaz en 1932 abrió la puerta a alcaldes provisionales, Javier Auza y Ernesto Ganivet. Al celebrarse elecciones en 1936 los liberales volvieron al poder con los 10,634 votos del liberal Juan F. Castellví Vinent.

En 1940, el estudiante de Dolores oyó mucho acerca del proceso electoral que llevó a la alcaldía a Justo Salas Arzuaga, otro liberal, y se preguntaría las razones detrás del apoyo recibido por Salas del partido Comunista. ¿Sería acaso solidaridad con la raza del candidato? Castro sería miembro en la universidad de un grupo contra la discriminación racial. ¿Le sorprendería también la significativa votación alcanzada por César Vilar, el derrotado candidato comunista a gobernador de Oriente?

Ese mismo año, tres comunistas fueron elegidos representantes a la Cámara por Oriente. El municipio de Mayarí, que incluía a Birán, había elegido a un conservador como alcalde, José Lecusay Vargas, del Conjunto Nacional Democrático. Pero los cambios se veían venir. Oriente había elegido cuarenta y cuatro representantes y los partidos considerados «revolucionarios» (auténticos, comunistas, abecedarios y realistas), aunque figuraban en diferentes coaliciones, habían elegido veinte. Su hermano Pedro Emilio tenía aspiraciones y aspiraría al Congreso sin alcanzar el triunfo. Como Pablo Emilio, Fidel no parece haber tenido inclinaciones batistianas.

¿Qué cubano no había escuchado los cultos discursos del historiador liberal Orestes Ferrara o la oratoria marxista de Salvador García Agüero durante las sesiones de la Constituyente, radiadas a todo el país? Ferrara, nacido en Italia, había escrito libros sobre el papa Borgia y Maquiavelo. García Agüero, de raza negra, era el gran orador de las izquierdas. Fidel ponderaría los discursos radiales de líderes auténticos como «Eddy» Chibás o escucharía a jóvenes comunistas cantando: «...bandera, bandera roja, revoluciones estallarán. Viva el comunismo y la libertad» a la vez que recibiría influencias «falangistas» o «franquistas» de maestros jesuitas. Se acercaba la era de los revolucionarios en el poder y Fidel no sería ajeno al nuevo entorno político en que se desenvolvería pronto la vida estudiantil.

> **Para un sector juvenil, los auténticos todavía merecían el codiciado título de revolucionarios que pronto les discutiría Fidel, el estudiante que terminaba sus estudios en Santiago de Cuba y se preparaba para el gran escenario: La Habana.**

Fidel se había transferido en 1942 de Dolores al Colegio de Belén en La Habana, a lo cual nos referiremos en el próximo capítulo. Entraría en una escuela de gente de clase alta. ¿Cómo reaccionaría ante la entrada en las estructuras de poder de los revolucionarios del treinta? Se adentraba en una era de gobiernos orgullosamente revolucionarios, los auténticos. Batista tenía apoyo de revolucionarios de izquierda (comunista) y de derecha (abecedarios), pero su condición de militar y los políticos tradicionales en su gabinete dificultaban la llegada al poder de una generación que anhelaba controlar el quehacer político. Para un sector juvenil, los auténticos todavía merecían el codiciado título de revolucionarios que pronto les discutiría Fidel, el estudiante que terminaba sus estudios en Santiago de Cuba y se preparaba para el gran escenario: La Habana.[5]

7

En La Habana con los Jesuitas (1942-1945)

Fidel en el Colegio de Belén en La Habana — 1942-1945

Comunistas incorporados al gabinete de Batista — 1943

Fidel «mejor atleta del año» en Belén — 1944-1945

Fidel graduado de Bachiller en Letras — 1945

El Colegio de Belén, institución jesuita, principal escuela privada de la burguesía cubana donde Fidel Castro terminó sus estudios como Bachiller en Letras.

AL TRASLADARSE FIDEL CASTRO a La Habana en 1942, los revolucionarios «auténticos» no dominaban todavía la política electoral, aunque habían quedado en primer lugar en elecciones para la Asamblea Constituyente de 1940. En las elecciones parciales de 1942 quedaron en tercer lugar en Oriente, superados por demócratas (conservadores) y liberales. Sólo uno de sus candidatos orientales superó al representante comunista elegido ese año allí, César Vilar. En La Habana dos candidatos comunistas, el doctor Juan Marinello y el líder sindical Lázaro Peña obtuvieron más votos individuales que los dos auténticos elegidos allí. Todo cambiaría pronto a favor de un partido que había asumido el nombre que José Martí escogió para su movimiento, Partido Revolucionario Cubano.

Fidel: un «guajiro» hacia La Habana (1942)

Mientras los auténticos se preparaban para las elecciones de 1944 y su «jornada gloriosa» del 1 de junio de ese año, el joven Fidel Castro llegaba a la capital en 1942. A partir de esa fecha serían menos frecuentes sus excursiones en Oriente, las lidias de gallo y peleas locales de boxeo, las bodas y fiestas familiares, las competencias campesinas, las improvisadas charlas de historia del contador de su padre, el asturiano César Alvarez. Quedaban atrás la carta de Franklin Roosevelt, la recordada profesora Danger, los desfiles y bandas escolares, los paseos por Santiago de Cuba y la relativa cercanía de la casona de Birán a la que seguiría regresando ocasionalmente.

El joven que se proponía «andar La Habana» podía ser considerado un «guajiro». Así se llamaba en La Habana a los del interior del país, sobre todo a los de regiones rurales. Pero era un guajiro «cepillado», como se decía de los que tenían cierta educación. Fidel había pasado por un rito que abría las puertas de otro «importante» reconocimiento. Su padre le había iniciado en un rito que le convertía de jovencito en hombre: fumar tabacos ante su progenitor. El 11 de diciembre de 1943 quedaría inscrito como Fidel Alejandro Castro Ruz. Desde 1941 podía afirmar que era hijo de cubanos. Su madre era cubana por nacimiento. Su padre había logrado su naturalización en 1941.

> **El joven... podía ser considerado un «guajiro». Así se llamaba en La Habana a los del interior del país, sobre todo a los de regiones rurales. Pero era un guajiro «cepillado», como se decía de los que tenían cierta educación.**

Al llegar a la capital en 1942, no usaba todavía espejuelos. Al año siguiente, un oftalmólogo se los recetaría, pero no los utilizaría hasta años después. Muy pronto, el «guajiro» matriculado en el colegio de las más altas clases sociales demostraría su habilidad para avanzar en la capital.

Al Colegio de Belén era adonde querían ir muchos estudiantes de Dolores, otra escuela jesuita. Para un joven del interior del país, el primer viaje a La Habana era siempre una aventura y la partida frecuentemente dramática. Viajar a Santiago tenía su atractivo, pero el recorrido hacia La Habana era peregrinar a una ciudad mítica o legendaria. Esa sensación aumentaba mientras más distante el punto de partida. Si el viaje era por ferrocarril, se abría una ventana a otras partes del país.

Castro partió en tren desde Alto Cedro. Le esperaban ochocientos kilómetros de trayecto y desde el vagón vería desde lo sublime hasta lo ridículo. Paisajes, casas hermosas o en ruinas, carreteras, caminos y «guardarrayas» (senderos campestres). Cuando el tren se detenía, le esperaban raspaduras, panetelas, pasteles y dulce de coco rallado que le ofrecían sencillos vendedores. Había cantantes y músicos que tocaban con guitarras y maracas, para después pedir dinero a los pasajeros con las palabras: «(Coopere con el artista cubano!». Atrás quedarían montañas orientales, llanuras camagüeyanas, viejas poblaciones de Las Villas y «cañaverales», sobre todo en Matanzas.

En La Habana vivían algunos conocidos. El viejo amigo de la familia y representante a la Cámara por el Partido Demócrata Fidel Pino Santos le esperaba en la Estación Central de Ferrocarriles. De allí, el veloz automóvil llevaría a Fidel a Miramar, magnífico reparto con casas más atractivas que las de Birán y hasta que algunas de las mejores viviendas santiagueras. Las calles serían toda una experiencia. El alto número de personas que recorrían las calles, (algunas estrechas, otras más amplias) resultaba impresionante. ¿Presentía acaso que la ciudad llegaría a ser literalmente suya? Al contemplar los edificios del colegio, ¿no era Belén «lo mejor de lo mejor»?

En el Colegio de Belén (1942-1945)

Una Pragmática Sanción de Carlos III sería derogada en 1815, y los jesuitas regresarían a los territorios españoles. La preocupación cundiría entonces en el obispado habanero. ¿Qué hacer con propiedades que habían pertenecido a la Compañía de Jesús, entre ellas el antiguo Colegio San José? El obispo Juan José Díaz de Espada y todo su Cabildo se apresuraron a enfrentar la situación y proteger las propiedades diocesanas.

No sería sino hasta 1852 cuando la reina Isabel II facilitaría el abrir un colegio de la Compañía de Jesús en La Habana, convirtiéndose así en su virtual fundadora. El 2 de marzo de 1854 abrió sus puertas el «Real Colegio de Belén» por cuyas aulas pasaría buena parte de la intelectualidad habanera y miembros ilustres de las altas clases sociales y económicas.

En 1856 el Ministro de Fomento y Ultramar, a nombre de Su Católica Majestad, otorgó validez a los títulos del Colegio. Su prestigio fue creciendo hasta el punto que en 1864 la gran poetisa cubana Gertrudis Gómez de Avellaneda donó a los jesuitas de Belén la corona que le había entregado el Liceo de La Habana cuatro años atrás. Con el tiempo existiría en el plantel una Academia Literaria Avellaneda para promover el cultivo de las letras.

El Colegio se trasladó de La Habana a la vecina Marianao en 1925. Seguía estando en la zona metropolitana de la Gran Habana. En 1932, el padre Felipe Rey de Castro fundaría la Agrupación Católica Universitaria por la que pasarían infinidad de graduados de la escuela. En 1936 el College Entrance Examination Board de Estados Unidos autorizó al Colegio a examinar a futuros alumnos de universidades estadounidenses. Entre 1928 y 1936 se habían completado las nuevas instalaciones, realmente modernas y amplias.

El Colegio tenía su propio observatorio meteorológico que permitía anticipar los ciclones temporales de la región y la institución contaría con escuela de comercio, enseñanza mecánica y por supuesto con el programa de bachillerato. No era solamente la planta física sino el claustro de profesores lo que impresionaba al estudiante.

Pronto Fidel Castro estaría recorriendo La Habana en tranvía, reconociendo sus alrededores y adentrándose en un mundo nuevo que abriría su imaginación a nuevos horizontes y posibilidades. No es difícil imaginárselo frente al Capitolio Nacional construido por Machado y ante el cual se retrataban visitantes del interior y «del campo». Muy cerca estaban la «Fuente de la India», los hoteles Saratoga e Inglaterra, los palacios Asturiano y Gallego, el Parque Central. ¿Qué decir de las calles Monte y Muralla, las zonas comerciales, grandes almacenes y tiendas al detalle? ¿Cómo olvidar el colorido del Mercado Único?[1] ¿No despertaría el Palacio Presidencial alguna ambición política en un «muchacho del interior»?

Aunque llegó iniciado el curso de 1942, aquel estudiante de tercer año de bachillerato logró rápidamente hacer amistades. Como tenía el suficiente aprovechamiento académico (su buena memoria pasaba cualquier prueba, sobre todo en las asignaturas «de letras»), lo incluían en todo tipo de programas y actividades que disfrutaba, sobre todo las actividades deportivas. Al acercarse el fin del curso ya era parte del equipo de fútbol. ¿Seguiría pensando en héroes militares y políticos? ¿Cómo estimulaban su imaginación los acentos españoles y las clases que evocaban las glorias del Descubrimiento, la Conquista, la Colonización y la Hispanidad? Nuevos mundos se abrirían al conjuro de los conocimientos impartidos por sus profesores, españoles y cubanos, religiosos y laicos.

En la escuela recibió varios premios. En tercer año obtuvo premios en Español, Inglés e Historia de Cuba. En cuarto año logró «excelencia» en Español y obtuvo el primer lugar del curso de Agricultura. En quinto año obtendría un premio en Sociología.

Algunas personas lo impresionaban. La influencia del Padre Francisco Barbeito Ramos en la revista *Ecos de Belén* era bien conocida de todos. Abundan las referencias de Fidel Castro a relatos de su consejero espiritual y amigo, el padre Llorente, siempre deseoso de relatar las aventuras misioneras de su hermano en Alaska (que también relató al autor de este libro). La simpatía entre el alumno y el Segundo Inspector a cargo de disciplina fueron en aumento. Llorente era entonces joven, siete u ocho años mayor que Fidel. El sacerdote lo desafió a obtener sobresaliente en Física. Al poco tiempo el estudiante le mostró su calificación de sobresaliente. Algunos biógrafos de Fidel llaman al sacerdote «Armando» o «Amado», pero su nombre es «Amando».

El religioso lo nombró «general de exploradores» al comprobar su desempeño eficiente en una excursión a Pinar del Río, región de montañas y valles. Esas actividades continuarían en visitas a Birán y alrededores, así como a otros lugares en Oriente. El ascenso de las elevaciones les llevaría a la Ermita de Monserrate en Matanzas, con su vista del hermoso Valle de Yumurí. Sus compañeros y maestros recuerdan lo bien que sabía cruzar los ríos, incluyendo el Taco Taco, en el cual realizó una hazaña menor, al conseguir el paso seguro de compañeros que iban a ser arrastrados por la corriente. Fidel logró asegurar del otro lado una soga. Llorente ha sido siempre una fuente de información sobre aquellos días de aventuras y excursiones.

En conversaciones con el doctor José Ignacio Rasco (autor de una «Semblanza de Fidel» en el libro *Cuarenta Años de Revolución: El legado de Castro*, editado por el doctor Efrén Córdova y con el cual colaboramos), supimos de una apuesta con el estudiante Luis Juncadella acerca de que era capaz de tirarse en bicicleta, a toda velocidad, contra una pared en las galerías del colegio.

El novelista y periodista Norberto Fuentes parece referirse al incidente, y menciona a su compañero de estudios Eduardo Curbelo, procedente de Cienfuegos y con vocación de poeta. Si seguimos el relato de Fuentes, Curbelo estuvo junto a Fidel y buscó ayuda cuando a éste se le «partió la nariz».[2]

> Fidel experimentó dificultades en sus primeros intentos oratorios en el colegio. Primero daba evidencias de nerviosismo, pero luego «superó con creces» cualquier deficiencia, y se destacó como orador.

Rasco nos habló también de la amistad de Castro con algunos sacerdotes como el padre Alberto Castro, profesor de Historia de Cuba en el plantel, que promovía un grupo de estudio y defensa de la cultura española llamado «Convivio» y del deseo de Fidel de llegar a presidir ese grupo al que pertenecía. También nos explicó la relación de Fidel con los padres Manuel Foyaca de la Concha y Miguel Ángel Larrucea.

Rasco nos relató algo referente a las dotes de orador de Fidel Castro. Fidel experimentó dificultades en sus primeros intentos oratorios en el colegio. Primero daba evidencias de nerviosismo, pero luego «superó con creces» cualquier deficiencia, y se destacó como orador. Las primeras demostraciones eran necesarias para que le dieran ingreso en la Academia Literaria Avellaneda, en la cual enseñaba oratoria su orientador, el padre José Rubinos Ramos.[1]

Fidel estaba en Belén cuando a fines de 1942 fusilaron por espionaje al agente alemán Heinz August Luning. Ese año los alemanes habían hundido los vapores de bandera cubana «Manzanillo» y «Santiago de Cuba», y el espía Luning había suministrado información que facilitó el hundimiento de esos barcos. Las noticias de la guerra incidieron en Fidel, siempre amante de la historia y de conocer la actualidad. Años después en un video difundido desde su lecho de enfermo se referiría a su afición por las noticias. Los relatos de la Segunda Guerra Mundial reemplazaron los de la Guerra Civil en España que escuchaba de parte de ambos bandos en esa contienda española, representados en Birán como en toda Cuba. También se escuchaban en esos días discusiones sobre la enseñanza privada suscitadas por el nombramiento de un comunista erudito, Juan Marinello, como director de una agencia oficial relacionada con la enseñanza privada.

Además, Marinello, elegido representante a la Cámara en 1942, presentaría un proyecto de ley para reglamentarla. En 1944, ya senador, volvió a insistir en el proyecto. Era partidario de «cubanizar» la educación religiosa y parte de la oposición a sus gestiones provino de estudiantes y graduados de Belén. El doctor Ángel Fernández Varela, profesor de la escuela, dirigió la oposición al proyecto Marinello.

En un debate oratorio, a Rasco le tocó defender la enseñanza estatal y a Castro la privada. Al hacerlo, señaló problemas causados por la intervención del estado en la enseñanza privada. Un periodista del diario comunista *Hoy* que firmaba como «Emeril» lo llamó «el casto Fidel».[4]

Pero había otros temas en el ambiente. Tanto en su casa de Birán como en Belén, Fidel escuchaba argumentos en contra de los comunistas españoles, rechazados por jesuitas admiradores de Francisco Franco y su «cruzada» contra los «rojos». En el ambiente «belemita», quizás sus héroes no eran solo los del panteón cubano, sino también José Antonio Primo de Rivera y otros. No se hablaba tanto de una derecha cubana, por demás casi inexistente, sino más bien de la Falange y otros grupos contrarios a la desaparecida República Española.

Y con referencia a Cuba, ¿qué estudiante era ajeno a los problemas y contradicciones del nuevo gobierno auténtico inaugurado en 1944? Se comentaba ocasionalmente algún logro del «Mesías» del autenticismo, pero se agudizaban las críticas sobre todo a la corrupción de los funcionarios.

Todavía en Belén, Fidel empezaría a conocer acerca de un líder auténtico que pronto fundaría el partido al que se afiliaría el estudiante. «Eddy» Chibás tronaba por la radio defendiendo inicialmente a Grau, pero convirtiéndose pronto en crítico de políticos auténticos sospechosos de corrupción. Aunque Fidel debe haber escuchado algo de doctrina comunista o socialista de parte de algunos trabajadores de Birán, lo que prevalecía en su entorno «belemita» eran las simpatías falangistas de los profesores, tendencias hacia la derecha y si acaso la moderación de algunos de sus compañeros.

En Belén la lectura favorita de la prensa era necesariamente *El Diario de la Marina*, en el cual el Padre Rubinos Ramos ejercería en el futuro gran influencia. El diario había sido siempre el gran órgano españolista, católico y conservador. Los editoriales de su director «Pepín» Rivero, habían sido pan nuestro de cada día. Pero en la biblioteca había una abundancia de libros que contenían otros puntos de vista. El estudiante de Historia encontraba allí relatos sobre revoluciones como la Francesa que siempre atrajeron a Fidel y que provocaron deseos de nuevas lecturas e investigaciones. Abundaban los estudios católicos de temas sociales, sin olvidar encíclicas papales y «La Doctrina Social de la Iglesia». ¿Qué pensaría el joven estudiante? Es imposible determinarlo, pero sus opiniones cambiarían. Cuarenta años después, Fidel le diría a Frei Betto: «Pero te digo que aquellos jesuitas eran todos gente de derecha. ... Ahí si es verdad que no cabe hablar de que había en Cuba un jesuita de izquierda en aquella época. Hoy sé que hay muchos de izquierda, y creo que más de una vez en la historia ha habido jesuitas de izquierda. Pero en la escuela donde yo estudié ... no había un solo jesuita de izquierda».[5]

No era posible separar del todo la vida familiar y la estudiantil. En el seno familiar, durante la época de estudiante en Belén, se produciría en Cueto el matrimonio civil de don Ángel y doña Lina. También se fueron comprometiendo para matrimonio y casando varios hermanos del futuro líder. La familia comentaba los éxitos del joven Fidel en la lejana capital, como luego se preocuparía por sus aventuras revolucionarias. Fidel, sin ser necesariamente el mejor de los estudiantes, no quedaba detrás de los hijos de acaudalados habaneros criados en un ambiente con mayor cultura. Algún tiempo después llegaría la noticia de la próxima graduación de Fidel como Bachiller en Letras.

En Birán había dificultades con un hijo del primer matrimonio de Ángel Castro, Pedro Emilio, enojado por decisiones de su padre que no compartía. Como decían los cubanos «eso ocurre hasta en las mejores familias». No deben sorprender desavenencias creadas por el largo tiempo entre la separación de la primera esposa y el divorcio.

Durante el cuarto año de bachillerato, Fidel se convertiría en el mejor canastero de basketball, obtendría buenas notas e incursionaría por disciplinas científicas con más curiosidad que interés de investigación. En el curso 1944-1945, su último en Belén, lo declararon el mejor atleta de la escuela ese año. Meses después, en noviembre de 1945, el Comité Ejecutivo de la Unión Atlética de Amateurs lo escogió para competir representando los clubes «Casino Español de La Habana» y «Caribes» (de la universidad). También fungió como «coach» del equipo de béisbol. Muy pronto el siempre amistoso Padre Llorente escribiría en *Ecos de Belén*, con fotografía y lo demás, las siguientes palabras de su expediente escolar: «Fidel Castro Ruz (1942-1945). Se distinguió siempre en todas las asignaturas relacionadas con las letras. Excelencia y congregante, fue un verdadero atleta, defendiendo siempre con valor y orgullo la bandera del Colegio. Ha sabido ganarse la admiración y cariño de todos. Cursará la carrera de Derecho y no dudamos que llenará con páginas brillantes el libro de su vida. Fidel tiene madera y no faltará el artista».

Rasco nos contó cómo un profesor le permitió examinarse de todas las asignaturas pendientes. Fidel prometió obtener la nota más alta (100 puntos) en las pruebas del colegio si le permitía asistir al examen del Instituto oficial. En pocos días logró esa alta calificación en Francés, Historia de América y Lógica. Para entender esto sería bueno tener en cuenta una opinión que el mismo Rasco expresa en su *Semblanza de Fidel Castro*: «No era buen estudiante, un filomático, como decíamos en Cuba, que sólo sabía estudiar sin participar en otras actividades. Pero siempre sacaba sus notas con buenas calificaciones aunque sin pertenecer a los primeros de la clase. Estudiaba a última hora con vista a las pruebas. Entonces era capaz de dormir poco y se pasaba días y noches preparándose para los exámenes. Con su prodigiosa memoria era capaz de aprenderse, al pie de la letra, cualquier texto. Como alarde solía arrancar las páginas de un libro una vez que las archivaba en su memoria. Era un verdadero computer. Luego podías preguntarle lo que decía el libro de sociología, por ejemplo, en la página 50, y te la repetía con punto y coma».

La culminación del proceso en un estudiante que se preparaba para ingresar a la universidad era su graduación como Bachiller, todo un honor para su familia pues no había casi ningún otro caso en su parentela. Todo un motivo de alegría para su madre que se prepararía con esmero para asistir al acto en la capital.

Este es el texto del diploma:

El Director del Instituto de Segunda Enseñanza Número 2 de La Habana, Vedado. Por cuanto Fidel Casiano Castro Ruz, natural de Cueto, provinci1 de Oriente, ha acreditado en debida forma que reúne las circunstancias prescriptas por la Legislación vigente para obtener el Título de Bachiller en Letras, habiendo demostrado su suficiencia en este Instituto ante los Tribunales correspondientes. Por tanto: expido a su favor el presente Título, visado por el Señor Ministro de Educación en La Habana, a 29 de Septiembre de mil novecientos cuarenta y cinco.

Es curioso que el título oficial que le fue expedido no lo identifica como Fidel Alejandro, como ya había sido inscrito, sino como Fidel Casiano, quizás porque al matricularse en 1942 ese sería su nombre.

El catolicismo de Fidel (1942–1945)

Frei Betto acuñó un aspecto de la vida de Castro con el título de su libro *Fidel y la Religión*. Antes de alejarnos de Belén, pues, es necesario referirnos a su vida religiosa.

Se conoce de su tardío bautismo católico, de la tradición religiosa de sus padres, de las creencias y prácticas de su madre y sobre todo del entusiasmo religioso de doña Dominga, su abuela. No cabe duda de que la influencia del catolicismo era parte integral de su vida de niño y de joven. Su etapa religiosa más conocida e intensa parece haber sido la de Belén.

Su profesión pública de marxismo-leninismo hecha a todo el país a fines de 1961 (sobre la cual pudieran discutirse aspectos fundamentales en cuanto a ortodoxia marxista) no debe servir para ocultar que desde sus días en el Colegio Dolores y sobre todo en su período «belemita», Fidel Castro profesó y practicó la religión católica apostólica romana. No sólo participó de actividades en la Academia Avellaneda, sino también en las de algunas congregaciones religiosas.

En cuanto a su práctica en sí, Fidel se confesaba, comulgaba y asistía a misa, aunque algunas de sus declaraciones posteriores no indican gran intensidad en su sentimiento religioso de entonces. Desde niño había sentido atracción por la historia sagrada y los relatos de la Biblia, pero él mismo señalaría defectos en su educación religiosa.

No hay indicio alguno de actitudes sectarias. Convertido en un joven padre, aceptaría que su primer hijo Fidel Castro Díaz-Balart estudiara en un colegio metodista, el famoso Candler College, fundado por misioneros norteamericanos. No parece haber objetado que su hermano Raúl (al menos según algunas fuentes) y sobre todo su hermana menor Agustina estudiaran en una escuela bautista (Colegios Internacionales de El Cristo). Tampoco tuvo problemas con que esa hermana suya se uniera a una iglesia bautista y sirviera de pianista en algunos oficios religiosos. Pero en esta etapa de la vida como estudiante de bachillerato, Fidel era un católico practicante.

¿Mantendría su fidelidad a la Iglesia en el entorno universitario? Tal vez no tanto, pero mantuvo relaciones estrechas con católicos durante sus estudios universitarios y en alguna ocasión formó parte de una candidatura con católicos. Hasta participó en el grupo católico Pro-Dignidad Estudiantil dirigido por Valentín Arenas.[7]

8

Con universitarios, conspiradores y políticos (1945–1952)

Fidel ingresa en la Universidad de La Habana/ Alfredo Guevara conoce a Fidel	1945
Fidel y los «Grupos de Acción» en la Universidad	1945–1950
Fidel y sus primeros artículos en la prensa cubana	1946–1947
Expedición de «Cayo Confite» e Incidente de la Campana	1947
Fidel y el «Bogotazo»/ Matrimonio con Mirta Díaz-Balart	1948
Muerte de Eduardo Chíbás	1951

La Universidad de La Habana, fundada en 1728.

Escuela de Derecho de la Universidad de La Habana donde cursó estudios Fidel Castro.

LA UNIVERSIDAD DE LA HABANA fue autorizada por el papa Inocencio XIII en 1721, otorgando su Pase al Consejo Real de Indias en 1722. Su establecimiento se llevó a cabo el 5 de enero de 1728. El nombre original era «Real y Pontificia Universidad de San Jerónimo» y era auspiciada por los dominicos.

Un gradual proceso de secularización comenzó ya avanzado el siglo XIX. El 6 de octubre de 1933, el presidente Grau San Martín le concedió por primera vez la autonomía. En 1945 el claustro incluía profesores con una ideología política tradicional, otros que habían favorecido demandas estudiantiles de la generación de la década del 1930 y algunos estaban situados a la izquierda sin declararse comunistas.

En materia religiosa, había profesores católicos militantes, masones, protestantes, y abundaban los agnósticos que no ocultaban su escepticismo. Como en el resto de las instituciones públicas de Cuba, la universidad era laica sin enseñanza de religión.

«Bilito» Castellanos

Fidel Castro ya había cumplido diecinueve años al convertirse en estudiante universitario. Tenía conocidos en la universidad, pero ninguno de ellos con la larga amistad de Baudilio Castellanos, a quien apodaban «Bilito». Sus familias se conocían y visitaban pues el padre de Baudilio era el farmacéutico de Marcané, amigo de los padres del joven Fidel, que se menciona en otro capítulo. «Bilito» y Agustina Castro, la hija favorita de algunos familiares, habían cursado estudios en los Colegios Internacionales de El Cristo.

Katiuska Blanco coincide con lo de hija preferida o favorita y atribuye la decisión de Ángel y Lina de enviarla a los Colegios Internacionales
a la influencia de «un pastor bautista que recorría los caminos con sus
parsimoniosas y convincentes letanías».[1] Pero el padre de Baudilio ya
había estado vinculado con los bautistas. «Bilito» llegó a presidir la asociación de jóvenes bautistas en el colegio, propiedad de la Convención
Bautista de Cuba Oriental y auspiciado por la misión en Cuba de los
«American Baptists».[2]

Baudilio había viajado al extranjero y conocía ciudades norteamericanas y mexicanas. Sus vivencias impresionaban a Fidel, que carecía entonces de tales experiencias. Según Amaury Troyano, pocas personas han
tenido una amistad tan prolongada y profunda con Fidel como «Bilito»,
quien pronto estaría aspirando a la Presidencia de la sección estudiantil de
la Escuela de Derecho. «Bilito» fue un líder estudiantil muy conocido que
participaría en actividades revolucionarias, siempre apoyando a Fidel, y
que desempeñaría importantes funciones en su gobierno.

Fidel y «Bilito» se reunían con frecuencia en varios lugares, entre
ellos los lugares de residencia del primero. Originalmente era el número 8 de la Calle Quinta, entre 2 y 4, en el Reparto La Sierra. Después Fidel se mudó para el número 104 de la calle 21, apartamento 7, en el
Vedado. Otro sitio de encuentros sería la Plaza Cadenas, junto a la Facultad de Derecho. Katiuska Blanco menciona un detalle de la boda de
Baudilio con Doris Simons, también de Marcané e hija de un nortea-
ricano que asistió a la ceremonia, pero que «no firmó ningún papel, porque según las referencias de la embajada su yerno y casi todos los
invitados eran comunistas».[3]

El 27 de septiembre de 1945, siendo Presidente de la República el
doctor Ramón Grau San Martín del Partido Auténtico, gobernador de
la provincia de La Habana el doctor Rafael Guás Inclán del Partido Liberal y alcalde de la ciudad de La Habana el doctor Raúl Menocal del Partido Republicano (otro partido de origen conservador) y representando
la provincia en el Senado figuras tan famosas como el gran empresario
Alfredo Hornedo (liberal), el profesor Salvador García Agüero (comunista); el insumergible Ramón Vasconcelos (liberal) y sobre todo su fu-

turo líder político «Eddy» Chibás (entonces auténtico), quedó matriculado como estudiante de la bicentenaria universidad el joven Fidel Castro Ruz (expediente número 1308).

El joven Castro matriculó la carrera de Derecho para obtener el título de abogado, credencial de tipo profesional que frecuentemente abría horizontes en el mundo de la política. Se menciona en algunos escritos las licenciaturas en Derecho Diplomático y en Derecho Administrativo. El mismo Fidel menciona su matrícula en las escuelas de Ciencias Sociales y Filosofía y Letras. Después de graduarse de abogado, volvería a matricularse el 4 de noviembre de 1952 para doctorarse en Ciencias Sociales. Algunos han pensado que lo hacía para desorientar al nuevo gobierno de Batista sobre sus intenciones de insurrección.

El curso 1945-1946 marcaría un hito en su avance hacia ese quehacer. Según Alfredo («el Chino») Esquivel (, al terminar el curso, Fidel había obtenido sobresaliente en Derecho Administrativo y Antropología Jurídica y obtenido notas de aprobado o aprovechado en Teoría General del Estado, Introducción a la Carrera de Derecho y Derecho Romano. Pero la universidad era también un centro de entrenamiento para la política, y las organizaciones estudiantiles eran movimientos de agitación política.

Ese mismo año, Baudilio Castellanos aspiró con éxito a la presidencia de los estudiantes de Derecho, integrantes de la FEU (Federación de Estudiantes Universitarios). Fidel fue elegido Delegado por la asignatura Antropología Jurídica. Además de otros cargos, participó después en una Convención Constituyente Estudiantil en la que pronunció un discurso bastante comentado. Se estaba iniciando una carrera política sin precedentes.

Alfredo Guevara: gran amigo de Fidel (Desde 1945)

Pronto surgiría otra amistad indestructible. Alfredo Guevara ingresó también en la universidad en el año 1945, pero en la Facultad de Filosofía y Letras. El nuevo amigo tenía un origen humilde. Su padre tenía un modesto empleo en los ferrocarriles en La Habana. Según su prima Estela Pérez Guevara y su esposo el doctor J. Aurelio Travieso, pastor de la Iglesia Bautista situada en las calles Zulueta y Dragones, Alfredo era estudioso desde su niñez y había tenido un trasfondo familiar de influencias anarquistas y marxistas.

Cuando conoció a Fidel, Alfredo ya tenía vínculos con el Partido Socialista Popular y la Juventud Socialista, a la que pertenecía. Muchos jóvenes socialistas o comunistas trabajaban con el partido, pero con alguna independencia. Algunos no se sentían cómodos con el estalinismo de ciertos dirigentes cubanos. Según Rasco, compañero de Fidel no sólo en Belén sino en la universidad, Guevara dominaba los clásicos del marxismo leninismo y su influencia fue quizás la mayor que en cuanto a temática política recibió Fidel Castro en la universidad.

Uno de los amigos más cercanos a Guevara era Lionel Soto Prieto, que ingresó en 1946 como estudiante de Filosofía y Letras. A Soto lo hemos citado como autor de un importante libro sobre la revolución del 1933 que salió a luz en la década del 1970. Era también de origen modesto y procedía de Cienfuegos. Su erudición y su militancia comunista eran conocidas. En 1947 lo nombrarían secretario general del Comité Universitario del Partido Socialista Popular. Había sido secretario general de la Asociación de Estudiantes del Instituto Número Uno de La Habana.

Volviendo a la actuación de Alfredo Guevara, éste logró pronto convertirse en líder estudiantil en Filosofía y Letras. Tad Szulc entiende que escogió esa carrera porque le resultaba más fácil obtener el apoyo de las muchachas que constituían la gran mayoría de los estudiantes de esa escuela. Szulc la entiende como una decisión correcta de su parte.[4] Como Raúl Valdés Vivó, José Boris Altshuler y la futura actriz Gina Cabrera, Guevara había trabajado en el movimiento estudiantil del Instituto Número 1 de La Habana apoyando a Soto.

Alfredo tenía inicialmente sus reservas con Fidel Castro. Guevara no era un creyente religioso, y mucho menos un practicante. Una de sus preocupaciones era la condición de Castro como ex alumno de una escuela católica y su procedencia de una familia adinerada. En 1973, conversando con Lionel Martin, Guevara le confesó sus temores: «El tal Castro, de veintiún botones, enfundado en su traje negro de gala, bien parecido, seguro de sí mismo, agresivo... El amenazante espectro del clericalismo sobrevolaba el campus (de la universidad) y yo creía que Castro iba a ser su instrumento».[5]

Martin señala que Fidel no era el conservador que imaginó brevemente Guevara, y señala que se había criado en un ambiente diferente al que vivió después en escuelas religiosas. Muy pronto estaban reuniéndose y concurriendo a los lugares donde se hablaba de política y cultura. Cualquier diferencia entre estos jóvenes no impediría su profunda amistad. Juntos visitarían librerías, entre ellas la de los comunistas en la Calle Carlos III, y concurrirían a reuniones del movimiento estudiantil, acompañados a veces por Soto y Esquivel. Sería precisamente Esquivel el que nos relataría algunas de esas visitas.

Se ha hablado y escrito mucho sobre la posibilidad de que Guevara fuera la persona que llevó a Fidel al marxismo. Lo que sí resulta difícil es imaginarse a un Fidel Castro sujeto a la estricta disciplina del Partido Socialista Popular, del cual no era dirigente. Creemos que Alfredo Guevara fue quizás la mayor influencia en ir orientándolo hacia la izquierda, pero en ese proceso intervinieron otras relaciones, entre ellas la de Flavio Bravo, líder de la Juventud Socialista, joven con mucha cultura política. Guevara organizaría el Instituto Cubano del Arte y la Industria Cinematográfica (ICAIC) al llegar Fidel al poder.

Amigos e ideología (Desde 1945)

Tan pronto se organizó en 1947 el Partido del Pueblo Cubano (PPC), Castro, presente en la reunión fundacional, se relacionó con la ortodoxia y se integró a sus actividades. Algunos señalan que siempre estuvo en el ala izquierda de ese partido. Su ideología parece ir avanzando hacia la expuesta por jóvenes ortodoxos en el folleto *El pensamiento ideológico y político de la juventud cubana*, la tesis de la comisión organizadora de la sección juvenil del partido Ortodoxo publicada en el otoño de 1948. El folleto, firmado por Max Lesnick, Hugo Mir, Rolando Espinosa, Eduardo Corona, Carlos Manuel Rubiera y otros, refleja una posición de socialismo democrático no desprovista de influencia marxista, pero no simpatías con el Partido Socialista Popular. El doctor Carlos Rafael Rodríguez, uno de los principales ideólogos comunistas le dedicó un artículo algo crítico, pero resaltando «la seriedad y la manera sobria de realizarlo... En esto los jóvenes del PPC dan una muy aprovechable lección al señor Chibás». Se trata de un artículo relativamente polémico que recibió mucha difusión al publicarlo la revista *Fundamentos*, de La Habana, en enero de 1949 y ser muy comentado por la radio.

La relación de trabajo que tuvo Fidel con varios estudiantes de izquierda pudiera servir de base a la interpretación de que su militancia «ortodoxa» coincide con la izquierda de ese partido. Esa afirmación la hace Max Lesnick, uno de los redactores del folleto y el jefe juvenil ortodoxo. Un personaje no muy mencionado, pero que según Lesnick ejercía influencia sobre Fidel, era el estudiante de Derecho Isidro Sosa, muy cercano a Fidel. Lesnick llega a afirmar que, al menos por un breve tiempo, fue algo así como «el líder de Fidel». Sosa era un orador elocuente, pero fue gradualmente perdiendo la razón.

Lesnick también señala a Manuel Corrales (apodado «Corralov» y también «Salivita») en el círculo íntimo. Pertenecía al PSP y su ideología se mantuvo. Durante el gobierno revolucionario, fue secretario de la Comisión Cubana de la UNESCO. Rasco identifica como fidelistas a varios estudiantes con tendencias de izquierda o que «giraban en la órbita fidelista». Según él, la mayoría eran comunistas y no necesariamente ortodoxos: «Baudilio Castellanos, Benito Besada, Walterio Carbonell, Alvarez Ríos, Mario García Incháustegui, Lionel Soto, Luis Más Martín, Antonio Núñez Jiménez, Leonel Alonso, Flavio Bravo y otros simpatizantes del comunismo...».[6]

Además de Isidro Sosa, entre esas amistades resaltaban por proximidad a Castro durante sus días universitarios Castellanos, Soto, Bravo Pardo, Luis Más Martín, secretario general de la Juventud Socialista en La Habana y Walterio Carbonell. Menos Castellanos, estos últimos eran conocidos como comunistas. En el grupo estuvo Raúl Valdés Vivó, que estaría todavía activo entrado el siglo XXI como director de la escuela del Partido Comunista. Carbonell ejercería brevemente funciones en el gobierno revolucionario, pero tuvo dificultades por ser considerado «racista negro» por su énfasis en la negritud y guardó prisión ya con Castro en el poder.

Los comunistas, que se presentaban como socialistas por el nuevo nombre del partido, se mantenían activos. Según Alonso Ávila y García Montes, «Los jóvenes comunistas se pasaban el día metidos en el local de la FEU. Trabajaban allí más que nadie, sin recibir remuneración. Muchos no eran siquiera estudiantes. Luis Más Martín y el propio Flavio Bravo eran visita diaria».[7]

¿Marxismo? Lecturas e influencias (Desde 1945)

Como se desprende de lo anterior, Fidel Castro fue uno de estudiantes que recibieron alguna influencia de los marxistas universitarios, lo cual no quiere decir en modo alguno que estos lograran inmediatamente sus propósitos. Muchos coinciden en que su carácter independiente no le hubiera permitido adaptarse fácilmente a la disciplina exigida a los miembros de la Juventud Socialista y del partido mismo. Muy joven demostraría su tendencia a darle forma propia a sus planes de acción y proyectos.

Lionel Martin, con simpatías por la izquierda, insiste en que «Castro no atribuye su conversión al marxismo al hecho de haber tenido amistades comunistas». Martin, como otros, le atribuye a Fidel haber señalado que fue la lectura del *El Manifiesto Comunista* lo que «tuvo una influencia apocalíptica en la consolidación de su pensamiento» y fue para él «una revelación».[8] Nuestras experiencias como profesor nos han inclinado a pensar que muchos estudiantes que años después afirman en un momento dado haberse convertido a esta o aquella causa o teoría en base a lecturas en realidad tomaron un rumbo en base a acontecimientos y circunstancias.

¿Sabía Fidel en aquel entonces que Carlos Marx, autor de *El Manifiesto Comunista*, había sido el suegro del mulato cubano Pablo Lafargue, nacido en Santiago de Cuba? Es casi seguro. Lafargue fue uno de los fundadores del socialismo francés y autor de clásicos marxistas como *El Derecho a la Pereza* y *¿Por qué cree en Dios la burguesía?* Lo que sí se conoce bien sobre las lecturas de Castro es la abundancia de libros de extranjeros falangistas, fascistas y sobre todo marxistas, y también de textos de cubanos como el doctor Raúl Roa, decano de Ciencias Sociales y autor de *La Historia de las doctrina sociales* y el doctor Aureliano Sánchez Arango, futuro ministro de Educación de Carlos Prío y autor del libro *Las legislaciones obreras*. Según Esquivel, Fidel los respetaba intelectualmente. La influencia de Roa, a quien Fidel convertiría en Ministro de Relaciones Exteriores en 1959, es probablemente anterior a sus estudios más serios sobre textos marxistas. Al menos las primeras lecturas marxistas de su hermano y futuro sucesor designado, Raúl Castro, pudieron tener su origen en el interés por ideologías que tuvo Fidel, quien le entregó a su hermano *El origen de la familia, la propiedad privada y el Estado*, de Federico Engels, así como otros textos, a lo cual añade que Raúl los leyó con gran interés. Pero la ideología de Fidel no era diferente a la de la juventud ortodoxa. Y sus copiosas lecturas sobre la Revolución Francesa, por mucho tiempo su tema favorito, ejercerían influencia sobre su ideología.

Rolando Amador: erudito sin fronteras
(Desde 1945)

Uno de los amigos más cercanos a Fidel era Rolando Amador, cuya influencia sería más de tipo intelectual que político. Amador, que era más o menos de su misma edad, procedía de Cárdenas y había sido formado en escuelas católicas, pero tenía ideas ecuménicas y cierta predilección por las religiones orientales y la teología contemporánea. Era probablemente el estudiante con los más amplios horizontes intelectuales del grupo cercano a Fidel. Rolando, que murió en Miami en el 2006, tuvo un interés sin límites por la cultura. Se sentía igualmente cómodo discutiendo un marxismo que no profesaba que escuchando y comentando música clásica que le fascinaba. Invitamos muchas veces a Amador a dictar conferencias en nuestra cátedra en Estados Unidos. Rolando poseía títulos universitarios cubanos, europeos y norteamericanos. Impresionaba su dominio de varios idiomas modernos y lenguas muertas. Sus vínculos con Fidel indican que no todos los amigos de este eran marxistas o de izquierda.

Amador le sería de utilidad a Castro en cuestiones bibliográficas. Ambos eran alumnos de la Escuela de Derecho desde 1945 y se reunían para estudiar para algún examen. Según Amador, Castro estudiaba intensamente para aprobar ciertas asignaturas, sobre todo cuando estudiaba «por la libre».[9] Castro sólo fue estudiante «por la libre» durante un período porque no podía aspirar a cargos estudiantiles si no era «alumno oficial».

Según Amador, Castro le preguntó un día sobre sus posibilidades políticas y si veía en él condiciones para gobernar. Amador le respondió que sí y que llegaría al poder, pero no necesariamente para el bien de Cuba. Sus relaciones continuaron al llegar el nuevo gobierno de Batista, cuando Amador ocupó cargos junto a su amigo Rafael Díaz-Balart.

Primo de Rivera, Hitler, Mussolini: ¿Hasta qué punto? (Desde 1942)

Tanto Amador como Rasco han comentado el interés de Castro por recitar pasajes del libro de Adolfo Hitler *Mi lucha*. En Belén había recibido las influencias falangistas de jesuitas españoles impresionados por el rescate que hizo Franco de la condición predominante del catolicismo en la nación y cultura españolas. Según José Pardo Llada, el comprar escritos y discursos de Benito Mussolini provocó alguna discusión con su esposa Mirta por agotar el escaso dinero que Fidel llevaba consigo en una ocasión. No hay dudas acerca de que muchos jóvenes cubanos transitaron por varias ideologías políticas en forma temporal o simplemente sintieron alguna afinidad con un personaje, un discurso o una medida en particular.

Se requiere mucha imaginación para imaginarse a Fidel como un comunista convencido en el sentido de aceptar todas las doctrinas de Carlos Marx, Federico Engels y Vladimir Lenin. Tampoco creemos que mantuviera afinidad duradera con Primo de Rivera, Hitler o Mussolini, sobre todo después de la derrota de las potencias del eje Berlín-Roma-Tokio en 1945. En Fidel Castro, el proceso de radicalización tuvo probablemente aspectos coyunturales ante situaciones específicas y las posibilidades que se le fueron presentando. Después de años de estudio y conversaciones con amigos y adversarios de Fidel incluyendo miembros del PSP, no creemos se haya sometido jamás a la disciplina de ese partido. Mucho menos a la de grupos falangistas o fascistas, si es que se sintió atraído alguna vez por ese tipo de ideologías.

En el caso de los pequeños grupos nazi-fascistas existentes en Cuba en la década del 1940, no hay evidencia de que Fidel los contactara. Pronto descubrió en su carrera de líder incipiente que el lugar indicado para sus inquietudes y aspiraciones era el Partido del Pueblo Cubano (Ortodoxo), con su variedad de tendencias e ideologías. Incluso su admiración por Mussolini como orador político sólo pudiera probarse en base a su interés en sus discursos.

Política estudiantil y «Grupos de Acción» (1945-1950)

Según algunas versiones, fue «Bilito» Castellanos (que aspiraba a presidente de los estudiantes de Derecho llevando a Mario García Incháustegui como candidato a la vicepresidencia) quien convenció a Fidel de aspirar a Delegado de curso. No creemos que le haya costado mucho trabajo convencerlo. Ese año la candidatura del grupo llamado «Los Manicatos» obtuvo triunfos.

De las aspiraciones de Castro se hacen muchas historias y se tienen datos dispersos. El presidente de la Federación de Estudiantes Universitarios (FEU) Manolo Castro [no es familia de Fidel] no lo contaba entre sus simpatizantes, aunque parece haber intentado sumarlo a sus partidarios. Grau designó a Manolo Castro como Director General de Deportes en 1947. Algunos han relacionado a Fidel Castro con el asesinato de aquel líder estudiantil en 1948. El *Diario de la Marina* del jueves 26 de febrero de 1948 mencionaba la detención de cuatro líderes de la FEU. Se trataba de Fidel Castro, Justo Fuentes, Armando Gali Menéndez y Pedro Mirassou. Los detenidos insistieron en que Manolo Castro «no luchaba ya en la universidad» y no había motivos para agredirle. Aplicada la prueba de la parafina, los cuatro detenidos quedaron en libertad.[10] Su ex cuñado y casi constante adversario político Rafael Díaz-Balart lo ha negado y a Fidel nunca lo encausaron judicialmente por ese hecho. En una entrevista con el doctor Enrique García Morera (abogado y especialista en estudios sobre Simón Bolívar), uno de los fundadores del Directorio Estudiantil Universitario de la década del 1940, Augusto Valdés Miranda, le aseguró que minutos antes de producirse los hechos Fidel Castro llegó visiblemente alterado al lugar del Prado en La Habana donde Valdés Miranda conversaba con unos amigos y le manifestó al grupo que habían asesinado a Manolo Castro en la puerta del teatro «Cinecito» de la calle San Rafael.

Todo lo anterior pudiera llevar a la conclusión de que Castro no intervino directamente, pero quizás conocía del mismo o tuvo alguna participación. Por cierto, Masferrer le aseguró a García Morera que unos detectives de la policía ocuparon en el lugar de los hechos una subametralladora mexicana marca Mendoza que Castro había conseguido al participar de la expedición de Cayo Confites —asunto que mencionaremos después— y que se había llevado envuelta en una lona encerada al lanzarse de un barco.

> A los integrantes de estos grupos se les conocía también como «los muchachos del gatillo alegre» por su frecuente uso de las armas de fuego que portaban para impresionar y para justificar la codiciada condición de «revolucionario».

En realidad, a través de los años hemos escuchado diferentes versiones del asunto de Salabarría y las acusaciones que se hacen contra Castro. Debido a que muchos protagonistas o conocedores de estos hechos, como el mismo doctor Masferrer, eran enemigos de Castro, se nos hace difícil llegar a conclusiones. Las contradicciones en los testimonios no nos extrañan. Muchas de esas situaciones han sido explicadas en base a relatos, opiniones, comentarios y declaraciones de viejos integrantes de los «grupos de acción» enfrentados entre sí. Abundan las contradicciones. Para la opinión pública, dados los métodos utilizados, los miembros de esos grupos eran gángsteres.

Independientemente de las exageraciones, las relaciones entre líderes universitarios y los «grupos de acción» eran frecuentes sin que necesariamente pueda considerarse que todos participaban activamente de las presiones que se ejercían sobre profesores y estudiantes. A los integrantes de estos grupos se les conocía también como «los muchachos del gatillo alegre» por su frecuente uso de las armas de fuego que portaban para impresionar y para justificar la codiciada condición de «revolucionario» utilizada con arbitrariedad y ligereza en el período que nos ocupa.

Se han señalado vínculos de Fidel con uno de los «grupos de acción» que hemos mencionado, la Unión Insurreccional Revolucionaria (UIR). Según Max Lesnick, sus vínculos con la UIR eran una forma de protegerse de su adversario, Rolando Masferrer. Díaz-Balart lo afirma y añade que él y su hermano Frank hicieron la decisión de unirse también al grupo. Pero Lionel Martin niega la participación de Fidel con estas palabras: «Sus enemigos habrían acusado a Castro de pertenecer a uno de los grupos, la Unión Insurreccional Revolucionaria». Martin señala que Fidel Castro sólo «mantuvo ciertos contactos con la UIR» porque la UIR se oponía por completo a Mario Salabarría, partidario del gobierno, y a un antiguo comunista y veterano de la Guerra Civil española con fama de agitador, Rolando Masferrer, del Movimiento Socialista Revolucionario (MSR).[11]

Díaz-Balart más bien asocia esos vínculos al hecho de que Castro estaba opuesto a Grau. Fidel había firmado un manifiesto en 1947 con estas palabras: «Juramos luchar contra la reelección de Grau, aunque el precio de la lucha sea nuestra sangre». Según Díaz-Balart, a Fidel le disgustaba que Grau estuviera eliminando obras sociales del gobierno de Batista. Fidel, aunque no era batistiano, había protestado por la cancelación del presupuesto del Instituto de Vías Respiratorias, algo que por cierto había irritado a Manolo Castro de la FEU. El ambiente universitario le hubiera resultado bastante problemático a alguien interesado únicamente en sus estudios y su futura carrera.

En la universidad existían también bandas armadas conocidas como «bonches». Se les exigía a los profesores mejores calificaciones y algunos dirigentes, utilizando su prestigio e influencia, obtenían notas sin merecerlas o se convertían en estudiantes profesionales para justificar su liderazgo estudiantil. La mayoría de los estudiantes no simpatizaban con esas prácticas.

Además de los mencionados «grupos de acción» y los de tipo «bonche», existían otros como Acción Revolucionaria Guiteras (ARG) integrados también por «revolucionarios del treinta», veteranos de guerras extranjeras como la Segunda Guerra Mundial o la Guerra Civil Española y algunos delincuentes que se les unieron. Por citar un caso, a Emilio Tró (de la UIR y veterano del ejército norteamericano) lo designaron director de la Academia de la Policía Nacional.

Una de las situaciones más polémicas y dramáticas tiene relación con los acontecimientos del 15 de septiembre de 1947 en el reparto Orfila. Después que dos facciones enfrentadas se estuvieron matando entre sí, apareció la policía, que había recibido órdenes de no hacerlo de inmediato. Muchos participantes se dieron a la fuga, otros fueron detenidos y la Policía perdió aun más credibilidad. El jefe de la Policía fue licenciado.

Max Lesnick hace resaltar en una opinión suya, publicada en Cuba en 2005, sobre el hecho de que a finales del curso universitario del año 1949 se creó el comité «30 de Septiembre» para enfrentar el problema del gangsterismo. Asesinatos como los de Manolo Castro (1947) y Ramiro Valdés Daussá (1940) habían conmovido a muchos. El comité lo integraron estudiantes mayormente simpatizantes del partido Ortodoxo y de la Juventud Socialista (comunista). Menciona como parte de lo que él denomina «vanguardia de esa lucha contra el gangsterismo» a «Baudilio Castellanos, Alfredo Guevara, Antonio Núñez Jiménez, Lionel Soto, Enrique Benavides, Walterio Carbonell y Fidel Castro y el que relata esta historia [Lesnick]». Según Lesnick, el gobierno de Prío ofreció «cientos de cargos públicos a los integrantes de los grupos gangsteriles a cambio de que estos dejaran de dispara tiros en las calles de la capital» para aliviar la situación del gangsterismo estudiantil.

Al «pacto de las pandillas» se enfrentaría, según Lesnick, el comité «30 de septiembre». En un acto universitario, Fidel Castro hizo uso de la palabra a nombre del comité con la asistencia de trescientos alumnos. Alguien gritó: «El que hable lo que no debe, hablará por última vez». Según el relato de Lesnick, Fidel leyó los nombres de todos los miembros de pandillas y dirigentes de la FEU a los que el gobierno auténtico había premiado con sinecuras o «botellas» (como se les llamaba en Cuba). Sin explicar los detalles, Lesnick dijo que Fidel pudo escapar de la venganza de los presentes por «la buena fortuna».[12] Otras fuentes añaden que Fidel logró librarse al salir a las siete y media de la noche en un automóvil Pontiac propiedad del mismo Lesnick. Les acompañaban «El chino» Esquivel y Alfredo Guevara.

Según relata Conte Agüero, Rolando Masferrer y Mario Salabarría rodearon en una ocasión la universidad para ultimar a Fidel. Menciona a Aramís Taboada, Alfredo Esquivel y Fidel que se refugian en un aula de la escuela de Derecho donde el doctor Pablo F. Lavín preside un examen. Conte cuenta también otro incidente parecido: «Otra vez en la Plaza Cadenas, lo provocan para agredirlo. Estoy a su lado. Somos dos contra muchos. Fidel da voces llamando a sus amigos. Esos amigos no están, pero él hace creer que sí. Los agresores se desconciertan».[13]

Cargos en la FEU (Desde 1945)

A pesar de su amistad con Alfredo Guevara, Fidel estuvo a veces en campos opuestos en elecciones y aspiraciones dentro de la FEU. Se ha dicho que la casi legendaria memoria de Fidel le ayudaba a conseguir votos, pues recordaba el nombre y apellido de todos los alumnos de su curso. En una ocasión parece haber utilizado como argumento para ganar votos el de que todos los estudiantes católicos debían mantenerse unidos. Pero Guevara tenía la ventaja de contar con el firme apoyo de los comunistas y sus compañeros de viaje que sabían trabajar en sus campañas.

Fidel Castro, además de delegado de curso en 1945, llegaría a fungir como vicepresidente de los estudiantes de Derecho y hasta los presidió brevemente por sustitución reglamentaria. En unas elecciones, estuvo al lado de estudiantes católicos que se oponían a la elección como presidente de la FEU a Enrique Ovares, de la Escuela de Arquitectura. Ovares resultó triunfador. No puede considerarse a Fidel Castro necesariamente como un candidato con apoyo comunista cuando ganó o perdió en su aspiración a algún cargo estudiantil, lo cual no quiere decir que no

> ## Muy pronto encontraría gran acogida en las páginas de *Alerta*, diario dirigido por el periodista mulato y liberal Ramón Vasconcelos,... uno de los primeros benefactores políticos de Fidel Castro.

tuviera contacto y amistad con líderes de la Juventud Socialista, como hemos visto. (Después de todo era un gran cliente de la librería comunista de la calle Carlos III.) Pero la dirección partidista no confiaba demasiado en él, como tampoco simpatizaba con su militancia en la ortodoxia, dirigida por el anticomunista «Eddy» Chibás. Castro utilizaría en su futura versión particular del comunismo a algunos de sus amigos comunistas: Guevara, Flavio Bravo, Raúl Valdés Vivó, Lionel Soto y otros.

Entre discursos y periódicos
(Desde 1946)

Independientemente de sus victorias y derrotas en elecciones estudiantiles, Fidel se estrenaría pronto como orador estudiantil. El 16 de noviembre de 1946, el diario habanero *El Mundo* anunciaba un discurso de Fidel para el 16 de noviembre. El tema tenía relación con el Día Internacional del Estudiante. Días después pronunció un discurso en el acto para conmemorar otro aniversario del fusilamiento arbitrario de estudiantes de medicina por las autoridades españolas en 1871. Esas palabras del propio Fidel harían su «debut» en la prensa cubana en las páginas del diario *Avance Criollo* de la familia de Jorge Zayas.

Muy pronto encontraría gran acogida en las páginas de *Alerta*, diario dirigido por el periodista mulato y liberal Ramón Vasconcelos. Casi que puede considerársele como uno de los primeros benefactores políticos de Fidel Castro al publicar sus artículos y hacer aparecer su nombre en las noticias, situación que no cambiaría ni siquiera al ocupar Vasconcelos hasta 1958 el cargo de ministro de Comunicaciones de Fulgencio Batista. Algún tiempo después de abrir sus páginas a Fidel, Vasconcelos renunciaría a un ministerio sin cartera en el gabinete de Prío como protesta por el cierre del diario comunista *Hoy*. En sus propias palabras, «un periodista no puede pertenecer a un gobierno que cierra un periódico».

El BAGA y la era auténtica (1944-1952)

La corrupción rampante se hacía evidente con los mecanismos del ministro de Educación, José Manuel Alemán y el famoso «inciso K», disposición administrativa que permitía el uso discrecional de fondos de los cuales disponía para nombramientos de maestros y personal del ministerio, compra de materiales y otros asuntos que lo enriquecieron con más rapidez que a cualquier funcionario en Cuba.

El llamado BAGA (Bloque Alemán Grau Alsina) era una verdadera lacra a la que se le había dado popularmente ese nombre por la alianza del ministro Alemán con algunos familiares de Grau. Repartían dinero y se quedaban con buena parte de los fondos. La corrupción había llegado a niveles inesperados. Muchos de los funcionarios no habían integrado las estructuras de poder hasta su designación en 1944 y querían enriquecerse a toda costa. Otros políticos y funcionarios auténticos no pueden ser acusados de corrupción.

Nace «La Ortodoxia» (Desde 1947)

En 1947 se proclamó en Oriente la creación del Partido del Pueblo Cubano (Ortodoxo), una disidencia del autenticismo creada originalmente por el senador y dentista Emilio «Millo» Ochoa, antiguo alumno de un colegio cuáquero en Holguín y miembro de la Asamblea Constituyente de 1940, de la cual sería el último sobreviviente. El partido sería convocado en La Habana con un llamamiento de Chibás el 11 de mayo de 1947 con las siguientes consignas: «nacionalismo, antiimperialismo, socialismo, independencia económica, libertad política y justicia social», y en un local de los jóvenes auténticos en Neptuno y Amistad se celebró el 15 de mayo una reunión para organizarlo. Castro estuvo presente.[14] Muy pronto, senadores y representantes y algunos alcaldes se unieron al nuevo partido, caracterizado por pugnas que en lo ideológico iban desde el más cerrado anticomunismo hasta un ala casi marxista. En ese partido encontró pronto su hogar político el estudiante Fidel Castro. Las otras alternativas al grausismo le eran inaceptables.

El 24 de mayo de 1948, en el mitin de la Alameda Michaelsen en Santiago de Cuba, Fidel fue uno de los oradores, y se atrevió a imponerle como condición al líder ortodoxo que fuera leal al pueblo si ganaba las elecciones.

Cayo Confite: La expedición frustrada (1947)

Cuba era en los años cuarenta un refugio para personas que huían de dictaduras y gobiernos autoritarios, sobre todo de Venezuela y República Dominicana. Figuras tan notables como los ex presidentes venezolanos Rómulo Betancourt y Rómulo Gallegos residieron en el país. Los exiliados dominicanos habían creado un Comité Central Revolucionario integrado por Juan Bosch, Juan Isidro Jiménez Grullón y muchos otros.

El líder estudiantil Manolo Castro sirvió como intermediario con el gobierno para tomar acciones contra el régimen del presidente Trujillo. Junto a Rolando Masferrer, Eufemio Fernández, Carlos Gutiérrez Menoyo y otros militantes del MSR, y con el apoyo del ministro de Educación y cabeza del BAGA, José Manuel Alemán, organizó una expedición para invadir la República Dominicana y derrocar a Trujillo. El reclutamiento se hacía en la capital, y se unieron idealistas, revolucionarios y hasta maleantes. Fidel Castro no participó de la organización del proyecto, pero lo habían reclutado a pesar de su enemistad con algunos de sus líderes principales, como Rolando Masferrer. El cuartel general radicaba en el Hotel San Luis. Con fondos provistos por el ministro Alemán (y con la colaboración del gobierno y algunos elementos en las fuerzas armadas, así como de gobernantes de Venezuela y Guatemala) se había adquirido un cuantioso equipo militar que en buena parte consistía en materiales de guerra sobrantes adquiridos en Estados Unidos.

Los materiales de guerra llegaron por aire y mar a Antilla, Oriente. El Movimiento de Liberación de América, como se dio en llamar al grupo de invasores, planeaba la invasión para finales de septiembre de 1947. Pero se descubrió la conspiración, y bajo presión norteamericana el presidente Grau se vio obligado a impedir que continuaran los planes. Algunos han dicho, Alfredo Guevara entre ellos, que el jefe del Ejército Genovevo Pérez Dámera intervino con el gobierno para detener la expedición porque el gobierno de Trujillo lo había contactado. En cualquier caso, también se retiraron del proyecto los gobiernos de Venezuela y Guatemala.

Rolando Masferrer y otros participantes que habían recibido entrenamiento fueron detenidos. Los frustrados invasores habían sido detenidos en Cayo Confites —sitio principal del entrenamiento y la expedición— en Cayo Güinche y otros lugares y llevados a La Habana. Otros fueron capturados cuando escapaban en un barco. Según un relato de Katiuska Blanco, Fidel(que formaba parte de un contingente de ochocientos expedicionarios que se habían rendido) se lanzó con otros amigos a la Bahía de Nipe y logró escapar. Había estado a bordo del barco «Aurora» que, interceptado por la fragata «José Martí», no pudo continuar travesía hacia la República Dominicana. Al acercarse al puerto de Antilla, Castro logró nadar hasta Cayo Saetía, donde vivía un amigo de su padre, Rafael Guzmán, que era farero del cayo. Gracias a la ayuda de Guzmán y otras personas pudo llegar finalmente a Birán. Lo de Cayo Confites desvió la campaña interna del autenticismo para las elecciones de 1948 y eliminó las aspiraciones presidenciales de Alemán.[15]

El incidente de la campana (1947)

Fidel Castro no fue una de las personas en recibir mayor publicidad por lo de Cayo Confite. Un incidente que quizás utilizó para seguir dándose a conocer tiene relación con una campana. El gobierno de Grau pensaba utilizar en un aniversario del Grito de Yara de 1868 la campana que Carlos Manuel de Céspedes hizo tocar en La Demajagua para anunciar la libertad de sus esclavos y el inicio de la lucha. El ayuntamiento de Manzanillo, sin embargo, no colaboró con los planes del gobierno. Fidel Castro y Lionel Soto, con apoyo de la FEU, se trasladaron a Manzanillo y llevaron la campana para la Universidad de La Habana.

Días después, la campana desapareció. Castro y otros estudiantes convocaron a una concentración en la cual pronunció un discurso acusando al gobierno por «el robo» de la campana, de frustrar la expedición de Cayo Confite y del encubrimiento de los responsables del asesinato de Emilio Tró. Según Esquivel, Fidel aprovechó el discurso para criticar firmemente la gestión gubernativa de Grau. Según Lionel Martin que hace su propio relato de los acontecimientos: «seguidores de Grau no identificados hicieron llegar la campana desaparecida a manos del presidente, a través de un intermediario» lo cual facilitó su regreso a Manzanillo.[16]

«El Bogotazo»: Fidel en Colombia (1948)

Más conocida todavía fue su presencia en el «Bogotazo». A Fidel le había sido retirado su pasaporte ante su participación en actos considerados subversivos, pero el documento le fue devuelto, lo cual le permitió viajar al extranjero. En abril de 1948 se celebraba un Congreso de Estudiantes Latinoamericanos en Bogotá, Colombia. Los organizadores querían hacerlo coincidir con la Novena Conferencia Interamericana que debía dejar constituida la Organización de Estados Americanos (OEA). El presidente de Argentina, Juan Domingo Perón, era uno de los principales promotores del congreso estudiantil pues buscaba apoyo para ciertas demandas como la devolución a su país de las Islas Malvinas, en manos de Inglaterra. Con una promoción que hizo en Cuba el senador argentino Diego Luis Molinary se logró una apreciable representación estudiantil cubana que incluiría a figuras tan importantes como Enrique Ovares, presidente de la FEU, Rafael del Pino y Alfredo Guevara. Peter G. Bourne menciona discusiones que suscitaron acerca de si Ovares (por su prioridad) o Fidel (por su conocimiento de los tópicos a discutirse) debían presidir la delegación cubana. Según Bourne, Castro insistió después en que él mismo presidió el grupo.[17]

Fidel trató de establecer contactos con el líder liberal y aspirante a la Presidencia Jorge Eliécer Gaitán. El Partido Conservador, en el poder, acusaba a Gaitán de vínculos con los comunistas. El 9 de abril, al encaminarse Fidel y Rafael del Pino al Hotel Granada donde se reunirían los argentinos con partidarios de Gaitán, se escucharon gritos anunciando el asesinato de Gaitán. Lo había matado Juan Roa Sierra, una persona perturbada en sus facultades mentales. Bogotá y otras ciudades quedaron sumidas en el caos y se repetían los actos de violencia.

Bogotá se convirtió en escenario de una especie de guerra civil. Los encuentros entre los partidarios del asesinado caudillo liberal y los del gobierno, sobre todo las fuerzas armadas, fueron sumamente sangrientos. La situación se complicaba porque la policía de Bogotá estaba controlada por los liberales y muchos guardadores del orden se unieron a los estudiantes contra los soldados.

Algunos biógrafos y periodistas se han referido a actividades de Castro durante el bogotazo. Se le ha acusado de haber anunciado el inicio de una revolución comunista y de participar en un intento de toma del palacio de gobierno con armas en la mano. Algunos han afirmado que tiene responsabilidad en el trato dado a algunos religiosos. Se ha hablado hasta de asesinatos de sacerdotes, pero sin probarlo. Sin embargo, algo que puede afirmarse categóricamente es su simpatía con los manifestantes, su oposición al gobierno conservador del presidente Mariano Ospina y su probable cooperación con los que participaron en las protestas.

El gobierno colombiano acusó de comunista a la delegación cubana, integrada por distintas tendencias. Fidel Castro, entre otros, buscó asilo en la embajada cubana. En algunos relatos se menciona la ayuda que recibió del embajador Guillermo Belt. Castro logró salir hacia Cuba en un avión de transporte.

Las elecciones de 1948

A pesar de la popularidad de Chibás, las elecciones generales de junio de 1948, celebradas pocos días después de un sonado discurso de Fidel, fueron una gran decepción para el nuevo movimiento político. El gobierno y el partido Auténtico invirtieron millones de dólares para elegir presidente a Carlos Prío Socarrás. Decenas de miles de cargos fueron repartidos por el BAGA y por altos funcionarios para asegurarse del triunfo. Como en Cuba la palabra «pastora» puede indicar también «dinero», se habló de las «elecciones de la Divina Pastora». Los opositores señalaban que tales gastos se hacían para impedir que la oposición procesara judicialmente a funcionarios corruptos y detuviera la violencia del «gatillo alegre», pero es innegable que el autenticismo contaba todavía con apoyo popular. Fidel había declarado al diario *Prensa Libre* el 31 de mayo «el grausismo está a punto de sufrir la más vergonzosa derrota». No fue así, pero hubo algo profético en sus palabras: el priísmo reemplazaría pronto al grausismo. Independientemente de esos juicios las elecciones se celebraron dentro de los cánones democráticos de la época. La candidatura del doctor Prío recibió 905.198 votos seguida por la del liberal Ricardo Núñez Portuondo con 599.364. Chibás obtuvo 324.634 y el candidato comunista Marinello 142.972. La mejor provincia para Chibás fue Oriente. Chibás se vio abandonado por líderes ortodoxos que se pasaron temporalmente a la Coalición Liberal-Demócrata ante la imposibilidad de ser elegidos senadores. En algunas provincias, como Matanzas, las candidaturas ortodoxas estaban vacías de candidatos.

¿Qué apoyo recibía en aquellos tiempos el Partido Socialista Popular? Los que han tratado de subestimar la influencia comunista pasan por alto que el derrotado candidato comunista a gobernador de la provincia de La Habana, Manuel Luzardo, obtuvo casi 82.000 sufragios. El movimiento comunista era todavía fuerte, aunque despojado de su control sobre la central sindical (CTC). Obreros simpatizantes con su antiguo líder Lázaro Peña, candidato vicepresidencial (muchos de los cuales acusaban al gobierno de la muerte del líder azucarero y representante a la Cámara del PSP Jesús Menéndez, hecho ocurrido en 1947), habían apoyado a los candidatos comunistas. Su partido quedó en cuarto lugar en cuanto al voto presidencial, pues no disponía de fondos adecuados para la campaña.

El presidente electo, Carlos Prío Socarrás, era un anticomunista que durante su mandato (1948-1952) trató de limitar las actividades del partido comunista. Como ministro del Trabajo, Prío había logrado quitarle el control del movimiento obrero en 1947. Se había opuesto a una alianza auténtico-comunista en 1946. Como presidente logró clausurar brevemente el diario comunista *Hoy*. La Guerra Fría había contribuido a disminuir la influencia comunista. Casi nadie quería hacer pactos con ellos y sin coalición no podían elegir senadores. Aun en esas condiciones, lograron que se eligieran algunos representantes y concejales.

Los gobiernos auténticos (1944–1952)

El gobierno de Grau había logrado muchas cosas, sobre todo el Diferencial Azucarero, que contribuyó a mejorar las condiciones de los pequeños agricultores y los trabajadores de la industria azucarera al repartirles parte de las ganancias. La distribución de fondos mediante el BAGA ayudó a enfrentar la pérdida de afiliados que se unieron al partido Ortodoxo. Grau había prometido: «Todo cubano tendrá cinco pesos en el bolsillo» (suma no despreciable entonces para las clases más humildes), y en cierta forma cumplió su promesa.

Su sucesor Carlos Prío Socarrás no detuvo ni la corrupción reinante (que por cierto no se limitaba al período de gobierno auténtico) ni la violencia del «gatillo alegre», pero logró aprobar leyes complementarias a la constitución, y durante su mandato se logró la mayor zafra azucarera en la historia del país.

Pero a pesar del uso que hizo el gobierno de fondos públicos y de coaliciones, el principal opositor, Eduardo Chibás, logró en 1950 un escaño vacante en el Senado por La Habana. El periodista radial José Pardo Llada, vocero de Chibás, obtuvo la mayor votación jamás lograda por un candidato a Representante a la Cámara, aunque los auténticos consiguieron el mayor número de escaños. Un hermano del presidente Prío fue derrotado en su aspiración a la alcaldía de La Habana por una coalición favorable al alcalde Nicolás Castellanos que incluyó a los comunistas.

Por otra parte, Fulgencio Batista, elegido senador por el Partido Liberal en 1948, organizó en 1949 su propio partido Acción Unitaria. Y el vicepresidente Guillermo Alonso Pujol, elegido junto a Prío, se separó políticamente del Presidente y fundó el partido Nacional Cubano con el alcalde Castellanos.

Muerte de Chibás (16 de agosto de 1951)

La simpatía hacia Chibás crecía, pero este se suicidó en 1951 al no poder probar sus acusaciones radiales de corrupción contra el ministro de Educación de Prío, Aureliano Sánchez Arango. Chibás había elegido como heredero al prestigioso profesor Roberto Agramonte.

El líder ortodoxo había llenado todo un período de la política cubana desde la época de Machado cuando integró el Directorio Estudiantil Universitario de 1927 en el cual figuraban desde futuros auténticos como Aureliano Sánchez Arango hasta comunistas como Gabriel Barceló, a quien Chibás mucho admiraba.

Aunque no estuvo siempre al lado de Grau en la década del 1940, Chibás se había incorporado muy pronto al autenticismo. Como tal, fue miembro de la Asamblea Constituyente de 1940, representante a la Cámara y Senador. Después de defender casi incondicionalmente al gobierno de Grau, se convirtió en su más severo crítico desde 1947, y lo mismo hizo con su sucesor Carlos Prío.

Fidel Castro incrementaba sus actividades dentro de la ortodoxia y se le menciona frecuentemente en la biografía de Chibás que escribió Luis Conte Agüero. Algunos hasta afirman que durante el entierro de Chibás, uno de los más grandes en la historia de Cuba, era partidario de ir hacia Palacio para tomar el gobierno en nombre del fallecido líder. En cualquier caso sus aspiraciones políticas ya eran conocidas.

Fidel Castro y Mirta Díaz-Balart (1948)

Fidel Castro había contraído matrimonio en Banes en 1948. Su novia era una estudiante de la Escuela de Filosofía y Letras, Mirta Díaz-Balart. El padre de la novia era Rafael José Díaz-Balart, prominente abogado y notario, que había ocupado la alcaldía de Banes y otros cargos públicos. La madre de la novia era doña América Gutiérrez, maestra normalista ya fallecida. La ceremonia civil se efectuó el 11 de octubre y la religiosa al día siguiente en la Iglesia Católica de Nuestra Señora de la Caridad de Banes.

Se ha dicho que Mirta fue el
gran amor de Fidel Castro...

Se ha dicho que Mirta fue el gran amor de Fidel Castro. De ese matrimonio nacería el 1 de septiembre de 1949 un hijo que llevaría el nombre Fidel Castro Díaz-Balart. Los recién casados viajaron a Miami en luna de Miel, la cual disfrutaron en un hotel de Miami Beach, y se trasladaron por tren a Nueva York donde residía un hermano de Mirta, Rafael Díaz-Balart, entonces estudiante de Teología del Seminario Teológico de Princeton donde cursaba estudios para ser ministro presbiteriano y servía como instructor de Español en la universidad. (Fidel parece haber solicitado admisión en esa época en la Universidad de Harvard.) Díaz-Balart estaba a cargo de los oficios religiosos en lengua española de la Iglesia DeWitt Memorial en Manhattan. Su congregación estaba integrada por puertorriqueños. Fidel visitó la universidad y el seminario y admiró su biblioteca, sobre todo el libro *El otro Cristo Español*, escrito por el rector del Seminario John A. Mackay, amigo de Víctor Raúl Haya de la Torre y antiguo misionero protestante en Perú. Fidel lo comentó favorablemente, y después se lo regaló a Amador.

Un nuevo abogado y político (1950)

En medio de vida familiar, estudios para exámenes y todo lo demás, Fidel Castro terminó su carrera de abogado el 13 de octubre de 1950. En sus propias palabras: «Acabo de concluir mis estudios en la Universidad donde he obtenido los títulos de Doctor en Derecho, Licenciado en Derecho Diplomático y Licenciado en Derecho Administrativo en cinco años académicos, sin haber perdido un solo curso, sin haber tenido jamás un suspenso».

El partido Ortodoxo seguía su marcha ascendente. Prío ensayaría un gobierno más respetado mediante la política llamada «los nuevos rumbos» designando un nuevo gabinete. De esa época procede una foto en la cual aparece Fidel discutiendo con el Jefe de la Policía Nacional Quirino Uría en una manifestación contra un decreto oficial de censura de los discursos radiales de Chibás y sus colegas. Era difícil reseñar un acto de protesta en esa época sin incluir a Fidel Castro. Pero desde noviembre de 1950 sería ya otro miembro del Colegio de Abogados de La Habana que acreditaba su condición de abogado.

Su carrera la ejercería en el bufete Aspiazo, Castro y Resende cito en Tejadillo 57. Allí atendía asuntos civiles y criminales, pero ninguno de gran relieve. Como abogado evitó algunos desahucios de inquilinos y atendió casos relacionados con las propiedades de su padre, que seguía ayudándolo por sus limitados ingresos.

Fidel y Batista: Encuentro en Kuquine (1950)

Su cuñado Rafael regresó a La Habana después de aceptar una invitación de Batista a integrar el recién creado Partido Acción Unitaria. Había intentado que Fidel se le uniera y aspirara a un escaño por la provincia de La Habana, mientras él lo hacía por Oriente. Según Díaz-Balart, se produjo una entrevista entre Fidel y Batista. El ex presidente ya era senador por Las Villas desde 1948 tras regresar de su residencia en Daytona Beach, Florida. Díaz-Balart, que insiste en haberle presentado a Chibás, llevó a Fidel ante Batista en su finca «Kuquine» y afirma que allí estaba también la persona que Batista designaría como su sucesor, Andrés Rivero Agüero.

De nuevo surgiría en la vida de Fidel y de los cubanos un nombre fundamental para estudiar la historia republicana de Cuba: Fulgencio Batista.

Fidel le dijo a Batista: «General, lo felicito por su biblioteca, pero no he visto un libro muy importante, *La Técnica del Golpe de Estado* de Curzio Malaparte». Batista se echó a reír y no le contestó. Díaz-Balart continúa su relato mencionando las palabras que en cuanto a él le dijo Batista: «No me merece confianza alguna tu cuñado».[18]

Fidel estaba decidido a aspirar en las elecciones convocadas para el 1952 en la columna ortodoxa. El 1952 sería mucho más histórico que eso. Los planes de ortodoxos, auténticos, Fidel Castro y toda Cuba cambiarían drásticamente ante el golpe de estado del 10 de marzo. No sólo los auténticos y los estudiantes sabían de conspiraciones, sino que los militares les superaban en ese viejo arte. De nuevo surgiría en la vida de Fidel y de los cubanos un nombre fundamental para estudiar la historia republicana de Cuba, el de Fulgencio Batista. Los acontecimientos le permitirían a Fidel encontrar el destino anhelado: entrar en la historia.

9

El regreso de Batista (1952)

El Presidente Carlos Prío antes de su derrocamiento en su visita al Presidente Truman en Washington.

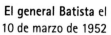 **El general Batista** el 10 de marzo de 1952

LA VIDA DE FIDEL CASTRO estaba a punto de tomar otra dirección en 1952. Su campaña para la Cámara de Representantes no duraría mucho. La atmósfera política todavía estaba empañada por el «último aldabonazo», como se dio en llamar al suicidio de Eduardo Chibás y su muerte el 16 de agosto de 1951. Sus partidarios se organizaban para discutirle a los auténticos el poder. Las elecciones habían sido convocadas para junio de 1952.

Fidel parecía contar para su postulación con delegados en el barrio habanero de Cayo Hueso. Según Lionel Martin, también consiguió apoyo en «Santiago de las Vegas, donde habían comenzado las investigaciones causadas por sus denuncias de los manejos latifundistas de Prío».[1] Fidel no era de los preferidos por el liderazgo partidista para aspirar a un escaño. Pero su nombre era mencionado con alguna frecuencia en el diario *Alerta* de Ramón Vasconcelos y en *La Calle*, dirigido por el líder ortodoxo Luis Orlando Rodríguez. Castro vinculaba políticos con grupos de pandilleros y también utilizaba la radio para sus denuncias, sobre todo en la emisora C.O.C.O., donde tenía acceso a los micrófonos, y demostraba con que conocía bien el tema de los «muchachos del gatillo alegre» y la corrupción del gobierno de Prío, y remontaba esos males al período de Grau.

Fidel aceptaría posteriormente, en sus actividades contra Batista, la ayuda económica de Prío. El aspirante a candidato necesitaba el apoyo del doctor Manuel Bisbé, profesor de Griego en la universidad y que tenía cierto control sobre la asamblea del partido en la provincia. Fidel apoyaba la línea de Bisbé, contraria a dar entrada en la ortodoxia a elementos que consideraba oportunistas. Bisbé formó parte de la primera etapa del gobierno de Castro en 1959.

Según Lesnick, que encabezaba la sección juvenil del partido, Fidel envió por correo decenas de miles de cartas de Navidad. La original fue escrita con tinta azul de su puño y letra y duplicada en forma tal que muchos pensarían que eran cartas personales. Gracias a Lesnick, Fidel obtuvo el uso de una franquicia postal que le facilitó enviar al menos 10.000 de los sobres. Martin indica que pronunciaba «hasta cuatro discursos por noche». Castro utilizaría en ellos la metodología de Chibás pues denostaba constantemente a los auténticos.[2] Tad Szulc se refiere a «discursos de cuatro horas» en cuatro lugares, lo cual contribuyó a crear la leyenda alrededor de Castro.[3]

Aislamiento de Batista y posibles golpes de estado (1950-1952)

Los partidos inscritos para la convocatoria ante el Tribunal Superior Electoral eran, según la cantidad de afiliados: Auténtico, Ortodoxo, Acción Unitaria, Demócrata, Liberal, Nacional Cubano, Cubanidad (escisión grausista del Auténtico), Socialista Popular y Republicano. En Cuba las afiliaciones no coincidían siempre con la votación final, ni siquiera con encuestas preliminares. La revista «Carteles» publicaba el 10 de febrero de 1952 un sondeo que arrojaba estos resultados: Roberto Agramonte 29,76%, Fulgencio Batista 23,40%, Carlos Hevia 15,78%, Félix Lancís 6,54, Nicolás Castellanos 4,16%, José San Martín 1,87%, Miguel Suárez Fernández 1,55%, otros 2,6% y ninguno de los mencionados 12,88%.

Mientras tanto, corrían rumores acerca de otro tipo de movimientos. Se hablaba de conspiraciones y golpes de estado. El vicepresidente Guillermo Alonso Pujol, aunque distanciado de Prío, alertó a este sobre un posible golpe de estado. En la oposición se hablaba de las posibilidades de autogolpe para impedir un triunfo ortodoxo. El coronel Ramón M. Barquín, quien conspiró también contra Batista, se refiere en un libro publicado en Madrid no sólo a Alonso Pujol y a posibles actividades de Batista desde su finca «Kuquine», sino que identifica lo que considera un «primer golpe batistiano» frustrado en 1951 en que estarían complicados varios militares, y menciona entre ellos a Martín Díaz Tamayo, Alberto Río Chaviano y Fermín Cowley.[*] No menciona sin embargo a que el golpe situaría en la presidencia al vicepresidente Alonso Pujol, de haberla aceptado este. Detrás de ese intento estaría un detalle importante: Prío había viajado a Guatemala para reunirse con el presidente Jacobo Arbenz sin permiso del Congreso.

Mientras tanto, los «grupos de acción» continuaban sus actividades. El 12 de febrero, el ex representante a la Cámara Alejo Cossío del Pino, miembro prominente de la generación del treinta, era asesinado desde un auto por varios «revolucionarios» mientras se encontraba en un café habanero. El asesinato recibió atención en la prensa, ya que Cossío del Pino era una figura sumamente conocida y había sido ministro de Gobernación. Entre amenazas, «vendettas» y tiroteos se notaba un ambiente contrario a la normalidad.

En medio de esa situación, los líderes partidistas negociaban posibles alianzas que culminaron con la proclamación de las candidatura del ex presidente Carlos Hevia con el apoyo de seis partidos, encabezados por el Auténtico. En la oposición, Roberto Agramonte fue proclamado por el Ortodoxo (PPC) y Fulgencio Batista por Acción Unitaria (PAU). A Hevia le favorecía la maquinaria de seis partidos con los recursos del gobierno. Agramonte contaba con la emoción provocada por la muerte de Chibás. Batista había sido relegado a candidato de un sólo partido. Sin el apoyo de partidos que habían sido sus aliados y con el rompimiento de un pacto por parte del alcalde habanero Castellanos y del vicepresidente Alonso Pujol, líderes del Partido Nacional Cubano, su situación era difícil.

El gobierno había pactado con partidos a los que había considerado enemigos hasta 1950 o 1951. Candidatos tan populares como Chibás se habían estrellado contra la maquinaria oficialista, como en 1948. Muchos predecían la victoria de Agramonte, apoyado por la revista *Bohemia*. Otros señalaban que parte de la población, cansada del desorden, estaba lista para apoyar a un caudillo militar como Batista, pero no se descontaba el triunfo de Hevia. El Partido Socialista Popular (PSP) no había logrado hacer coalición, pero prometía votar por Agramonte. La consigna socialista era «Ortodoxos de fila, el PSP no les fallará».

Golpe de Estado: El 10 de marzo de 1952

Entre los militares reinaba cierto disgusto por los gobiernos auténticos que habían situado en posiciones importantes, sobre todo en la policía, no sólo a «muchachos del gatillo alegre» sino a enemigos personales de algunos oficiales. El Servicio de Inteligencia Militar (SIM), por medio de su jefe el comandante Clemente Gómez Sicre, informaba a Prío y al Jefe del Ejército acerca de posibles conspiraciones militares.[5] Nada concreto se hizo al respecto. En los primeros días de marzo, el Fiscal de la Audiencia de La Habana Evelio Tavío había pedido veinte años de prisión para el comandante Rafael Casais Fernández y el teniente Rafael Salas Cañizares por la muerte del obrero Carlos Rodríguez durante un mitin de estudiantes contra el aumento del pasaje del transporte público. Todo esto alentaba proyectos golpistas sobre todo en Salas Cañizares.

En cuanto a los planes originales de Batista, el historiador José Duarte Oropesa se encuentra entre los que no encuentran pruebas de que este participó originalmente de la conspiración militar: «Batista no fue uno de los originales conspiradores del cuartelazo del 10 de marzo. Antes de esta fecha un grupo de oficiales intermedios llegó a la conclusión de que sería fácil derrocar a Prío debido a la caótica situación disciplinaria dentro de las Fuerzas Armadas y la podredumbre en las esferas civiles del Gobierno».[6] Pero Batista era el líder histórico de los militares y muchos oficiales le debían sus rangos.

En el período 1933-1944, Batista se había ocupado de mejorar las condiciones de la tropa, y había favorecido con programas específicos la educación y asistencia social de los familiares de miembros de las fuerzas armadas. Después que otros iniciaron la conspiración, no podía negarse a acompañar a viejos compañeros y amigos que especulaban sobre un autogolpe gobiernista y le recordaban como habían aislado su candidatura. Batista, desde luego, deseaba regresar a la Presidencia. Se han hecho referencias a reuniones en las fincas de recreo de Ramón Hermida y Nicolás Pérez Hernández «Colacho».

En la madrugada del 10 de marzo fueron detenidos oficiales que no respondían al proyecto de golpe, entre ellos el jefe del Ejército general Ruperto Cabrera. Otros militares ocupaban lugares estratégicos de los puestos de mando en el Campamento de Columbia. El capitán Dámaso Sogo, oficial del día, debía franquear la posta a Batista, pero fue el capitán Jorge García Tuñón quién quitó la cadena que impedía el paso y anunció a los soldados que debían dejar entrar al general. Lo llevaron entonces al puesto de mando del Regimiento número 6.

Pronto se les sumarían unidades del Ejército, la Marina, la Fuerza Aérea y la Policía. Ocuparon las emisoras radiales, mientras la policía dificultaba el acceso de los contrarios al golpe a puntos estratégicos y edificios de gobierno. Duarte Oropesa señala que «el cuartelazo» se completó «en 1 hora y 16 minutos».

Se intentó utilizar a los militares de las provincias que parecían leales al gobierno para consolidad el golpe. En Oriente, el capitán Alberto del Río Chaviano relevó al jefe de regimiento coronel Manuel Alvarez Margolles. En Matanzas relevaron al coronel Martín Elena, que no aceptó el golpe.

Algunos líderes opositores ofrecieron apoyo a Prío. Unos pocos fueron detenidos brevemente por la policía, pero la mayoría permaneció en sus casas. El representante Rolando Masferrer y miembros de su «grupo de acción» intentaron enfrentarse a la situación, pero decidieron finalmente unirse al golpe. Se ha dicho que el movimiento militar no había tenido demasiado apoyo político, pero tan pronto se consumó el hecho la situación cambió. Numerosos auténticos y sus aliados se pasaron al nuevo gobierno y otros buscaron que los aceptaran, entre ellos líderes comunistas y hasta de los «grupos de acción». No sólo miembros de la ATOM, el movimiento del periodista Ernesto de la Fe, designado ministro de Información, sino hasta algunos del Movimiento Socialista Revolucionario (MSR) de Masferrer, de la Agrupación Revolucionaria Guiteras (ARG) y de la Unión Insurreccional Revolucionaria (UIR) trataron de situarse. El secretario general de la CTC, el senador auténtico Eusebio Mujal, después de haber considerado convocar a una huelga general, decidió aceptar el golpe si se respetaban los derechos sindicales y se mantenía la «neutralidad política del movimiento obrero». Había sido con el apoyo de Prío como ministro del Trabajo que Mujal había desalojado de las principales posiciones sindicales a los comunistas en 1947.

En contraste con las explicaciones
y promesas de Batista y sus partidarios,
el derrocado presidente... afirmó siempre
que con su salida evitó el derramamiento
de sangre.

Pronto corrió por Cuba el rumor de que Batista estaba en Columbia y se produjeron algunos actos de protesta, pero la calma prevaleció. Esa noche, Batista se dirigió al pueblo por radio y televisión. Entre otras cosas dijo: «He tenido que regresar, forzado por las circunstancias y llevado por mi amor al pueblo, para reanudar una nueva gestión de paz. ... Ya era totalmente imposible soportar por más tiempo un régimen de peculado y crimen, sin garantías, sin esperanzas y sin otro horizonte que el que ofrecía el contumaz empeño continuista de los que han llevado al país al borde de la ruina, ... Carlos Prío Socarrás, convencido de la impopularidad de su candidato, el ingeniero Carlos Hevia, había concebido el propósito de suspender las elecciones y llevar al país a una feroz dictadura de las pandillas. ... Se estaban planeando numerosos atentados contra personeros de la oposición para facilitar la perpetuación de Carlos Prío en el poder...» Batista prometió la celebración de elecciones libres como las que presidió en 1944.

En contraste con las explicaciones y promesas de Batista y sus partidarios, el derrocado presidente, que pronto se exiliaría en México junto a su familia, afirmó siempre que con su salida evitó el derramamiento de sangre. Muchos le han criticado por no haberse enfrentado de otra manera a la situación. Su administración había respetado las libertades públicas y obtenido varios logros como la promulgación de leyes complementarias de la Constitución. Durante su gestión se había logrado la mayor zafra azucarera en la historia del país. Antes de partir, dio a la prensa su versión, señalando entre otros asuntos el siguiente: «Es por ello ridículo y a todas luces calumnioso que se nos acuse de haber preparado por nuestra parte, mediante un golpe de estado, el artero ataque a las instituciones, cuyo cuidado y perfeccionamiento han sido el sello característico de nuestro gobierno».

La historiografía cubana no ha producido todavía un estudio completo y convincente de todos esos acontecimientos, pero resaltan dos hechos fundamentales: la evidente ruptura del orden constitucional a meses de las elecciones convocadas, por un lado, y la falta de resistencia por parte de la población al movimiento golpista del 10 de Marzo, por el otro. Cualquier intento armado con posibilidades de éxito fue desechado por la oposición y las fuerzas vivas. Según Barquín, el coronel Alvarez Margolles instó a Prío a trasladarse a Santiago para organizar la resistencia armada y diciéndole: «Presidente, en Oriente contamos con pueblo, fusiles y montañas». En ese dato parece basar Barquín su afirmación de que ese militar «preconizó la guerra popular guerrillera».[7] Barquín reconoce por su «ejemplar resistencia al golpe subversivo» a los coroneles Vicente León en Palacio y Martín Elena en Matanzas por sus intentos de oponerse.[8]

Rafael Díaz-Balart presionó desde el principio en su nueva condición de subsecretario (viceministro) de Gobernación para que se pusiera en libertad a varios políticos contrarios a lo sucedido. Aunque apoyó el golpe, Díaz-Balart se convertiría años después en uno de sus críticos, pero señalando una sola muerte como consecuencia del mismo, la de «Rosendo Hernández, uno de los defensores de Palacio.[9] Según algunos, el incidente se produjo por motivos personales. Barquín menciona un tiroteo frente al Palacio Presidencial a las 7.15 de la mañana en el que murieron el teniente de la Policía Julián Negret (golpista) y el Sargento Rosendo Hernández (oficialista). También menciona la muerte de un policía de apellido Escanaverino.[10]

El gobierno de marzo (1952-1955)

En pocos días el país se normalizaría. Los acontecimientos sorprendieron a la Embajada de Estados Unidos, pero Batista disfrutaba de la confianza de la misma por su tradicional relación de cooperación con Norteamérica. Había vivido por años en Estados Unidos y sus vínculos con el partido Comunista habían sido temporales, motivados por cuestiones de apoyo electoral y limitados a la Segunda Guerra Mundial. La situación en 1952 era diferente. La Guerra Fría obligaba a Cuba a responder a nuevas demandas estadounidenses.

El 8 de marzo de 1952 se firmó en Washington un Acuerdo Bilateral en concordancia con el Acta de Seguridad Mutua para la Defensa Continental. Cuba recibiría un equipo militar adecuado a las nuevas realidades para enfrentar cualquier peligro comunista. Aunque el embajador Willard L. Beaulac esperó las instrucciones que Washington debía darle en caso de un golpe de estado o cambio dramático de administración, le comunicó al Departamento de Estado que los grupos importantes, menos la Ortodoxia y un sector estudiantil, podían adaptarse a la situación. En base a informes, el secretario de Estado Dean Acheson recomendó el reconocimiento.

Aunque Batista no tenía ya vínculos con los comunistas, el nuevo ministro de Estado, doctor Miguel Ángel Campa, había firmado en 1950 a título personal «La Petición de Estocolmo» que pedía el desarme de las grandes potencias. Ese detalle se aclaró sin complicaciones.

El gabinete de marzo incluía a partidarios y amigos del nuevo presidente, pero también funcionarios de carrera como el propio ministro de Estado Campa. Prevalecían en ese Consejo de Ministros individuos de larga ejecutoria. Batista inicialmente fungió como su propio primer ministro a la vez que fungía temporalmente como Jefe de Estado. Pronto asumiría la Presidencia, también con carácter provisional. En meses siguientes se producirían cambios en la integración del Consejo de Ministros para incorporar a figuras de partidos tradicionales. La presidencia del Banco Nacional se le entregó al doctor Joaquín Martínez Sáenz, antiguo líder del ABC y la del BANFAIC (Banco de Fomento) a su antiguo correligionario, el historiador Emeterio Santovenia, los cuales no tenían relación con el golpe. Gradualmente algunos viejos militantes del ABC (al que habían pertenecido Martínez Sáenz y Santovenia) se incorporarían a cargos públicos relacionados con la economía.

La reorganización del Ejército convirtió en Jefe de Estado Mayor al general Francisco Tabernilla, de utilidad en el golpe de estado. Muchos golpistas fueron ascendidos. El nuevo jefe de la Policía Nacional, Rafael Salas Cañizares, fue ascendido a coronel. El contralmirante José Rodríguez Calderón, figura importante en los planes para el golpe, fue nombrado Jefe de Estado Mayor de la Marina de Guerra. El coronel Ramón Cruz Vidal ocupó el cargo de Jefe del Servicio de Inteligencia Militar (SIM) y el comandante Orlando Piedra el de Jefe del Servicio Secreto de Palacio.

> A pocos días del golpe... un «Quién es quién» de los sectores económicos... presentaban su respeto y hasta su apoyo a Batista, a quien visitaban en Columbia y el Palacio Presidencial.

A pocos días del golpe, líderes de las clases económicas, empresarios y asociaciones profesionales presentaban su respeto y hasta su apoyo a Batista, a quien visitaban en Columbia y el Palacio Presidencial. Parecía un «Quién es quién» de los sectores económicos. El cardenal arzobispo de La Habana, Manuel Arteaga Betancourt, expresó también su reconocimiento del nuevo gobierno. Se conocían sus buenas relaciones con la familia de Batista. La mayor parte de los alcaldes se sumaron al golpe o juraron una nueva ley constitucional con carácter provisional llamada Estatutos Constitucionales, aprobada el 4 de abril de 1952 por el Consejo de Ministros y conocidos popularmente como «Estatutos del Viernes de Dolores». La mayoría de los funcionarios públicos los juraron.

Algunos alcaldes fueron destituidos por no sumarse al nuevo gobierno. La gran excepción fue Nicolás Castellanos de La Habana, reemplazado por el viejo político Justo Luis del Pozo. La mitad de los gobernadores siguieron encabezando los gobiernos provinciales. En dos de las tres principales provincias no se produjeron cambios de gobernador. Los legisladores se dividieron ante el golpe. La mayoría no participó o se opuso, pero les garantizaron sus salarios hasta terminado su mandato, aunque sin ejercicio de funciones. Muchos se integraron a los partidos que apoyarían después a Batista o a la oposición electoralista que describiremos más adelante. El poder legislativo quedó en manos del Consejo de Ministros, asesorado por un Consejo Consultivo integrado por figuras de la economía, las profesiones, el periodismo, las letras y los sindicatos. Su misión era proponer leyes al gabinete.

Batista iría atrayendo a otros partidos aparte del suyo, Acción Unitaria (PAU), que pronto cambiaría su nombre por el de Partido Acción Progresista (PAP). Ningún partido participó en el golpe de Estado, aunque figuras del PAU, a título personal, estuvieron involucradas. A los pocos meses se logró el apoyo del Partido Liberal (PL) y de su líder, el doctor Rafael Guás Inclán. Otros liberales como el empresario y senador Alfredo Hornedo y el senador por Las Villas Eduardo Suárez Rivas manifestaron su oposición al golpe.

Algo parecido sucedió con el Partido Demócrata (PD) de procedencia conservadora o menocalista. Se unieron al gobierno de Batista líderes demócratas como Santiago Verdeja, Santiago Rey y Francisco «Panchín» Batista, hermano del nuevo presidente y gobernador de La Habana desde 1948. Un hijo del fundador del conservadurismo, Raúl Menocal, ex alcalde habanero, sería más adelante designado ministro de Comercio. Varios líderes demócratas como Lincoln Rodón y José Raimundo Andreu se situaron en la oposición.

Al convertirse en partido oficial el Partido Acción Progresista (PAP), se le sumaron numerosas figuras entre ellas antiguos alcaldes auténticos y de otros partidos.

Para dar cabida a jóvenes y a elementos no siempre bien vistos por viejos miembros del PAU, se fundó el Partido Unión Radical (PUR), que algunos teóricamente consideraron «izquierda batistiana». En un período de transición inicial lo presidió Amadeo López Castro, amigo de Batista y hombre de gran capacidad, pero en la dirección se notaba la presencia de figuras consideradas de izquierda como Raúl Lorenzo, o con antecedentes revolucionarios como Alfredo Nogueira y Santiago Alvarez. También antiguos comunistas como Rolando Masferrer.

Rolando Masferrer

Entre los mayores adversarios que tuvo Fidel Castro se encontraba precisamente Masferrer, y esa enemistad duraría hasta que lo asesinaron en Miami. Había sido un estudiante brillante de Derecho y había mandado un batallón durante la Guerra Civil Española al lado de los republicanos. Estuvo activo en el Comité Seccional Universitario del Partido Comunista y fue redactor, corrector de pruebas, traductor y reportero del diario *Hoy*. Se decía de él que conocía todos los secretos de la publicación de un periódico y que era «un talento armado».

Después de la Segunda Guerra Mundial y en base a problemas con el director Aníbal Escalante y a haber acusado de corrupción al diario y al partido, Masferrer fundó un semanario de izquierda opuesto al PSP. Lo habían expulsado del partido junto con el doctor José Lacret, y los escritores Emma Pérez, Carlos Montenegro y Luis Felipe Rodríguez, durante una crisis causada por el apoyo de la dirección del PSP a las tesis de cooperación con gobiernos capitalistas del líder comunista norteamericano Earl Browder. El grupo disidente se había inclinado, al menos teóricamente, quizás como justificación a su desafío a la dirección nacional, a la posición del ideólogo comunista francés Jacques Duclos que combatía las tesis «browderianas».

Masferrer fue líder de «grupos de acción» durante los gobiernos auténticos y fue elegido en 1948 representante por Oriente por el Partido Republicano, entonces aliado del autenticismo. Recibió 6.973 votos. Dirigió el periódico *Tiempo en Cuba* con la colaboración, entre otros, del experimentado periodista Laurentino Rodríguez. Entre sus colaboradores habituales estuvo el economista Raúl Cepero Bonilla, uno de los futuros ministros del gobierno revolucionario de Castro.

Se opuso inicialmente al golpe del 10 de marzo, pero cambió rápidamente de posición, y se convirtió en un organizador del PUR. En 1954 resultó electo Senador por la Coalición Progresista Nacional integrada por partidos aliados a Batista, y se enfrentó en los años 1957 y 1958 a los partidarios de Castro con un temido grupo paramilitar conocido como «Tigres de Masferrer». Algunos de esos «tigres» actuaban en realidad por cuenta propia.

Temprana Oposición a Batista (1952-1953)

El gobierno de marzo, a pesar de una gran oposición política, logró crearse una base de apoyo con algunas de sus medidas: rebajó los alquileres, consagró el derecho de permanencia de campesinos que ocupaban y trabajaban tierras sin permiso de los propietarios, aumentó los salarios a maestros y miembros de las fuerzas armadas e inició un amplio programa de obras públicas, viviendas campesinas, caminos vecinales y carreteras, al mismo tiempo que continuó su vieja política favorable a la educación rural y «cívico militar».

Pero sus opositores serían muchos. La Federación Estudiantil Universitaria (FEU) en primer lugar, así como activistas de la ortodoxia y del autenticismo. El PSP prefirió un compás de espera. La central sindical (CTC) proclamó su neutralidad, aunque cooperando con el gobierno, siempre afirmando lograr mayores conquistas laborales. Un pequeño sector ortodoxo empezó a buscar soluciones electorales bajo el liderazgo del doctor Carlos Márquez Sterling y del hacendado Federico Fernández Casas. El ala grausista del autenticismo, conocida popularmente como «la cubanidad», a la cual se unieron liberales contrarios a Batista como el senador Eduardo Suárez Rivas, se inscribió como Partido Revolucionario Cubano (Auténticos) para impedir que otros líderes auténticos consiguieran utilizar legalmente ese nombre que atraía votantes.

Un significativo sector ortodoxo orientado por Emilio «Millo» Ochoa se unió a los partidarios de Prío y otros opositores a Batista en el Pacto de Montreal (1953), llamado así por una famosa reunión en esa ciudad canadiense. Los ortodoxos que lo integraron, llamados «pactistas», no tenían el apoyo de la vertiente considerada como la corriente principal del partido, agrupada en torno a su ex candidato presidencial Roberto Agramonte. Este sector prefería oponerse por cuenta propia y sin alianzas.

Además de estos grupos se fueron formando otros, entre los cuales se iría destacando el organizado por Fidel Castro. Se acercaba la hora del Moncada.

Fidel Castro: ¿conspirador comunista?

Cualquier influencia que hayan tenido sus lecturas de textos marxistas o sus relaciones de esa época con miembros de la Juventud Socialista no determinó las primeras actividades conspirativas de Fidel. Tampoco pueden negarse sus relaciones personales con ciertos comunistas y su simpatía por alguna de sus causas. En 1950 apoyó un llamado del Consejo Mundial por la Paz. También había participado en manifestaciones antiimperialistas apoyadas por comunistas y ortodoxos de izquierda.

Castro estuvo entre los primeros en protestar contra el golpe, primero con un manifiesto bastante agresivo escrito horas después del golpe y luego con una denuncia del mismo ante el Tribunal de Urgencia. Su actitud no coincidía con la del PSP en la primera etapa del nuevo gobierno. La dirección comunista, mientras criticaba el golpe intentaba también acercarse a Batista, su antiguo aliado. Blas Roca, Juan Marinello y Salvador García Agüero se habían entrevistado con él en Columbia después del golpe. A Batista le era difícil llegar a arreglos con ellos debido a la Guerra Fría. Pero los comunistas solicitaban elecciones generales, pedían la unidad de la oposición y mantenían las puertas abiertas a posibles entendimientos.

Entre 1952 y 1954 el gobierno aumentó la distancia que le separaba del PSP, al romper relaciones diplomáticas con la URSS, suspender la publicación del diario Hoy, retirarle el carácter legal al comunismo y crear un Buró de Represión de Actividades Comunistas (BRAC).

Fidel no buscó ningún entendimiento significativo con los comunistas en su temprana oposición a Batista más allá de aceptar la cooperación de algunos militantes y simpatizantes del PSP. Según Tad Szulc, en base a opiniones expresadas por Alfredo Guevara, los comunistas eran partidarios de ir despacio y utilizar la «lucha de masas que significaba unidad política para oponerse a la dictadura». De acuerdo a lo expresado por Guevara, Fidel «tenía la idea de la acción directa, es decir, la insurrección popular».[11] Alfredo Guevara había tratado de coordinar las actividades de Fidel con las de la sección universitaria comunista, pero este tenía sus propios planes que se irían definiendo en forma pragmática y coyuntural. La participación de su hermano Raúl en la Juventud Socialista y un viaje a Viena en 1953 para participar en reuniones relacionadas con un congreso juvenil, acompañado de Raúl Valdés Vivó, Vilma Espín, Alfredo Guevara y otros, no debe considerarse necesariamente como un paso de Fidel, sino como una decisión del mismo Raúl, que visitó también Bucarest, Rumanía y otros lugares. Esa actividad tenía que ver con la preparación de un Congreso Mundial de la Juventud y los Estudiantes, y era auspiciada por los comunistas y sus compañeros de viaje.

> Los simpatizantes del comunismo más cercanos a Fidel... estaban impresionados por la forma en que se llevó a cabo la revolución china y no se sentían atraídos por la política cautelosa y gradual del comunismo soviético y el partido cubano.

En vez de seguir los lineamientos del PSP, tan pronto se produjo el golpe se puso a recorrer La Habana y sus alrededores en un viejo Chevrolet para hacer contactos por cuenta propia, cambiar impresiones y analizar la situación con activistas políticos e integrantes de «grupos de acción». Para mediados de 1952, un grupo que no llegaba a la docena se movía alrededor de sus intenciones de rebelión. No podía considerarse un grupo comunista. Un estudio basado en las fuentes soviéticas más apropiadas, fue escrito después de la disolución de la URSS por Aleksandr Fursenko, de la Academia de Ciencias de Rusia y Timothy Naftali de la Universidad de Yale. Basta una lectura del capítulo primero de su libro[12] para confirmar la opinión de que ni Castro disfrutó siempre de la confianza del PSP, con excepciones individuales, ni el aparato de inteligencia de la URSS o su Partido Comunista (PCUS) trabajaron con él hasta meses después del triunfo revolucionario.[13] Los autores hasta se refieren a que a Fidel no le gustaba el PSP. Los simpatizantes del comunismo más cercanos a Fidel, aun sin ser necesariamente maoístas convencidos, estaban impresionados por la forma en que se llevó a cabo la revolución china y no se sentían atraídos por la política cautelosa y gradual del comunismo soviético y el partido cubano.

«El chino» Esquivel (Desde 1945)

Entre los más cercanos a Fidel en el período posterior a 1952 estaba su entrañable amigo Alfredo Esquivel, conocido cariñosamente como «El chino Esquivel», que le había acompañado en sus actividades desde 1945. Esquivel era hijo de un abogado y en el bufete de su padre se reunían algunos estudiantes. El «chino» parece haberle salvado la vida a Castro al avisarle de un posible atentado por parte de un «grupo de acción».

Las relaciones del «chino Esquivel» con personas influyentes le resultaron útiles a Fidel. Esquivel le sería leal a Fidel Castro durante el encarcelamiento tras el ataque al Cuartel Moncada. Se refería a veces a Fidel como «guajiro».

También nosotros fuimos amigos de Esquivel. Nos contó en detalles la participación de Fidel en la reacción estudiantil a la ofensa de un marinero norteamericano que completamente embriagado orinó en la estatua de José Martí en La Habana en mayo de 1949. Fidel quería movilizar al estudiantado en una protesta masiva. Hasta habló de atacar la embajada estadounidense.

Esquivel participó en la protesta estudiantil junto a Lionel Soto, «Bilito» Castellanos, Aramís Taboada y Fidel Castro. Taboada era buen amigo del «chino», y junto a Alfredo Guevara, Álvaro Barba y Fidel integró un grupo que protestó ante el Palacio Presidencial contra el aumento del costo del pasaje en ómnibus.

Después del golpe militar, el «chino» viajó extensamente con Castro y le advirtió de los peligros que corría después del golpe. Alfredo Esquivel nos confirmó que Fidel tenía intenciones insurreccionales desde temprano. Aunque opositor a Batista, Esquivel era amigo de Rafael Díaz-Balart, de oficiales de la policía y del propio Batista. A petición de Fidel, quizás sirvió como contacto de Fidel con Batista. Era un puente entre ideologías y generaciones. Esquivel abandonó Cuba años después del triunfo revolucionario, y se radicó en Estados Unidos donde murió. No sería hasta 1995 que regresaría como visitante a reunirse con familiares y con su viejo amigo.

Fidel en 1952

Para entender esa situación y ciertos problemas que enfrentaría Castro es necesario retornar a los acontecimientos del 10 de marzo de 1952. Desde 1951, Fidel ya había cambiado su residencia al segundo piso de un edificio de apartamentos, situados también en el Vedado. Szulc habla de circunstancias difíciles de tipo económico que el mismo Esquivel nos contó. Sus recursos personales eran escasos. En una ocasión le interrumpieron brevemente el servicio eléctrico y tuvo necesidad de pedirle prestado a Pedro Trigo, uno de sus co-conspiradores, para comprar alimentos. Según varios amigos, le reposeyeron el automóvil por falta de pago y tuvo que pedirle al dueño de un restaurante que le concediera crédito para un almuerzo, pero se lo negó por deber cinco dólares de una visita previa.[14] Si Castro no tenía a su disposición cinco pesos (equivalente a dólares) para las compras mínimas de su casa o para disfrutar de crédito en un restaurante, su situación financiera limitaría futuras actividades. Su hermana Lidia fue muchas veces la persona que le prestó dinero para satisfacer alguna necesidad básica.

Al enterarse del golpe, Fidel se refugió en casa de esa hermana y se vio obligado a interrumpir sus programas radiales ante la inestable situación que enfrentarían líderes con un pasado de agitación estudiantil y revolucionaria en los primeros días del nuevo régimen. Según relatos de amigos y correligionarios ortodoxos, hizo contacto con Agramonte y otros líderes y se mantuvo en contacto con la FEU mediante su presidente Álvaro Barba o su amigo René Rodríguez.

Conspiraciones a granel (1952-1953)

Las conspiraciones fueron frecuentes en los años 1952 y 1953, y los estudiantes de La Habana, sobre todo los de la FEU, continuaban protestando con frecuencia. El 13 de febrero de 1953 murió el estudiante de familia adventista Rubén Batista (sin parentesco con el Presidente y sin historial revolucionario) como consecuencia de heridas recibidas durante disturbios relacionados con un acto realizado días atrás frente a un monumento a la memoria de Julio Antonio Mella. El caso de Rubén Batista, aunque algunos lo consideran casual, trajo memorias de la muerte, también a manos de la policía, de Rafael Trejo durante el gobierno de Machado.

A los estudiantes se sumaban políticos de larga ejecutoria revolucionaria. El ex ministro de Educación Aureliano Sánchez Arango, un auténtico con un pasado marxista, encabezaba el Frente Nacional Democrático (Triple A) al que pertenecían los doctores Raúl Roa y Salvador Vilaseca, así como Alfredo Yabur, César Lancís y Menelao Mora. Un partidario de Sánchez Arango, Mario Fortuny, perdió la vida a manos de la policía en noviembre de 1953.

Por otro lado, el ex presidente Prío encabezaba la Organización Auténtica (OA). El ex senador Emilio «Millo» Ochoa, un fundador de la ortodoxia, anunciaba planes para derrocar a Batista. El doctor Rafael García Bárcena, con fama de profesor y filósofo, había creado el Movimiento Nacional Revolucionario y había atraído figuras como Faustino Pérez, Armando y Enrique Hart y Rubén Darío Rumbaut. También lo integraban Joe Westbrook y otros futuros combatientes contra Batista. García Bárcena planeaba entrar en el campamento militar de Columbia para arengar a las tropas. Tenía allí conocidos, había sido profesor de la Escuela Superior de Guerra.

El Servicio de Inteligencia Militar (SIM) sorprendió el 5 de abril de 1953 una reunión clandestina en casa de Eva Jiménez. Los encartados fueron detenidos y juzgados. (Según el general Tabernilla, aquella «conspiración del Domingo de Resurrección» fue preparada por «imberbes sin ton ni son, dirigidos por un poeta loco».) Entonces algunos miembros del disuelto movimiento se unieron a Fidel Castro, y otros integraron el Movimiento de Liberación Radical con Mario Llerena, Amalio Fiallo y Leví Marrero.

Un grupo que según el doctor Lucas Morán estaba bien organizado era Acción Libertadora, dirigido por el doctor Justo Carrillo y que agruparía temporalmente figuras importantes como Frank País en Santiago. El movimiento adoptaría el nombre de «Agrupación Montecristi», y tendría vínculos con una «conspiración de los puros» de militares como el coronel Barquín y el comandante Enrique Borbonet.[15]

«El Movimiento» de Fidel (1952-1953)

Fidel se había mostrado públicamente como opositor en un acto celebrado en el Cementerio de Colón en honor de Chibás pocos días después del golpe. El acto fue cubierto por la prensa. Según Lionel Martin, los primeros partidarios suyos agrupados en lo que se conocía inicialmente como «El Movimiento» incluían a Abel y Haydée Santamaría, Elda Pérez y Jesús Montané. Con sólo setenta y cinco pesos habían comprado un mimeógrafo e impreso quinientas copias de un boletín llamado *Son los mismos*. Poco después Fidel publicó otro boletín con el título *El Acusador*. Son importantes los primeros contactos con el doctor Mario Muñoz Monroy, de Colón, Matanzas. Este era «experto en radio y se ofreció a construir dos radiotransmisores susceptibles de ser utilizados para actividades de propaganda clandestina».[16] Muñoz Monroy (que por cierto era el médico de nuestra familia y de quien lo único que sabíamos era que era ortodoxo) no olvidaba que Fidel había estado entre los principales defensores de la idea de trasladar el cadáver de Chibás a la universidad. Pero los ortodoxos seguían divididos y sus líderes empezaron a movilizarse mientras se retiraban algunos, unos pocos acercándose a Batista, otros a soluciones electorales y un grupo a la insurrección.

La revista *Bohemia* manifestaba en artículos, reportajes y hasta en caricaturas su total oposición a Batista. Cada cierto tiempo se declaraba oficialmente un breve período temporal de censura; pero tan pronto terminaba, los opositores intensificaban el uso de los derechos constitucionales de libertad de expresión y de prensa. Algunos comentaristas radiales como José Pardo Llada, Luis Conte Agüero, Armando García Sifredo y otros fueron sacados temporalmente del aire. Habían atacado fuertemente al gobierno, sobre todo los dos primeros, pero tan pronto volvían al micrófono reanudaban sus críticas.

Batista también buscó apoyo en la prensa, además de adquirir indirectamente periódicos y revistas convertidos en voceros oficiosos. En la radio y la televisión contaba con defensores como el futuro representante Rafael Díaz-Balart y los periodistas Luis Manuel Martínez y Otto Meruelo.

«Tanquistas» y «electoralistas» (1952–1954)

Batista anhelaba ser nuevamente presidente constitucional. Sus planes de convocatoria electoral fueron anunciados desde el principio. Pero había llegado al poder con la ayuda de varias figuras y grupos con diferentes opiniones. El gobierno de marzo albergaba en su seno a los «tanquistas» o de línea dura que preferían gobernar varios años antes de realizar elecciones y a los «electoralistas» dispuestos a buscar pronto en las urnas una solución. Los electoralistas batistianos coincidían con un sector de la oposición también conocido con ese nombre. Por años se hablaría de «tanquistas» batistianos, de «electoralistas» batistianos o de oposición, y de partidarios de la insurrección.

El Censo de 1953

El censo de 1953 arrojó cifras interesantes. La población total era de 5.829.029. De ellos 2.985.155 eran de sexo masculino y 2.843.874 mujeres. Las provincias oscilaban entre los 1.797.606 de Oriente y los 395.780 de Matanzas. El 57% vivía en zonas urbanas y el 43% vivía en zonas rurales.

La población urbana seguía aumentando. Un número mayor de hombres que de mujeres se mudaba a las ciudades en busca de trabajo. Los entrevistadores recibieron autorización para determinar ellos mismos la raza de los entrevistados, sin necesidad de consultarles. Según estimaron, el 72,8% de la población era blanca, el 12,4% negra, 14,5% mestiza y el 0,3% asiática o de raza amarilla. La raza negra había aumentado un 2,7% y la blanca disminuido en 1,5%. Los mestizos eran generalmente mulatos, descendientes de blancos y negros, y algunos eran considerados popularmente como «mulatos chinos». Algunos habitantes, sobre todo en Oriente, tenían antepasados indígenas. Un elevado número de personas «pasaban por blancos» por el color de la piel, pero podían tener antepasados de otras razas.

En cuanto a estadísticas económicas, el país había mejorado, pero el aumento de población aumentaba la necesidad de viviendas, empleos y escuelas. Existían apreciables niveles de pobreza sobre todo en regiones rurales, pero en mejores condiciones que en casi todo el resto de la América Latina e incluso de algunas naciones de Europa en esa fecha (1953). Algunos empresarios cubanos iban adquiriendo centrales azucareros y empresas anteriormente en manos norteamericanas. Y en general, el estado del país se comparaba muy favorablemente con el llamado Tercer Mundo.

En cuanto a la educación, la mayoría de la población sabía leer y la mayoría de los niños asistía a las escuelas, pero había deficiencias educacionales en regiones rurales a pesar de los esfuerzos oficiales. El país contaba ya con varias universidades públicas y privadas, y se abrían nuevas escuelas. Cuba se acercaba a un desarrollo que necesitaba intensificarse para beneficiar a todos.

En resumen, ni la situación era tan buena como afirman los defensores del período ni tan mala como señalan sus mayores críticos. Pero faltaba mucho por hacer.

Surge el «fidelismo» (1952 o 1953)

Los preparativos para una acción armada empiezan a tomar forma en 1952 entre el pequeño grupo original de «fidelistas», como serían llamados sus partidarios. A partir del año siguiente, ya serían más conocidos. Su posición había sido clara ante sus correligionarios ortodoxos: «Vamos a hacer la revolución nosotros mismos» había dicho Fidel en un mitin en la Sociedad Artística Gallega.

Duarte Oropesa estima que a fines de 1952 el grupo andaba por los 250 miembros.[17] En ocasiones se identificaba a sus partidarios como «El Movimiento», en otras como «La Generación del Centenario». Contaba con individuos como Raúl Martínez Ararás, Jesús Montané, Pedro Miret, Raúl Gómez García, además de otros ya mencionados.

Los conspiradores empezaron a recibir entrenamiento militar en la finca Los Palos en la provincia de La Habana y Pijirigua en la de Pinar del Río. Y en forma igualmente encubierta en el Club de Cazadores del Cerro (Habana). Entre los instructores estuvo Pedro Miret, estudiante de ingeniería.

1953: Centenario de José Martí

La celebración oficial del centenario de Martí en 1953 ayudó a los planes. El gobierno planificaba actividades conmemorativas con fondos oficiales. En una asamblea universitaria, el 25 de enero, hablaron Flavio Bravo de la Juventud Socialista y Léster Rodríguez del movimiento fidelista. Martin apunta que al realizarse las manifestaciones de protesta, estas incluían a numerosos seguidores de Castro, algunos de ellos con entrenamiento militar para una insurrección y menciona que «Fidel [Castro], Abel [Santamaría], Raúl [Castro], Melba Hernández, Haydee Santamaría, [Jesús] Montané, «Ñico» [López] y otros fundadores del movimiento, avanzaban entre los manifestantes».[18]

El ambiente se fue creando con actos como este. El 5 de abril de 1953, el profesor Rafael García Bárcena y un grupo de conspiradores fueron arrestados y acusados de intentar tomar Columbia. El jefe del

Ejército general Tabernilla acusó a Prío de ser el autor intelectual. García Bárcena fue condenado a dos años de prisión, pero la mayoría fueron absueltos y otros ya habían sido puestos en libertad. La policía, reaccionando a protestas y conspiraciones, reprimía actos subversivos. Le esperaba algo mayor que todo lo anterior el día 26 de julio de ese año del centenario (1953).

Del Moncada al «Granma» (1953–1956)

Asalto al Cuartel Moncada el día 26 de julio/Discurso «La Historia me absolverá»	1953
Fidel en prisión en Isla de Pinos	1953–1955
Elecciones y triunfo de Batista	1954
Fundado el Movimiento 26 de Julio	1955
Fidel en México	1955–1956
Frank País en el 30 de noviembre	1956

El Cuartel
Moncada
atacado por
Fidel Castro
el 26 de julio
de 1953.

Fidel Castro sale de la cárcel en Isla de Pinos indultado por Batista a principios de 1955.

EL MOVIMIENTO DE FIDEL se proponía difundir un «Manifiesto a la Nación» redactado por Raúl Gómez García. Tenían planes de transmitirlo desde la radio de Santiago de Cuba. Los lugares escogidos para reunir conspiradores estaban situados en la Calle 25 y O en el Vedado y en Jovellar 107 en La Habana, y en el Hotel Casa Granda en Santiago de Cuba. Un sitio importante radicaba en Artemisa, Pinar del Río.

Los objetivos eran sobre todo el Cuartel Moncada de Santiago, pero también el Cuartel de Bayamo, ambos en Oriente. En Santiago pensaban tomar el Palacio de Justicia y el Hospital Saturnino Lora. El 26 de julio de 1953, aprovechando unos carnavales, se llevaría a cabo el ataque. Los atacantes se organizaron en células de siete miembros. Según algunos conocedores, contaban con escopetas, rifles, una carabina, un rifle M-1, una vieja ametralladora Thompson y muchas pistolas automáticas y semiautomáticas. Las armas llegarían a Santiago de Cuba como «alimentos para aves e implementos agrícolas».

Renato Guitart había situado en la una «granja agrícola» de Siboney, entre Santiago y la Sierra Maestra, a Ernesto Tizol, miembro del Comité Civil del Movimiento. Siboney serviría de base de operaciones al asalto.

Los atacantes del Moncada fueron ciento cuarenta y siete, según algunas versiones, incluyendo al doctor Muñoz Monroy como médico y a Haydée Santamaría y Melba Hernández como enfermeras. El grupo de atacantes de Bayamo era mucho más pequeño. Entre todos, los conspiradores eran ciento sesenta y cinco, según algunos. Lucas Morán lo describe así: «Con 133 hombres Castro realizó el ataque al Moncada; Raúl Martínez [Ararás] con 27 atacó el cuartel de Bayamo. Todos venían vestidos de uniformes iguales a los del ejército y armados con 3 rifles del modelo utilizado en la Segunda Guerra Mundial; 6 Winchester y una ametralladora viejos; rifles calibre 22 y revólveres».[1]

Los conspiradores eran de clase media, estudiantes, profesionales y algunos obreros. Algunos atacantes, entre ellos Raúl Castro (hermano de Fidel), tenían vínculos comunistas o habían leído textos marxistas como Ramiro Valdés. Prevalecían los ortodoxos.

El 26 de julio

En la madrugada del 26 de julio, Castro llegó a la granja de Siboney. En algunos relatos se habla de ciento treinta hombres y de dos mujeres presentes allí, pero alrededor de diez se retiraron. Fidel debía asaltar el cuartel con noventa atacantes.[2] Un grupo habría de atacar el hospital, pues desde allí se intentaría controlar una entrada hacia donde estaban acuartelados los soldados. Otros debían asaltar un puesto de vigilancia. Raúl Castro y ocho atacantes debían tomar el Palacio de Justicia ubicado frente al cuartel. Contaban con el factor sorpresa. Pero no fue sorpresa. Inesperadamente se produjo un choque con una patrulla de ronda, y se inició el combate antes de tiempo.

> Los conspiradores eran de clase media, estudiantes, profesionales y algunos obreros. Algunos atacantes... tenían vínculos comunistas o habían leído textos marxistas.

Algo sumamente polémico se ha discutido en relación con los atacantes que entraron al hospital, quienes se vistieron como si fueran enfermos o médicos y las mujeres como enfermeras. Los militares afirmaron que los atacantes se dedicaron a asesinar enfermos. Los atacantes, al negarlo, sostienen que los de su grupo fueron golpeados o asesinados rápidamente. El doctor Muñoz Monroy fue uno de los que perdieron la vida en el asalto.

El coronel Barquín dijo que del Palacio Presidencial y el Estado Mayor, en La Habana, se enviaron órdenes a las tropas de Santiago: «A fin de mantener en alto la moral de la tropa, deben caer diez revolucionarios por cada militar muerto». Luego hace referencia a «veintidós militares muertos... Los ocho asaltantes muertos en el combate se elevaron a sesenta y cuatro, días después» Según dice, cincuenta y seis atacantes fueron «asesinados en cautiverio».³ Fuentes del gobierno lo negaron afirmando que murieron en combate.

En relatos de los acontecimientos posteriores (que incluirían represalias tomadas por militares como el coronel Alberto Río Chaviano en Santiago y el jefe del Servicio de Inteligencia Militar, Manuel Ugalde Carrillo) se explica la huida de los frustrados conspiradores. Se les había ordenado regresar a Siboney en caso de fracaso. Debían dirigirse a la Sierra Maestra para convertirse probablemente en «alzados» en una vieja tradición cubana. Pero se ha afirmado también que Fidel se dirigió con un grupo de hombres al poblado del Caney y que por error se produjo un desvío hacia Siboney. En cualquier caso, andaban por un terreno que no conocían bien y a la postre los capturaron al intentar escalar La Gran Piedra.

Los familiares de su esposa Mirta hicieron gestiones ante el cardenal Manuel Arteaga Betancourt en La Habana. Este delegó en el arzobispo de Santiago de Cuba Enrique Pérez Serantes, que conocía a la familia Castro e intercedió ante los militares para que se garantizara la vida de los alzados, incluyendo a Fidel Castro. Fue entonces al lugar donde estaban para estar junto a ellos en la rendición y evitar que los mataran. En algunos relatos se menciona solo a Pérez Serantes y no al cardenal Arteaga. El coronel Río Chaviano le había prometido al prelado que al capturar a Fidel se le respetaría la vida.

A Raúl Castro lo arrestaron el 29 de julio cerca del pueblo de San Luís cuando intentaba llegar a la finca de su familia en Birán. Al descubrirse su identidad, lo enviaron a Santiago de Cuba.

El primero de agosto un escuadrón al mando del teniente Pedro Sarría capturó a Fidel Castro. El día anterior, el 31 de julio, había decidido que el grupo se dividiera en dos. Cinco de ellos cayeron presos al tratar de llegar a Santiago de Cuba. Fidel y sus compañeros fueron llevados a la cárcel de Santiago de Cuba. En cumplimiento de la promesa de Río Chaviano al arzobispo, le respetaron la vida.

Sobre el teniente Pedro Sarría se ha escrito mucho en cuanto su raza negra, pero sobre todo por haber protegido a los atacantes. Este gesto suyo fue facilitado por la decisión de uno de los compañeros de Fidel, Oscar Alcalde, masón como Sarría, de revelarle a su hermano de logia donde estaban las armas que habían llevado en su huida, lo cual permitió salvarles la vida.

En Bayamo, la posta que guardaba la entrada de atrás descubrió el intento de asalto y enfrentó a los atacantes comandados por Raúl Martínez Ararás. Un atacante perdió la vida. Según Duarte Oropesa, los sobrevivientes «sufrieron una verdadera odisea atravesando fangales, arroceras, ciénagas plagadas de jejenes y mosquitos, hasta ir a salir en Omaja».[4]

¿Qué tenía en mente Castro al proponerse una acción quizás destinada al fracaso? Intentaba provocar una insurrección en Santiago de Cuba. Otros señalan que deseaba «ensangrentar al gobierno». ¿Qué resultado obtuvo? A pesar de lo fallido del intento, se fue creando en derredor suyo y del movimiento una aureola de heroísmo, el surgimiento de una leyenda. No todos los opositores estuvieron de acuerdo con lo que hizo. El PSP (cuyo diario fue clausurado en La Habana y varios de sus dirigentes detenidos como sospechosos de complicidad por haber estado en Santiago para la celebración de un cumpleaños en los días del asalto) encontró una forma de dar a conocer su opinión sobre los hechos. El periódico *The Daily Worker* de Nueva York, un órgano de prensa del Partido Comunista de Estados Unidos, publicó sus declaraciones: «Repudiamos los métodos putschistas, peculiares de las facciones políticas burguesas, de las acciones de Santiago de Cuba y Bayamo, un intento aventurero de tomar ambos cuarteles. El país entero sabe quien organizó, inspiró y dirigió la acción contra las barracas y sabe que los comunistas nada tuvimos que ver en ello. El Partido Socialista Popular basa su lucha en la acción de masas, y denuncia el putschismo aventurero como contrario a la lucha de masas y contrario a la solución democrática que el pueblo desea».

«La historia me absolverá» (1953)

Fidel se encontró en la cárcel con su hermano Raúl, así como con Jesús Montané y Melba Hernández. A la vez que tuvo la satisfacción de saberlos vivos, pudo ir conociendo cuáles de los participantes habían muerto. Entre ellos estaba Abel Santamaría, uno de seis miembros del Comité Militar que nombró originalmente el Movimiento. Otros dos de ese grupo habían muerto. Algunos han señalado que eran unos cien los atacantes muertos.

Los prisioneros fueron trasladados a la Cárcel de Boniato, mientras se llevaba a cabo el proceso judicial. Entre los visitantes que Fidel recibió allí estuvieron su esposa Mirta, su madre Lina, su hermana Lidia y Naty Revuelta, amiga de Fidel. Durante sus meses en Boniato, Castro solicitó de su esposa Mirta el envío de libros, entre ellos textos de filosofía.

El juicio de los atacantes al Moncada y Bayamo se llevó a cabo a partir del 21 de septiembre de 1953 en el Palacio de Justicia. Como presidente del tribunal fungiría Adolfo Nieto y como fiscal Francisco Mendieta. Un amigo de la infancia de Fidel, Baudilio Castellanos, sería el abogado principal de la causa entre los veintidós que representaban a los ciento veintidós acusados. Fidel reconoció su participación y explicó los motivos por los cuales había decidido organizar el ataque al Cuartel Moncada, y pidió asumir su propia defensa.

En la tercera sesión (septiembre 26) todos los acusados comparecieron ante el tribunal, con la excepción de Fidel Castro, de quien se dijo que se encontraba enfermo. Su hermano y Melba Hernández presentaron una carta en la que Fidel negaba su enfermedad, mencionaba un plan para matarle y solicitaba visita médica. Los jueces lo visitaron y lo declararon en buena salud, pero las autoridades carcelarias lo retuvieron unos días afirmando que los médicos del penal determinarían el asunto.

A pesar de la ausencia de Fidel, el juicio continuó y se emitieron sentencias sobre veintinueve atacantes que habían admitido su participación. Los que la negaron fueron absueltos.

El 16 de octubre se llevó a cabo el famoso juicio de Fidel Castro. Se decidió realizarlo en un salón de un hospital. Su discurso «La Historia Me Absolverá» ha sido difundido grandemente en Cuba y se ha convertido en un clásico de la revolución castrista. Por dos horas, Castro adoptó la estrategia de convertirse en acusador del gobierno. Su defensa tenía relación directa con establecer la revolución como fuente de derecho, algo que los partidarios de Batista habían utilizado en 1952.

Su discurso «La Historia Me Absolverá» ha sido difundido grandemente en Cuba y se ha convertido en un clásico de la revolución castrista. Por dos horas, Castro adoptó la estrategia de convertirse en acusador del gobierno.

El acusado se refirió a ese golpe de estado, a problemas sociales, a la corrupción, y describió los objetivos de su revolución en cuanto al futuro de Cuba. Por dos horas se mantuvo mencionando juristas y otras autoridades, así como citas extraídas de la Revolución Francesa o de la Independencia de Estados Unidos. Mencionó ideas de teólogos católicos como Tomás de Aquino, y de protestantes como los reformadores del siglo XVI. Por el discurso desfilaron Lutero, Calvino, Montesquieu, Milton, Rousseau, Tomás Paine, Honorato de Balzac, John Knox y John Poynet. Por supuesto la mayor autoridad que reconocía era la de José Martí. Terminó con las palabras: «Condenadme, no importa, la historia me absolverá». En el estudio *El Leninismo en la Historia Me Absolverá*,[5] un equipo integrado por Mirta Aguirre, Isabel Monal y Denia García intentaron comparar su discurso con la actuación de Jorge Dimitrov en el proceso de Leipzig, entendiendo que «la autodefensa de Fidel en el juicio por los sucesos del cuartel Moncada, constituye un insuperable ejemplo cívico para los revolucionarios del mundo».

Algunos de sus críticos, sin embargo encuentran ecos de Adolfo Hitler en la forma en que culminó su discurso. Hitler terminó su discurso durante un juicio en 1924: «Aun cuando los jueces de este estado puedan holgarse en su condenación de nuestras acciones, la historia, diosa de una mayor verdad y de una ley mejor, ha de sonreír cuando deshago lo hecho en este juicio y a todos nos declarará libres de culpa y exentos del deber de expiación». El contenido del discurso de Fidel no era nazi-fascista, pero considerarlo leninista también necesitaría de una alta dosis de revisionismo basado quizás en frases como «la correlación efectiva de las clases» y otras. La revista *Bohemia* estaría pronto incluyéndoleentre las grandes figuras del siglo 1953 junto con la Reina Isabel II coronada ese año, el sah de Irán, el presidente de Costa Rica José Figueres (un favorito de la revista), el jefe de la KGB Lavrenti Beria y el campeón cubano de boxeo Kid Gavilán, quien todavía no se había unido a los testigos de Jehová.

Prisión y lecturas de Fidel (1953-1955)

Fidel Castro había sido detenido en algunas ocasiones en el período de protestas, manifestaciones y luchas entre «grupos de acción». La prisión a la que fue trasladado en Isla de Pinos le permitiría tiempo suficiente para la lectura, el estudio y la reflexión. Hay evidencias de que sus carceleros se referían a él como «doctor Castro».

La prisión a la que fue trasladado en Isla de Pinos le permitiría tiempo suficiente para la lectura, el estudio y la reflexión. Hay evidencias de que sus carceleros se referían a él como «doctor Castro».

También habría tiempo para ir proyectando nuevas conspiraciones. En la cárcel podían recibir visitas, alimentos especiales llevados por familiares y amigos, libros, etc. En una ocasión Batista visitó el penal y

varios encarcelados cantaron el himno nacional como protesta a su recorrido de las instalaciones.

Fidel mandó a buscar libros de filosofía y de ficción, pero sobre todo
de política. Si nos guiamos por diferentes relatos habría leído *El caballero
de la esperanza* de Jorge Amado, *Nido de Hidalgos* de Turguenev, *Los hermanos Karamazov* y otras novelas de Dostoievski, *Piel de zapa* de Balzac,
La feria de vanidades de Thackeray, *La ciudadela* de A. J. Cronin, incluso
El secreto de la fortaleza soviética por el reverendo Hewlett Johnson, el famoso «dean rojo» de la catedral anglicana de Canterbury [no confundir-
lo con el arzobispo de esa sede], uno de los libros más vendidos en Cuba
gracias a promociones del PSP.

Su prisión le permitiría repasar *El 18 Brumario de Luis Bonaparte* de
Marx y del mismo autor volvería a leer capítulos de *El Capital* y libros de
Víctor Hugo, Rómulo Gallegos, Stefan Zweig, Anatole France, José
Ingenieros, José Carlos Mariátegui, Máximo Gorki, así como obras de
autores cubanos. Un texto del sociólogo Max Weber formaría parte de
sus lecturas. Quizás leyó de nuevo los libros adquiridos en la librería comunista de la calle Carlos III en La Habana: *El manifiesto comunista, Así
se templó el acero* y sobre todo *El Estado y la Revolución* de Lenin. ¿Habría
allí algún ejemplar con los escritos de José Antonio Primo de Rivera o
aquellos discursos de Benito Mussolini que tanto había disfrutado y luego comentado con Rolando Amador o con «el chino» Esquivel?

Ciertos libros los leería completos y en otros se limitaría a capítulos
o pasajes. Algunos dicen que no leyó sino unos cuantos y que hojeaba
otros. Entre sus adversarios se ha dicho con ironía que «fue el único comunista que nunca leyó *El Capital*», lo cual parece exagerado.

Los atacantes al Moncada contaban con una biblioteca de quizás
hasta 300 libros. Se puso a funcionar una improvisada Academia Abel
Santamaría. Las cartas de Fidel revelan que se celebraban reuniones de
estudio sobre muchas materias. Quizás su encarcelamiento fue el período más propicio para el estudio en la vida de Castro. ¿Habrá exageración en los que enumeran todos esos volúmenes? En realidad no había
muchas otras cosa que hacer, excepto conversar. Había tiempo para
descanso, comida, periódicos, tacitas de café. Un viejo aparato de radio

le permitió escuchar un discurso de su hermano Pedro Emilio, candidato a representante en 1954. Pero la prisión siempre es dura.

Termina su matrimonio (1953-1954)

Durante la prisión de Fidel se produjo la ruptura de su matrimonio con Mirta Díaz-Balart. Tad Szulc menciona que Lidia Castro informó a Fidel de que su esposa había estado en la nómina del ministerio de Gobernación en el cual su hermano Rafael Díaz-Balart fungía como subsecretario (viceministro) y que entonces Castro inició el proceso del divorcio.[6] En carta a Luis Conte Agüero del 17 de julio de 1954, Fidel afirma haberse enterado por el noticiero de la CMQ que su esposa había sido cesanteada por el Ministro de Gobernación y que él desconocía de ese empleo y dudaba de la noticia.[7] Ninguno de los dos cónyuges ha discutido públicamente esa situación. Se trata de un asunto privado y las razones más profundas de un divorcio o separación sólo las conocen los esposos y quizás sus hijos. El único hijo de aquel matrimonio, «Fidelito», tenía cinco años al producirse la separación. Años después, Mirta contraería nuevas nupcias con Emilio Núñez Blanco, y se radicaría en España, pero continuaría visitando a su hijo. Con el tiempo, el niño sería matriculado en una escuela metodista, el Colegio Candler. Según nos explicó su director de entonces, el reverendo Carlos Pérez Ramos, la familia se ocupaba del niño y Raúl Castro se interesaba frecuentemente por él.

Inscripción de partidos (1953-1954)

Mientras partidarios y amigos de Fidel como Luis Conte Agüero, su compañero de la ortodoxia, solicitaban un indulto, el gobierno continuaba con sus planes electorales en busca de legalidad constitucional. La reorganización de partidos se hizo en 1953.

Se inscribieron varios partidos municipales, pero a nivel nacional sólo lo hicieron los partidos Acción Progresista, Liberal, Unión Radical, Demócrata, Revolucionario Cubano (Auténticos) y del Pueblo Cubano

(Ortodoxos). Los primeros cuatro eran oficialistas y utilizando la influencia de formar parte del gobierno alcanzaron altas cifras de afiliados. Por citar los dos mayores, Acción Progresista (PAP) inscribió 923.382 votantes y el Liberal (PL) 274.573. Los liberales habían afiliado 208.745 electores en 1951 cuando gobernaban los auténticos. En el caso de Acción Progresista (PAP), su aumento numérico podía compararse al salto que dieron los auténticos en 1943 cuando afiliaron 467.298 electores y 1947 cuando llegaron a 789.661 a pesar de perder 164.705 miembros que se incorporaron a la ortodoxia.

En cuanto a auténticos y ortodoxos sus afiliaciones en 1953 fueron de 196.544 y 21.314 respectivamente. Los grausistas se inscribirían, no así otros auténticos que preferían el abstencionismo. El grupo ortodoxo «electoralista» era pequeño y sólo logro afiliados en Oriente, Camagüey y Pinar del Río, pero se benefició de un decreto reconociendo a todos los partidos que habían solicitado ser considerados de nivel nacional.

Morales del Castillo y las elecciones de 1954

El 14 de julio de 1954 Batista presentó su renuncia y anunció la elección por el Consejo de Ministros del doctor Andrés Domingo Morales del Castillo como presidente provisional. El nuevo presidente había ocupado la Secretaría de la Presidencia. Batista había prometido anunciar «el nombre del cubano ilustre que ocupará la Presidencia de la República durante el período electoral».

A pesar de la abstención de muchos votantes y sectores dentro de los partidos y la negativa del Tribunal Superior Electoral a reconocer al Socialista Popular, los sectores electoralistas intentaron movilizar a la opinión pública con relativo éxito, aunque lejos del entusiasmo de otros tiempos. La fracción ortodoxa inscripta no llegó a participar, pero el líder ortodoxo José Pardo Llada anunció brevemente su apoyo a lo que llamó «voto negativo», es decir, votar por Grau contra Batista. Hasta los comunistas consideraron esa posibilidad.

Algunos mítines grausistas atrajeron gran asistencia y existía competencia por varias alcaldías. Con excepción de La Habana y algún otro municipio, el gobierno no llevaba un candidato único a alcalde, pues cada partido oficialista seleccionaba el suyo. El Código Electoral requería una lista común de senadores a los partidos en coalición, pero les permitía presentar sus propios candidatos para representantes, alcaldes y concejales.

¿Tenía Grau posibilidades de triunfo? Quizás, pero su victoria no era probable. El gobierno disfrutaba de simpatía en algunos sectores y el llamado «voto columnario» le favorecía pues se utilizó un código electoral que obligaba al votante a ejercer su voto dentro una sola columna. Como la Coalición Progresista Nacional (CPN), la alianza de los cuatro partidos oficialistas, llevaba cuatro veces más candidatos que los auténticos, el triunfo de Batista y su candidato vicepresidencial Rafael Guás Inclán, del Partido Liberal, estaba casi asegurado.

Por otra parte una gran parte de la oposición había decidido abstenerse. Grau se retiró a última hora alegando dos razones fundamentales: la prohibición de grupos de electores a la puerta de los colegios electorales donde votaban y la no concesión por parte del Tribunal Superior Electoral de la «paridad», es decir, garantizarle a la oposición una influencia comparable en las mesas electorales a la de los partidos de gobierno. El sistema se basaba en representantes de partidos y el gobierno tenía cuatro y Grau sólo uno. Esto constituía una desventaja.

A pesar del «retraimiento» de Grau y de los candidatos auténticos a las alcaldías, la mayoría de los candidatos a senadores y representantes decidieron participar. El nombre de Grau permaneció en las boletas de votación. Era tarde para retirarlo.

El resultado fue de 1.262.587 votos para Batista y 188.209 para la candidatura retraída de Grau. La mayoría de los votantes de este último permanecieron en sus casas, pero algunos salieron a votar por otros candidatos auténticos que obtuvieron la minoría senatorial garantizada por la Constitución y varios representantes a la Cámara. El gobierno logró, como coalición, la mayoría senatorial con treinta y seis senadores contra dieciocho del autenticismo. Los auténticos eligieron dieciséis representantes por votación proporcional y los partidos de gobierno ciento catorce. El abstencionismo impidió la elección de alcaldes auténticos pero su partido obtuvo muchos concejales.[8]

¿Fraudes electorales? No eran necesarios para negarle el triunfo de Batista, que enfrentaba a una oposición retraída y dividida, pero se produjeron en muchos municipios para favorecer a aspirantes a otros cargos, lo cual provocó protestas hasta de ciertos candidatos oficialistas también afectados. El abogado Enrique García Morera, que trabajó en colegios electorales durante las elecciones, afirma que al terminarse la votación, Batista superaba ampliamente en votación la candidatura retraída de Grau, pero algunos partidarios de Batista se quejaban de que ciertos militares retornaron a la práctica del «pucherazo»[9] para favorecer a candidatos que habían sido auténticos o aliados de Prío y se habían sumado al gobierno de marzo. En 1954 sólo votaron algo más de la mitad de los inscritos, en comparación con 1948, cuando sólo se abstuvo 20%.

Amnistía (1955)

Pronto cambiaría la suerte de Fidel Castro pues el gobierno deseaba crear un clima favorable a su gestión. El 24 de febrero de 1955, Fulgencio Batista asumió la Presidencia y su triunfo fue reconocido por numerosos países representados en su toma de posesión. Entre los que viajaron a Cuba esos días estuvo el vicepresidente de Estados Unidos Richard Nixon, para satisfacción de Mister Arthur Gardner, amigo de Batista. En aquellos tiempos el secretario de Estado John Foster Dulles hacía sugerencias a Cuba sobre las actividades del BRAC (Buró de Represión de Actividades Comunistas).

El nuevo gabinete incluía a personajes eminentes como Carlos Saladrigas, Aurelio Fernández Concheso y Jorge García Montes (Primer Ministro), hombres de talento y conocimientos abundantes en asuntos económicos como Justo García Rayneri, Amadeo López Castro y Gustavo Gutiérrez. Un amigo de Fidel, Ramón Vasconcelos, el periodista liberal, fue designado ministro de Comunicaciones.

El nuevo Congreso aprobó una amnistía a los presos políticos en base a una proposición en la que desempeñó un papel importante el representante a la Cámara por la oposición, Juan Amador Rodríguez. Batista firmó la ley de amnistía el 13 de mayo de 1955, «Día de las Madres». Era una política conciliatoria que no evitó futuros pasos de la insurrección de Fidel Castro.

Libertad de Castro.
Organizado el Movimiento 26 de Julio (1955)

Isla de Pinos, Cuba. Mayo 15 de 1955. Fidel Castro abraza al teniente Pérez Díaz, jefe de la guardia del penal. De esto diría luego que era «una expresión espontánea y sincera, porque este oficial, que es un caballero en toda la extensión de la palabra, de sobra lo merece». Lionel Martín lo considera «un gesto muy similar al tributo que meses antes pagara al teniente Sarría y al capitán Tamayo». Se refería a sus palabras en «La historia me absolverá».[10]

Eran las doce del día. Fidel y un grupo de atacantes del Moncada, entre ellos Raúl y el después comandante Juan Almeida abandonan la prisión. Fidel visita el hogar de Jesús Montané, de familia «pinera», y luego se dirige al Hotel Isla de Pinos, en Nueva Gerona, donde celebraría una conferencia de prensa. Le había dejado saber a su hermana Lidia que no debía gastar dinero en ropa nueva. Era suficiente con la que ya tenía para salir en libertad.[11]

Aquello era un triunfo para la llamada Generación del Centenario. Pronto quedaría organizado en casa de Melba Hernández el Movimiento Revolucionario 26 de Julio encabezado por Fidel Castro como secretario general, Pedro Miret como jefe de acción y sabotaje, Faustino Pérez como jefe de propaganda, José «Pepe» Suárez a cargo de actividades en La Habana y Léster Rodríguez en Oriente. También lo integraban Haydée y Aldo Santamaría, Raúl Castro, Jesús Montané y otros. Los antiguos atacantes serían conocidos como «moncadistas» y el 7 de julio Fidel embarcaría hacia México, donde ya estaba su hermano Raúl. Sus declaraciones en el aeropuerto incluían estas palabras: «Volveremos cuando podamos traerle a nuestro pueblo la libertad y el derecho a vivir decorosamente, sin despotismos y sin hambre». Antes había afirmado: «Me marcho de Cuba porque me han cerrado todas las puertas de la lucha cívica. ... De viajes como éste no se regresa, o se regresa con la tiranía descabezada a los pies».

Fidel pedía la unidad de los «verdaderos revolucionarios» sobre todo de los «ortodoxos revolucionarios». Pero, a pesar de la gran atención que le dedicaba la prensa y el dramatismo y elocuencia de sus palabras, pronto tendrían competencia. En esos días se iban reuniendo líderes de la FEU que intentaban reclutar no sólo a estudiantes sino a otros posibles colaboradores en un nuevo Directorio Revolucionario (DR), y lo integraban José Antonio Echeverría, René Anillo, Rolando Cubela, Faure Chomón, José A. Naranjo «Pepín», Fructuoso Rodríguez, Joe Westbrook, Juan Pedro Carbó Serviá y otros.

A través del país se formaban pequeños grupos. Algunos de sus dirigente procedían del Movimiento Nacionalista Revolucionario fundado por García Bárcena. Amalio Fiallo agrupó en su Movimiento de Liberación Radical a atacantes del Moncada y Bayamo como Raúl Martínez Ararás, Orlando Castro, Gerardo Granados y otros. En Santiago de Cuba, el liderazgo de Frank País y Pepito Tey sobresalía, pero continuaban las pugnas entre estudiantes y políticos. Surgían nuevos grupos. Fidel Castro pidió se unieran: «todos bajo la bandera del chibasismo[12] revolucionario».

El Diálogo Cívico (1955–1956)

La Habana. Junio 3 de 1955. Antes de salir Castro para México, Cosme de la Torriente, ex presidente de la Liga de Las Naciones y presidente de la Sociedad Amigos de la República (SAR), anunció una convocatoria al gobierno y a la oposición a lo que sería conocido históricamente como «El Diálogo Cívico». Continuaban las protestas, actos esporádicos de violencia, cambio de mandos en la oposición insurreccional. Prío continuaba sus movimientos. El gran sector del partido Auténtico que no había aceptado las elecciones continuaba activo en planes contra Batista.

Un conocido opositor a Batista, el doctor Manuel Antonio de Varona, ex senador y primer ministro de Prío, revolucionario respetado, famoso por su quizás exagerado uso de la sinceridad en los discursos y que se había opuesto firmemente a los planes de Chibás, ofreció renunciar a la presidencia del partido Auténtico (sector abstencionista) en favor de Prío, pero no le fue aceptada la renuncia.

El histórico líder ortodoxo «Millo» Ochoa seguía oponiéndose a participar en elecciones, pero un grupo ortodoxo libre apoyaba al doctor Carlos Márquez Sterling y sus planes electoralistas. Los de Liberación Radical se fueron dividiendo en electoralistas y partidarios de la insurrección.

El Partido Socialista Popular, ilegalizado por el gobierno, se dedicaba más bien a crear organizaciones favorables a sus ideas como la Sociedad Cultural «Nuestro Tiempo» e intentaba penetrar los sindicatos, así como a partidos y movimiento inclinados a la insurrección.

El Movimiento de la Nación había despertado entusiasmo y lo integraban figuras eminentes como el doctor Jorge Mañach, intelectual muy respetado, y el empresario y abogado Luis Botifoll, entre otros. Algunos llamaban a ese esfuerzo «el meneíto». El Movimiento de la Nación se dividiría ante la tendencia peronista (por Juan Domingo Perón) de José Pardo Llada, que organizaría después el Partido Nacionalista Revolucionario.

Las gestiones de la SAR fueron bien recibidas por muchos. Pronto se estaría dirigiendo a toda la nación solicitando no sólo un entendimiento civilizado y patriótico, sino también garantías para los partidos y las futuras elecciones. Se solicitaría una entrevista con el Presidente. Numerosas asociaciones profesionales, conocidas en Cuba como «colegios» y las instituciones cívicas y religiosas se unieron a la petición, que se hizo llegar al gobierno central.

Batista respondió mediante el secretario de la Presidencia y ex presidente provisional Morales del Castillo. Según el gobierno, «don Cosme» [de la Torriente] no había recibido los necesarios poderes por parte de todos los sectores oposicionistas. En puridad de verdad, las gestiones de la SAR no andaban tan bien como parecían creer algunos de sus partidarios. Ni siquiera los opuestos al gobierno estaban listos para unirse y apoyar de la misma forma los esfuerzos de don Cosme. En aquel entonces el gobierno prometía elecciones parciales en 1956 y generales en 1958 y la oposición discutía los detalles o se oponía.

Don Cosme y la SAR no se rindieron. El 19 de noviembre de 1955 celebraron un gran mitin en la Plaza de Luz en La Habana con mucho apoyo popular. Ya habían establecido contacto con el líder de la FEU José Antonio Echeverría, entonces en prisión en el Castillo del Príncipe, pero sus planes no coincidían.

En fin, que el gobierno tenía reservas. La oposición continuaba dividiéndose. El Diálogo Cívico fue una intención noble, pero sin resultados. El discurso político se había polarizado.

Fidel en México (1955–1956)

Con su llegada a Ciudad de México, Fidel Castro iniciaría los preparativos para desembarcar en Cuba e iniciar una nueva revolución. Los hermanos Castro se reunieron inicialmente en el apartamento donde vivía María Antonia González de Paloma, calle Amparán 49. Fidel visitó también a unas hermanas de apellido Pino, cubanas que vivían en la calle Avenida México 99. Ellas le presentaron a Onelio Pino, otro miembro de la familia, que había sido comandante de la Marina cubana y que prestaría grandes servicios en la futura expedición. Otro temprano colaborador fue el ingeniero petrolero mexicano Alfonso Gutiérrez, conocido por «Fofo».

> Con su llegada a Ciudad de México,
> Fidel Castro iniciaría los preparativos
> para desembarcar en Cuba e iniciar
> una nueva revolución.

Muy pronto se establecieron nuevos contactos y aumentaría el círculo de participantes. Uno de los que se le sumaron era Alberto Bayo, un español republicano nacido en Cuba que había sido oficial durante la Guerra Civil en España. Fidel pronto tendría también al mexicano Antonio del Conde, propietario de una armería.

De enorme utilidad para Fidel sería su recién adquirida amistad con su compatriota Orlando de Cárdenas, radicado en México y dedicado a actividades artísticas y de empresario. La casa de Cárdenas se convirtió en centro de comunicaciones. Empezarían a llegar visitantes de Cuba, entre ellos Juan Manuel Márquez, líder ortodoxo.

Junto con Márquez, Fidel partió en una gira de recaudación de fondos y reclutamiento en Estados Unidos. Pronunciaría discursos en teatros de Nueva York y Miami. En el Teatro Flagler de esa última ciudad llegó hasta a manifestar su disposición a recibir hasta «limosnas para la patria, porque lo hacemos con honor». La asistencia fue muy elevada. Recibiría ayuda financiera del ex presidente Prío, que contaba con cuantiosos recursos económicos.

Los esfuerzos fueron diversos. Se organizarían Clubes Patrióticos y Clubes del 26 de Julio en varias ciudades norteamericanas donde vivían cubanos, clubes que promoverían que cada compatriota que tuviera trabajo contribuyera con el salario de un día y los desempleados con un dólar. El pastor presbiteriano cubano Cecilio Arrastía le llevaría a México $10,000 recaudados por simpatizantes. Pedro Miret llevó $1,000.

En México conocería también a Ernesto
Guevara, médico y revolucionario argentino
a quien pronto llamarían «El Che»...

Entre los que se entrevistaban con Castro estaba el médico presbiteriano Faustino Pérez, que prestaría grandes servicios a la causa y dirigiría después la resistencia a Batista en las ciudades, y el periodista Max Lesnick. Una conocida intelectual Teresa Casuso, viuda de Pablo de la Torriente Brau y funcionaria de la embajada cubana se le uniría algún tiempo después. La lista de contactos haría interminable cualquier descripción.

En México conocería también a Ernesto Guevara, médico y revolucionario argentino a quien pronto llamarían «El Che» y que ya había tenido contacto con cubanos desde su estancia en Guatemala. Guevara había recorrido varios países en busca de actividades revolucionarias y se había casado con una boliviana, Hilda Gadea, que le secundaba en sus ideales de izquierda. Los datos sobre Guevara abundan en todo tipo de biografías, algunas de ellas verdaderos escritos hagiográficos.

El entrenamiento de los futuros invasores se inició a principios de 1956, mientras Pedro Miret, Haydée Santamaría, Armando Hart y Léster Rodríguez intentaban preparar al movimiento para la insurrección.

La participación del maestro bautista Frank País también fue de gran importancia. País, que agrupaba fuerzas dentro de Cuba y después provocaría importantes actos de resistencia y sabotaje en Santiago de Cuba, también visitó a Fidel en México y fue estableciendo vínculos con conspiradores de La Habana. Para Lucas Morán, que participó en esas actividades y escribió sobre ellas, Frank País sería el gran organizador del Movimiento 26 de Julio. Su visita a México tenía como propósito no sólo ponerse de acuerdo para la insurrección, sino también para exponerle problemas internos, como el uso del nombre del movimiento que estaban haciendo algunos para sufragar los gastos y lujos de algunos dirigentes en La Habana.

> Frank País... visitó a Fidel en México y fue estableciendo vínculos con conspiradores de La Habana... Frank País sería el gran organizador del Movimiento 26 de Julio.

Lucas Morán le da importancia a la reunión en Ciudad de México, el 30 de agosto de 1956, entre Fidel y el presidente de la FEU, José Antonio Echeverría. Allí se suscribió el llamado Pacto de México, para convertir en realidad el lema «héroes o mártires en 1956» y se habló de una huelga general y otros actos, incluyendo rebelión armada.[13]

Conspiraciones sin Fidel (1955-1958)

La lista de disturbios, conspiraciones y actos de violencia en el espacio de tiempo que va desde el inicio de los planes de Fidel en México hasta la caída de Batista fueron muchas. Muchas de ellas no tenían ninguna o poca conexión con las actividades del Movimiento 26 de Julio. Algunos observadores que escriben sobre este período dentro y fuera de Cuba pudieran subestimar el hecho de que la lucha contra Batista no se limitó a las fuerzas partidarias de Fidel Castro, sino que existió toda una variedad de grupos y esfuerzos. En el transcurso del capítulo nos referiremos a varios intentos de esa naturaleza.

Antes de terminar el año 1955 se produjeron varios disturbios, algunos encabezados por estudiantes. Un acto conmemorativo del 27 de noviembre, aniversario de la ejecución de estudiantes de medicina por las autoridades españolas en 1871, fue reprimido por la policía porque lo aprovecharon para protestar contra el gobierno. Actos similares ocurrían en Santiago de Cuba. Meses después, el 19 de abril de 1956 se produjo un intento de penetrar a la fuerza en un juicio celebrado en esta ciudad donde iban a ser juzgados algunos estudiantes opositores.

Conspiración de «los puros» (1956)

El 4 de abril de 1956 fracasó una conspiración militar conocida como la de los militares «puros». El 2 de abril de 1956 se había celebrado una reunión en casa del coronel Ramón M. Barquín, en la Playa de Tarará en La Habana del Este. Elementos del ejército planeaban dar un golpe de estado al gobierno de Batista. El 3 de abril, alguien denunció la conspiración y al día siguiente, 4 de abril, pusieron en prisión a los complotados. Barquín había conspirado en cooperación con los seguidores del doctor Justo Carrillo, fundador de la Agrupación Montecristi, que se proponía derrocar a Batista. El 11 de abril de 1957 serían juzgados en Consejo de Guerra los oficiales encabezados por Barquín y condenados a prisión.

Asalto al Cuartel Goicuría (1956)

Otro intento sin relación con los esfuerzos de Fidel fue el frustrado ataque al Cuartel Goicuría en Matanzas. Miembros de la Organización Auténtica (OA) y la Triple A, muchos de ellos auténticos y algunos de otras procedencias, se enfrentaron al regimiento «Plácido» en la capital provincial, pero el ataque fue delatado y posteriormente rechazado por fuerzas al mando del coronel Pilar García.

Así ocurrieron los hechos. Bajo la dirección del activista auténtico Reinol García, varios camiones se dirigieron a la entrada del cuartel donde radica el Regimiento Plácido el 29 de abril de 1956. El día antes habían tomado la mina «Margot», cerca de Matanzas, y se habían apoderado de 1.500 libras de dinamita, cinco camiones y una camioneta. Al menos tres de los camiones lograron entrar, pero sus ocupantes fueron masacrados. Según uno de los sobrevivientes, el ortodoxo René L. Díaz, un líder sindical de la Federación de Plantas Eléctricas, en el asalto murieron numerosos atacantes, muchos de ellos asesinados por órdenes de Pilar García. Barquín menciona los nombres de nueve y hace ascender la cifra de muertos a diecisiete. A pesar de que actuaron por cuenta propia, el 6 de mayo se expulsó de Cuba al ex presidente Prío, acusado de financiar el asalto al Goicuría.

Avanzan planes en México (1956)

En 1956 las actividades de entrenamiento y recaudación de fondos continuaron. En varias ocasiones la Policía Secreta y la Dirección Federal de Seguridad detuvieron a muchos de los colaboradores del proyecto, pero los detenidos disfrutaban de cierto apoyo en la comunidad cubana en México. También contaban con abogados y con la ayuda del ex presidente general Lázaro Cárdenas, que se había convertido en una leyenda y cuya influencia se sentía en las esferas políticas y oficiales. Varios intelectuales y artistas, entre ellos los pintores Diego Rivera y David Alfaro Siqueiros, se convirtieron también en aliados coyunturales de Fidel. El 25 de septiembre se produjo la compra del yate «Granma» y de una residencia, ambos comprados a un médico norteamericano.

Las entrevistas entre Castro y Aureliano Sánchez Arango, de la Triple A no llegaron a nada. Con Justo Carrillo las entrevistas duraron varios días. Según nos dijo este último, los temas fueron muchos y las conversaciones largas. Se llegaron a acuerdos. Sería de los primeros en poner distancia con Castro.

El 19 de noviembre de 1956 el diario *Alerta* de La Habana publicó una entrevista de Fidel con el periodista Benjamín de la Vega donde se anunciaba: «En 1956 seremos libres o seremos mártires». Los planes finales eran tratar de tomar Niquero y Manzanillo luego de salir por la costa mexicana en la madrugada del 23 de noviembre, e intentar desembarcar cerca de Niquero, en el Golfo de Guacanayabo, el día 30.

El 24 de noviembre los expedicionarios ya estaban frente al «Granma», en el embarcadero a orillas de un río cerca de la desembocadura en el Golfo de México. Fidel demoró algún tiempo en buscar unos soportes para las botas de los participantes en la expedición. Serían ochenta y dos los expedicionarios. De estos, seis eran extranjeros como Ernesto Guevara y el dominicano Ramón Mejías, conocido como «Pichirilo», piloto del «Granma».

La salida no sería fácil. El río Pantepec, formador del río Tuxpan, estaba en calma, pero mar afuera todo sería diferente. Soplaban vientos huracanados en el Golfo y la lluvia era intensa. Un «frente norte» les afectaría más de lo anticipado. Tales circunstancias demoraron la llegada.[14]

Los días de navegación serían quizás propicios para los recuerdos para Fidel. Su hermana Lidia lo había visitado en México y había llevado consigo allí a su hijo «Fidelito» Díaz-Balart. Al despedirse de él, Castro no tenía seguridad alguna de que volvería a verlo. La familia de Mirta reclamó que llevaran el niño de regreso a Cuba. Durante la estancia en México, murió en Cuba don Ángel y lo enterraron con asistencia de trabajadores y vecinos a la manera de la Cuba rural. Su hermano Ramón envió un mensaje, que recibió Orlando de Cárdenas, comunicándole y a Fidel la triste noticia de la muerte de su padre. Hasta su salida hacia Cuba, Castro había vivido en diferentes lugares en la zona metropolitana de Ciudad de México y no era fácil localizarlo, ni siquiera por sus más cercanos colaboradores. Recordaría especialmente la casa de María Antonia González o el lugar donde vivía la familia Montané. Frecuentaba la residencia del ingeniero Alfonso Gutiérrez o se hospedaba en hoteles baratos, lo cual se deduce de que algunos los llamaban «hoteluchos». No dormía siempre en el mismo lugar para evitar así las detenciones y los posibles atentados.

Durante su estancia en México, Fidel confirmó sobradamente su capacidad de atraer partidarios, de colectar fondos, de realizar alianzas temporales o coyunturales, aunque no siempre tuvo éxito. En sus recuerdos estaría en líneas generales y en detalles específicos el estilo de vida que había vivido en México y que había sido difícil en algunos aspectos a pesar de que no tenía que trabajar sino que podía dedicarse a las actividades que le atraían: conspiración, conversaciones interminables, arreglos políticos.

En su mente estarían los interrogatorios de las autoridades, los momentos en los cuales parecía como que habría que suspender todos los planes. Conoció de nuevo detenciones y encarcelamiento. En una ocasión la detención duró más de un mes. Los temores no podían abandonarlo por completo. Agentes del gobierno cubano lo seguían por todas partes.[15] Pero Fidel seguía siendo una figura importante del acontecer cubano aún lejos de la isla. Esa había sido una de sus metas. Su ego seguía recibiendo satisfacciones. Había logrado sentirse realizado como líder. En la memoria llevaba ciertas impresiones personales recibidas durante su estancia mexicana, las de muchos nuevos amigos como Ernesto Guevara y las de antiguos compañeros como Ramiro Valdés y Juan Almeida. Llegaría el momento de la partida y de despedirse de Gutiérrez, de Orlando de Cárdenas, de Melba Hernández.

Varios antiguos y futuros combatientes permanecerían en México, entre ellos Gustavo Arcos Bergnes. Otros habían desertado o simplemente tomaron otro rumbo. No le habían faltado tabacos y alimentos que después escasearían en la Sierra Maestra. Mientras le ocupaban esos pensamientos, las fuerzas al mando de Frank País iniciaban la rebelión en Santiago de Cuba.

Frank País (1952-1957)

Frank País, hijo de un conocido pastor bautista, era maestro normalista y estudiante universitario de gran popularidad, muy activo en la oposición a Batista casi desde el principio. Había desarrollado su vida como maestro en escuelas bautistas de enseñanza primaria y también como maestro en la escuela dominical de una de las iglesias de Santiago de Cuba. Su padre, el reverendo Francisco País, gallego como el padre de Fidel, había fallecido años atrás. El líder espiritual de Frank, después de la muerte de su padre, sería el reverendo Agustín González, un pastor considerado uno de los líderes más importantes de la resistencia cívica al gobierno en Santiago. Frank moriría en 1957 en un encuentro con la policía. Uno de sus hermanos Josué, conocido activista revolucionario, también perdería la vida. El otro hermano varón, Agustín, logró salir de Cuba gracias a la Embajada de España.

> Sin dudas, Frank País fue la figura
> principal del Movimiento 26 de Julio
> después de Fidel y la de mayor
> importancia en la lucha dentro
> de las ciudades.

Algunos han acusado a partidarios de Fidel de haber denunciado el paradero de Frank a la policía, para que no tomara control de la revolución, pero muchos rechazan de plano esa idea. Sin dudas, Frank País fue la figura principal del Movimiento 26 de Julio después de Fidel y la de mayor importancia en la lucha dentro de las ciudades. Le reemplazaría el médico presbiteriano Faustino Pérez que ya hemos mencionado. País y Pérez le dieron forma a la resistencia urbana del Movimiento 26 de Julio, pero las actividades conspirativas de ambos se remontan a 1952. Otros nombres se repetirían y exaltarían en las historias y crónicas de la revolución (Camilo Cienfuegos, Ernesto Guevara, Raúl Castro), pero la revolución triunfante proclamaría a País no sólo como el más famoso mártir de la lucha sino como un héroe nacional. Cualquier visitante que haya recorrido Cuba después de 1959 habrá comprobado cómo se le ha dado su nombre a todo tipo de instituciones y lugares. Al escogerse en 1958 un nombre para el Segundo Frente Oriental, se escogería el de Frank País.

Del 30 de noviembre a la Sierra Maestra
(Noviembre 30, 1956)

El desembarco se había fijado para el 30 de noviembre de 1956, pero en esa fecha sólo se produjeron los acontecimientos de Santiago de Cuba protagonizados por hombres al mando de Frank País. Alrededor de ciento cincuenta asaltantes, divididos en diez comandos, se lanzaron a la lucha. Asaltarían el cuartel de la Policía Marítima, la Jefatura de la Policía Nacional y el Instituto de Segunda Enseñanza. Se anotaron éxitos, pero sólo temporales. Los asaltantes perdieron cinco hombres con alrededor de veinte heridos. Los defensores perdieron también cinco hombres y tuvieron once heridos. La acción fracasó, pero la ciudad había estado parcialmente en manos de los asaltantes. En unas horas llegaría el «Granma» y Fidel iniciaría su marcha hacia una revolución triunfante.

11

Hacia la Revolución y el poder (1956–1959)

Desembarco del yate «Granma» en Oriente — 1956

Alzamiento y campaña en La Sierra Maestra — 1956–1958

Asalto a Palacio/ Herbert Matthews visita a Fidel en la Sierra Maestra — 1957

Los comunistas se unen a Fidel — 1958

Caída de Batista — 1959

Frank País, maestro de escuela bautista y líder universitario. Después de Fidel Castro la figura principal de la Revolución contra Batista. Murió en un encuentro con la policía en 1957 antes del triunfo.

INDEPENDIENTEMENTE DE OPINIONES en relación a su persona y ejecutoria, la fecha del 26 de julio de 1953, el asalto al Cuartel Moncada y su juicio en Santiago de Cuba marcaron la entrada de Fidel en la historia de Cuba. De no haber desembarcado el 2 de diciembre de 1956 y triunfado a la postre, hubiera sido uno de tantos revolucionarios y conspiradores que intentaron infructuosamente llegar al poder.

El 2 de diciembre se iniciaría todo un período en la historia de Cuba. A partir de entonces la Sierra Maestra estaría destinada a las noticias diarias. Sería sitio con importancia política más allá del paisaje y de los textos de geografía.

La llegada a la Sierra Maestra no fue inmediata. A los expedicionarios del «Granma» les esperaban circunstancias que se sumaban a errores graves cometidos por ellos mismos. Ni siquiera contaban con una persona que conociera adecuadamente el tramo de costa que habían escogido. Llegaron con retraso y fueron divisados por el guardacostas CC-106 de la Marina de Guerra, lo cual obligó a Fidel a darle órdenes al capitán del «Granma» Onelio Pino de poner proa a tierra. Encallaron sobre un banco fangoso a dos kilómetros de un puesto militar en Niquero. Se trataba de la zona litoral de Playa Colorada, en la costa del Golfo de Guacanayabo, junto a un caserío llamado Belic. Esa zona estaba enclavada entre Niquero y Cayo Cruz.

Fue un desembarco en circunstancias lamentables. Entre otros reveses, perdieron armas que les resultaban indispensables, cañones antitanques, equipos de transmisión, municiones, alimentos y otras provisiones. Tendrían que esperar tres semanas para alcanzar la Sierra Maestra. No todos lograron hacerlo, muchos quedaron en el camino y a otros los capturaron.

Se mencionan cifras de diecisiete, quince y veintiuno que pudieron seguir junto a Fidel, aunque se habló en alguna ocasión de «los doce», lo que motivó evocaciones apostólicas en partidarios entusiastas. Los más conocidos, además de Fidel, eran Raúl Castro, Ernesto Guevara, Faustino Pérez, Camilo Cienfuegos, Ciro Redondo, Juan Almeida, Ramiro Valdés, René Rodríguez y Universo Sánchez, entre otros.

El padre de Sánchez, viejo amigo de nuestra familia, había sido un activista del PSP en San José de los Ramos y la zona de Colón. Vendía libros traducidos al español por editoriales soviéticas. Su hijo Universo se caracterizaba por su valor personal.

Una persona que no formaba parte del grupo, Celia Sánchez Manduley, sería tan importante como cualquiera de ellos. Celia sería siempre una persona muy allegada a Fidel. Era hija de un médico prominente. Celia contaba con gran inteligencia y había hecho contactos en la zona, reclutando a Crescencio Pérez, que operaba allí hacía mucho tiempo con algunos hombres que le acompañaban en diversas actividades, no necesariamente legales decían algunos. Pérez no daba cuenta a las autoridades, es decir, «campeaba por su respeto» como dicen los cubanos, y conocía cada detalle de la Sierra. Aquella era apenas un inicio de las contribuciones de Celia al esfuerzo guerrillero. Después sería la consejera inseparable de Fidel.

El Ejército envió tropas tan pronto conoció del desembarco, las cuales se unieron a las destacadas en las proximidades, pero no se hizo lo suficiente en los primeros días para eliminar rápidamente el peligro representado por un alzamiento en zona tan difícil como la Sierra Maestra.

Posibles recuerdos de campaña (1956-1958)

Dos años después, en los últimos días de 1958, cuando los reveses eran cosa del pasado y se le habían unido a aquellos primeros «rebeldes» centenares de combatientes (incluyendo soldados de Batista que desertaban) y la opinión pública se volvía abrumadoramente en respaldo del cambio de régimen, Fidel quizás recordaría muchos detalles. Unos párrafos imaginarios pudieran servir para enumerar situaciones reales.

La lista de recuerdos sería necesariamente larga. El desembarco por Playa Colorada, las primeras bajas, la huida o captura de expedicionarios, la difícil llegada a las estribaciones de la Sierra Maestra y las marchas por esa cordillera, la inevitable dispersión de sus fuerzas, la pérdida de expedicionarios, la derrota en Alegría del Pino, la huida de noche, el fraccionamiento en grupos de sus hombres, las nuevas bajas, su decisión de permitir o propiciar el fusilamiento de alguno de los alzados acusado de traición, el reencuentro con Raúl en Purial de Vicana, la ayuda de Crescencio Pérez y otros habitantes de la Sierra, problemas con campesinos que cooperaban con las tropas del gobierno y las dificultades con sus propios reclutas.

Otros lo expresarían de otra forma, pero Fidel sabía que su revolución no era necesariamente un movimiento de obreros y campesinos. Muchos de estos, sobre todo campesinos se le unieron, pero ni entre los «guajiros» de la Sierra había unanimidad sobre si unírsele, permanecer indiferentes o denunciarlo al Ejército. En las ciudades, la mayor parte de sus partidarios no eran líderes sindicales sino estudiantes y gente interesada en política. Había heredado parte de la ortodoxia y muchos auténticos le ayudaban. ¿Pensaban acaso que formarían parte de un gobierno revolucionario, o una coalición de auténticos y ortodoxos?

Y qué de la aristocracia cubana que se le iba uniendo gradualmente, de esos muchachos ricos de «Yacht Club» o «Tennis Club» y esas sociedades exclusivamente para «blanquitos». Esa gente estaba ya cooperando con dinero y gestiones. Eran los mismos que acostumbraban decir: «Cualquiera menos el negro [Batista]». Desde apellidos ilustres hasta titanes de la libre empresa como Julio Lobo, «Fico» Fernández Casas y «Julito» Blanco Herrera. Fidel estaba seguro de que aquella gente no llegaría a controlarle. Se hacían ilusiones, pues habían podido atraerse muy pronto a Grau, a Prío y la mayoría de los revolucionarios del treinta. Algunos de ellos se entendieron hasta con los comunistas, situándolos en sindicatos y cargos públicos, permitiéndoles un diario y una emisora radial (la famosa «Mil diez» en el dial que Prío se propuso liquidar).

Los viejos comunistas habían sido agradecidos, ¿por qué no decirlo? El señor Hornedo donó dinero para un edificio sindical de Lázaro Peña y los comunistas le daban siempre el voto a su aspiración senatorial y a la de su sobrino Alfredo Izaguirre en coalición con el viejo Partido Liberal. Hasta cambiaron su lema de «Batista Presidente, Marinello Alcalde» de 1940 a «Saladrigas Presidente, Izaguirre Alcalde» [De La Habana] en 1944. Fueron los auténticos, los de «La Divina Pastora», triunfos en base a compra de votos con dinero («pastora» para los cubanos), los que sacaron a la fuerza a los comunistas de los cargos sindicales. Los comunistas se le unirían al viejo grito de «Unidad, Unidad», como en los sindicatos; no tenían otra opción. En Cuba los ricos no tenían conciencia de clase y se suicidarían políticamente. Eran buenos para los negocios y disfrutaban de juegos y deportes, del cabaret «Tropicana», pero no de política. Pronto estarían contribuyendo a la Reforma Agraria: «tractores y arados, implementos agrícolas». Algunos durarían tanto tiempo a su lado que llegarían a contribuir para «armas y aviones» ayudando a enfrentar ataques aéreos que venían «del norte» mediante donación de joyas a la revolución. Los burgueses leían de niños cuentos de hadas, Alicia en el país de las maravillas.

Pensando en la Sierra, ¿dónde estaban en ella los hombres de ideas avanzadas, los estudiantes de la FEU y los materialistas históricos y dialécticos? Algunos se le habían unido, pero habían sido unos adventistas del Séptimo Día los que salvaron la vida del «Che» Guevara durante uno de sus ataques de asma.

Fidel recordaría después la llegada del Padre Guillermo Sardiñas, capellán del Ejército Rebelde, con rosarios para la tropa. Los «atalayas» (testigos de Jehová) no querían saber nada de «los reinos de este mundo», pero les llevaban aceite y latas de frijoles. Más frecuentes eran las visitas de los evangélicos, sobre todo bautistas y pentecostales, que llegaban con latas de sardinas, leche condensada y evaporada.

¿Qué de las medicinas que les llevó el misionero puertorriqueño Ramón Nieves a la Sierra Cristal? Posteriormente, diría en entrevistas con los americanos que sólo ese tipo de cristianos se molestaban en hacer labor misionera en las montañas. Como muchos cubanos, no distinguiría entre «testigos» y «evangélicos». Abundaban entre los rebeldes los católicos, activos y nominales, y un número apreciable de bautistas, incluyendo al reverendo Toranzo, capellán de los evangélicos. Los habían enviado Frank País y el reverendo Agustín González.

Muchos líderes laicos católicos y protestantes cooperaban en las ciudades. También sacerdotes y pastores. Los rosarios católicos y las Biblias protestantes exhibidas por sus «barbudos» calmarían dudas en 1959. Hasta había una posible pregunta, ¿por dónde andaría el doctor Mario Llerena? Se había alejado de su movimiento el antiguo estudiante de teología del seminario presbiteriano de Princeton que redactó el Programa del Movimiento 26 de Julio. Fidel, por cierto, no aceptó el documento y lo reemplazó con un Manifiesto escrito por Felipe Pazos, Raúl Chibás y Fidel mismo.

Sólo cabe la palabra «imborrables» en cuanto a recuerdos sobre bombardeos, encuentros con fuerzas del gobierno, éxitos, reveses y situaciones indefinidas después de una escaramuza. En la memoria estaba frecuentemente la llegada de contingentes «del llano» a La Sierra, el envío de Faustino Pérez a La Habana para misiones especiales, entre ellas intentar desmentir su supuesta muerte después del desembarco.

Iban y venían ideas y se refrescaba la memoria: la primera victoria significativa en La Plata, los combates y escaramuzas en Santo Domingo. Además, El Uvero, el Jigüey, El Salto, las Vegas de Jibacoa, la batalla de Guisa. Pronto habría que pensar en la de Santa Clara, la mayor, pero ese sería un recuerdo victorioso para el «Che». Cómo olvidar el Segundo Frente Oriental «Frank País» y las misiones de Raúl, Huber Matos y otros comandantes orientales. Camilo Cienfuegos tendría un momento difícil en Yaguajay, donde la guarnición no se rindió hasta la renuncia de Batista.

Había recuerdos de «marines» en el acueducto de Yateras que proveía de agua a la base en Guantánamo. ¿Qué decir de otros militares americanos que fueron secuestrados por rebeldes? Por ahí había gente contactada por la CIA, que lo mismo intentaba acercarse a Batista que a los revolucionarios y al mismo Fidel. ¿Qué pensarían de las «leyes de la Sierra» sobre la futura reforma agraria, y también de cuando establecieron penalidades para los que cooperaran con el gobierno o participaran en elecciones?

¿Cómo olvidar el apellido de los altos oficiales que enviaba el gobierno a comandar las fuerzas que se le oponían: Cruz Vidal, Barrera, Casillas Lumpuy, Río Chaviano, Ugalde Carrillo, Sánchez Mosquera y tantos otros? Otros generales importantes: Roberto Fernández Miranda, director de Deportes y los Tabernilla en el Estado Mayor.

Existía la posibilidad de que apareciera por allí el general Pedraza, el que puso a dormir a La Habana a las nueve de la noche en 1935. O Rolando Masferrer, el del «gatillo alegre». Y como a todo ser humano, aparecerían fugazmente, como en la novela española, esos inevitables *Fantasmas de mi cerebro*.

Miles de soldados con constantes refuerzos no eran suficientes para las guerrillas en las montañas. Esa labor no era fácil en Cuba, como tampoco lo había sido en otros lugares. Hasta fines de julio de 1957, las tropas rebeldes no pasaban del centenar y para abril de 1958 sólo podía contar con quizás quinientos. Otros llegarían después.

Podía evocar también la historia, además de pensar sobre el presente y el futuro de las luchas guerrilleras en América Latina. Los valientes y sacrificados mambises que lucharon contra España habían tenido sus propios métodos, con excepción del código militar que utilizaron que era compatible con el de los rebeldes. Se podía confiscar, condenar, fusilar. Había precedentes en Simón Bolívar y en el «llanero» Páez. Unos hablaban de «pega y huye», otros de «muerde y huye». Comentarios inevitables. Los «mambises», como los españoles llamaban a los cubanos insurrectos del siglo XIX, andaban por el llano y se movían por todas partes.

Llegaría el momento de que los rebeldes bajaran al llano. El ejército español tenía más de 200,000 hombres, quizás más. Batista sólo unas decenas de miles y no quería pasar a la historia como un asesino. Rondaba todavía el recuerdo de Valeriano Weyler. Nadie quería repetir su «hazaña» de la reconcentración de campesinos. Los tiempos y métodos habían cambiado. Había que esperar. ¿No fueron acaso los americanos quienes creían en «la espera paciente y la fruta madura»? No se llegaba todavía a los mil alzados en armas, pero esos datos tendría que conseguirlos la misión encargada por Batista al general Eulogio Cantillo.

Por supuesto recordaría las malas noches, el vivir al aire libre, las tiendas de campaña y las chozas, los mosquitos, la comida enlatada, los días de hambre y sed, las incomodidades, las ocasionales sorpresas. Además de pesadillas, realidades como los muertos y heridos, ejecuciones y castigos de sus propios soldados. (Así es la guerra! Tenían el hospital de campaña en La Plata, «territorio libre de Cuba» y hasta aquella prisión que se improvisó para las tropas de Batista que no escogían desertar, la irónicamente designada como «Puerto Malanga», para contrastarla con la cárcel de «Puerto Boniato».

El «Che» había sido ascendido a comandante, como Raúl, Camilo, Faustino y otros. El grado más alto es el de comandante de la revolución. Esta no es una revolución de coroneles, como los «coroneles» de Grecia, o de «generales» como los que abundaban en América Latina. El rango de sargento, como los de teniente y capitán eran imprescindibles. A Frank País se le hizo coronel «post mortem», es decir, después de muerto. ¿Se habría imaginado el reverendo País que su hijo sería el único coronel de una revolución?

La leyenda de Herbert L. Matthews (1957)

Mucho menos olvidaría Fidel al periodista de *The New York Times* Herbert Matthews, cuyos reportajes publicados en Estados Unidos convertirían a Fidel en el nuevo Robin Hood. Fidel debe haber considerado como un triunfo el haber logrado convencer a Matthews de que contaba con más soldados de los que realmente tenía.

Este periodista norteamericano, reunido con Fidel desde el 16 de febrero de 1957, había llegado hasta las faldas de la Sierra conducido por partidarios de Fidel. Pronto el diario más importante del mundo se referiría a Castro como héroe de la humanidad. Matthews sería convencido, mediante hábiles movimientos de las escasas tropas, de que había más «alzados» de los que realmente estaban en la Sierra. No sería hasta avanzado el 1958 que las tropas rebeldes serían numéricamente significativas.

El que se probara no sólo que Fidel estaba vivo sino con posibilidades de éxito animó a la naciente revolución castrista. Otro reportero de *The New York Times*, Anthony DePalma, publicaría en el 2006 un libro sobre todo eso con un título sugestivo *The Man who Invented Fidel* (Public Affairs, New York). La traducción del título de su obra es la siguiente: «El hombre que inventó a Fidel». La entrevista de Matthews iniciaría un cambio de enfoque en la prensa norteamericana.

El asalto a Palacio (13 de marzo de 1957)

El acto de mayor dramatismo en este período ocurrió en la capital en 1957 y no estuvo a cargo del Movimiento 26 de Julio. La Federación Estudiantil Universitaria (FEU) había creado un ambiente de resistencia y el Directorio Revolucionario (DR) organizaba varias acciones.

Ese movimiento disponía de fuerza apreciable en La Habana. Ya había quitado la vida al coronel Antonio Blanco Rico en el cabaret Montmartre el 28 de octubre de 1956. Ese asesinato provocó violencia policíaca. El brigadier Rafael Salas Cañizares asaltó la embajada de Haití en La Habana y ultimó a diez jóvenes revolucionarios acogidos al asilo político, lo que provocó una crisis con Haití resuelta diplomáticamente.

Meses después, el 13 de marzo de 1957, las fuerzas del Directorio Revolucionario y sus aliados asaltaron el Palacio Presidencial, y lograron llegar hasta donde vivían el Presidente y su familia. También lograron tomar la estación Radio Reloj para movilizar a la población.

Sus esfuerzos por matar a Batista no
tuvieron éxito. La fuerza pública
prevaleció.

Sus esfuerzos por matar a Batista no tuvieron éxito. La fuerza pública prevaleció. Los líderes del ataque eran el líder de la Federación de Estudiantes Universitarios (FEU) José Antonio Echeverría, católico activo que representaba al Directorio, y Menelao Mora de la Organización Auténtica (OA). El jefe militar lo era Faure Chomón del Directorio. La inmensa mayoría de los participantes murieron incluyendo varios líderes: Echeverría, Mora, Carlos Gutiérrez Menoyo, José Gómez Wangüemert y otros. La cifra de muertos superó las dos docenas. Chomón se convirtió en líder del Directorio después de la muerte de Echeverría. Otros sobrevivientes eran Rolando Cubelas, Guillermo Jiménez, Natalia Bolívar, Ángel Quevedo, etc.

La policía realizó redadas en que murieron otros atacantes. Cuatro perdieron la vida al ser sorprendidos en el número 7 de la calle Humboldt: Juan Pedro Carbó Serviá, José Machado, Joe Westbrook y Fructuoso Rodríguez. Se produjo también el asesinato del ex senador Pelayo Cuervo. Al registrar el cadáver de Echeverría, se descubrió un papel donde se mencionaba a Cuervo como posible presidente provisional.

Expedición del «Corinthia» (1957)

Así habían transcurrido los últimos días de 1956 y los meses de 1957 y 1958. En la Sierra Maestra se había enterado también de que el 28 de mayo de 1957 habían desembarcado unos treinta hombres del «Corinthia», integrantes de una expedición bajo los auspicios de la Organización Auténtica (OA) del ex presidente Prío. Llegaban bajo la dirección del líder sindical de la Federación Aérea, Calixto Sánchez. El desembarco se efectuó en Lengua de Pájaro, cerca de Mayarí. Pronto se vieron atacados por fuerzas gubernamentales muy superiores y obligados a rendirse. Según relatos de los sobrevivientes, veintisiete expedicionarios fueron masacrados, frustrándose su intento de formar un frente guerrillero en la Sierra Cristal. Uno de los tres supervivientes logró unirse a Fidel en la Sierra Maestra.

Levantamiento de la Marina en Cienfuegos (1957)

Algunos elementos de procedencia auténtica no cejaban en sus intentos contra Batista, aunque algunas acciones fueron provocadas por elementos de las fuerzas armadas. Mucha atención atrajo un levantamiento de la guarnición de la Marina de Guerra en la ciudad de Cienfuegos, pero este intento fue reprimido por el Ejército el 5 septiembre de 1957.

Según el comandante Amaury Troyano, esta sería «la batalla más grande y feroz de las pocas que se libraron. ... Todo comenzó cuando el teniente San Román, de procedencia auténtica y comprometido con la organización «Triple A» que dirigía Aureliano Sánchez Arango, asaltó el Cuartel Naval de Cayo Loco». Según el autor, «toda la ciudad de Cienfuegos, la Perla del Sur, estaba en poder de los rebeldes, pero sólo por 24 horas». Luego, al referirse a la reconquista de la ciudad, dijo: «Enviaron toda la infantería del Ejército de Santa Clara y Matanzas con todos los tanques, hasta reconquistar la ciudad...» También se refiere a muchísimas bajas.[1]

El Pacto de Miami (1956)

El año 1957 había culminado en sus dos últimos meses con un llamado Pacto de Miami, firmado en Noviembre entre representantes del Movimiento 26 de Julio en esa ciudad con representantes de la Organización Auténtica (OA), el Directorio Revolucionario, la FEU y otras organizaciones opositoras. Se deseaba crear un frente unido, la Junta de Liberación Cubana, y se proponía que las fuerzas rebeldes se incorporaran al ejército regular tan pronto Batista fuera derrocado. Pero en diciembre el propio Fidel Castro rechazó el «Pacto». El tiempo de las alianzas iba terminando y la posición de Fidel se fortalecía. Fidel Castro quizás estaba enviando un mensaje: no habrá gobierno de coalición y el ejército será totalmente reemplazado.

La influencia auténtica en ciertas acciones armadas y en el pacto mismo era evidente. Pero, ¿estaría Fidel dispuesto a colaborar con los auténticos en el futuro de Cuba? La ayuda que se había recibido de Carlos Prío en la preparación de la expedición del «Granma» y en varias acciones no representaba necesariamente una garantía de que iba a formar parte de un gobierno de coalición. Muchos menos que lo iban a restaurar a Palacio.

Clandestinaje y represión (1956-1958)

Ni el levantamiento de la Marina de Guerra en Cienfuegos sería el único esfuerzo realizado lejos de la Sierra, ni Matthews sería el único periodista norteamericano en visitarla. En La Habana, a la que fue enviado clandestinamente, Faustino Pérez contaba con la colaboración de Raúl Fernández Ceballos, pastor de la Primera Iglesia Presbiteriana. El propio Fernández Ceballos nos confirmó su participación en el caso bien conocido de Robert Taber y el «cameraman» Wendell Hoffman, de la Columbia Broadcasting System (CBS), a quienes ayudó a llegar a la Sierra.

Por su parte, los viejos amigos de Fidel en la prensa, algunos de ellos funcionarios del gobierno, como el ministro de Comunicaciones Ramón Vasconcelos, publicaban en diarios y revistas reportajes y noticias que daban a entender que en la Sierra se combatía y que Fidel vivía a pesar de lo que se dijera al contrario.

En los días finales de 1958 hasta se generalizó la idea de que «veinte mil muertos» estaban entre las víctimas de las fuerzas de Batista. ¿Cuántos murieron realmente como resultado de la represión o del enfrentamiento armado? Una cifra que se refiriera a miles de muertos, no a veinte mil, estaría más cerca de la realidad e incluiría a víctimas de la Policía y el Ejército, pero también de las acciones del clandestinaje que incluían explosiones de bombas y petardos, así como atentados a militares y políticos. Es difícil conocerlo exactamente, pero no pueden dejarse fuera de esas posibles cifras a los que murieron en enfrentamientos armados tanto en un bando como en el otro.

No todo era exageración. Un alto número de oficiales, soldados y policías aprovechaban la situación para abusar de algunos o para venganzas personales. Pueden probarse numerosos actos de tortura. Determinar cuántos sería un asunto complicado. Cayeron víctimas inocentes, pero la gran mayoría de los que perdieron la vida estaban involucrados ya sea en defender al gobierno como en enfrentarlo de manera igualmente violenta. Batista dependía de las fuerzas armadas para mantenerse en el poder y Fidel de los rebeldes y el clandestinaje para derrocarlo. Ni el uno ni el otro tendrían control sobre todo lo que se hizo. Dependerían de las versiones que ofrecían sus partidarios.

Por otra parte, algunos funcionarios del gobierno y hasta familiares de Batista, ministros del gabinete, legisladores y alcaldes usaban su influencia para obtener la libertad de varios detenidos y ejercían presión sobre la Policía y la Guardia Rural para salvarle la vida a algún miembro de la resistencia o algún joven sospechoso. El vicepresidente Guás Inclán utilizaba su automóvil oficial para facilitar la entrada de opositores en embajadas o participaba en la salida del país de algún perseguido. No era el único en hacerlo.

Sin duda, la violencia se iba incrementando y los dos bandos abusaban de la situación. En un entorno tan violento, hasta jóvenes de Acción Católica o de organizaciones evangélicas participaban en atentados o en actos que un observador podía calificar de terroristas.

Las acciones heroicas las hacía resaltar la prensa. Sergio González era un joven activista católico, capitán de milicias del 26 de Julio y hombre valeroso, a quien se exaltó después de muerto por no denunciar a sus compañeros. Oscar Lucero, secuestrador del campeón de carreras de automóviles el argentino Juan Manuel Fangio, era un joven bautista que logró ganarse la amistad del secuestrado. Le llamarían después de su muerte «el mártir del silencio», pues tampoco denunció a los otros conspiradores. Entre los militares, a algunos se les respetaría por su heroísmo, como el capitán Abón Ly, del puesto del Ejército en Yaguajay.

El gobierno alentaba a la oposición electoralista y garantizaba legalmente libertad de expresión y de prensa, pero anunciaba períodos de suspensión de ciertas garantías constitucionales. Intentaba justificar esos decretos y la censura temporal de la prensa y la radio con la guerra civil y la subversión.

Los opositores se referían frecuentemente a los delatores con el nombre de «chivato», y se rumoraba que recibían $33,33 por sus servicios. Se llamaba «esbirros» a los policías y soldados que reprimían la subversión. Los partes oficiales de las fuerzas armadas, firmadas por el oficial Boix Comas, llamaban «muerde y huye» y «forajidos» a los alzados.

Nuevos frentes armados en el Escambray y otros lugares (1957-1958)

La muerte de Pelayo Cuervo, Joe Westbrook, Fructuoso Rodríguez, José Machado y Pedro Carbó Serviá a manos de la policía había producido indignación. Pero una gigantesca concentración de apoyo a Batista se realizó en La Habana en 1957 como desagravio por el ataque a Palacio y el intento de asesinato. Infinidad de organizaciones y empresas respaldarían al menos nominalmente al gobierno con largas listas de apoyo publicadas en algunos periódicos. Pero sus adversarios habían logrado ensangrentar su gobierno.

Varios grupos se formaron en este período 1956-1959. Ya era posible distinguirlos con mayor claridad en 1958. El Directorio Revolucionario, encabezado por Faure Chomón, y el Segundo Frente Nacional del Escambray, dirigido por Eloy Gutiérrez Menoyo, llevaron a cabo alzamientos en las montañas del Escambray, provincia de Las Villas, y luego participarían junto a los del 26 de Julio y algunos comunistas alzados en la toma de muchas poblaciones en esa provincia. Los nuevos frentes de lucha coincidían con nuevos intentos que se realizaban ya no sólo en Oriente sino en otras regiones del país, donde alzamientos menores o mayores contribuían a dar la impresión de que se extendía la guerra civil.

El Ejército cubano en 1957

Según Julio Alvarado, autor de *La Aventura Cubana* publicada con prólogo del periodista español Luis María Ansón, «al finalizar el otoño de

1957», Batista contaba con un ejército de tierra «con cerca de 45.000 plazas, [que] ocupaban el cuarto lugar entre las de América Latina» y sus fuerzas aéreas «ocupaban a su vez el segundo lugar después de las brasileñas y antes que las argentinas».[2] También señala que «Cuba era el país que dedicaba la mayor producción de su Producto Nacional Bruto al mantenimiento de sus fuerzas militares: el 7,2 por 100, seguida por la República Dominicana - 3.9 por 100».[3]

¿Prío, García Bárcena o Pazos? (1958)

Un dirigente del Segundo Frente Nacional del Escambray, el periodista Max Lesnick, antiguo líder ortodoxo, concibió la idea de llevar a las montañas del Escambray al ex presidente Carlos Prío, para proclamarlo como Presidente en base a no haber podido terminar su período constitucional. Lesnick también intentó proclamar presidente al filósofo Rafael García Bárcenas, pero tampoco logró que se trasladara al territorio ocupado por el Segundo Frente. La Junta de Liberación Cubana de Miami prefería al economista Felipe Pazos, pero la Sierra se inclinaba por el doctor Manuel Urrutia.

Elecciones en 1958

El año 1957 había sido un buen año para la economía. El 1958 sería de tensiones y guerra civil. Se notaba el drástico cambio en el ambiente. Las actividades subversivas y el terrorismo iban en aumento, la represión policíaca crecía. El descontento era cada día más evidente.

Funcionaba una «Comisión de Concordia» formada por cubanos ilustres, pero sin resultados. Por un lado el Episcopado Católico daba a conocer cartas pastorales pidiendo una solución nacional en base a un gobierno de unidad y por el otro lado el gobierno ofrecía soluciones electorales que pocos aceptaban. Su declaración publicada el 28 de febrero de 1958 incluía lo siguiente: «El Episcopado Cubano contempla con profundo dolor el estado lamentable a que hemos llegado en toda la República, y en particular en la región oriental. ... Guiados por estos

motivos, exhortamos a todos los que hoy militan en campos antagóni-
cos, a que cesen en el uso de la violencia … a fin de lograr el establecimiento de un gobierno de unión nacional, que pudiera preparar el
retorno de nuestra Patria a una vida política pacífica y normal…»

Un aparente intento de conseguir el solicitado gobierno de unidad
utilizando al doctor Emilio Nuñez Portuondo como Primer Ministro
terminaría ese año con la renuncia del nuevo premier, que solo ocupó
por breves días el cargo. Nuñez Portuondo había sido el embajador
cubano ante la ONU.

El Conjunto de Instituciones Cívicas no demoró en emplazar ese
año al gobierno en demanda de una solución, pero rechazando las elecciones ofrecidas. Era difícil encontrar un colegio profesional, organización fraternal o entidad de la sociedad civil que no formara parte del
«Conjunto», presidido por el prestigioso médico Raúl de Velasco. El
pastor Fernández Ceballos era secretario del Conjunto y fungió de emi-
nencia gris. Algunos ignoraban su relación con un cargamento de armas descubierto en un edificio anexo a su iglesia situada en las calles
Salud y Lealtad.

En la declaración del Conjunto se decía: «En plena guerra civil, sin
poder ejercitarse los derechos ciudadanos, se llevó a cabo el proceso afi-
liatorio y reorganizativo de los partidos políticos, cuya técnica ha sido el
fraude más escandaloso que recuerda la historia electoral de Cuba…se
pretende celebrar unas elecciones que lejos de resolver la crítica situación de la Nación, la agravarían indefectiblemente». Fernández Ceballos se encargaría de hacer llegar la declaración a John Topping,
funcionario de la embajada norteamericana.

La convocatoria a elecciones no era atendida por la mayoría de la
población. La reorganización de partidos había concluido con el otorga-
miento de certificación como partidos nacionales a los cuatro partidos
de la Coalición de Batista, así como al Partido Revolucionario Cubano
(Auténticos) de Grau San Martín, al Partido del Pueblo Libre (PPL) de
Carlos Márquez Sterling y al Partido Unión Cubana (PUC) del periodista Alberto Salas Amaro. Un llamado «Plan de Vento» aumentaba el
número de senadores de cincuenta y cuatro a setenta y dos.

La campaña electoral atrajo una atención bastante limitada de los medios de comunicación. Las elecciones del 3 de noviembre sólo atrajeron grupos significativos de votantes en las provincias de Pinar del Río, La Habana, Matanzas y Camagüey. Aun allí las cifras eran muy inferiores a comicios del pasado. La votación había sido escasa. Muchos se abstuvieron por oponerse al gobierno; otros, por temor a una ley de la Sierra Maestra que penalizaba a candidatos y votantes. El candidato del gobierno, doctor Andrés Rivero Agüero, quedó en primer lugar, seguido de Carlos Márquez Sterling del Pueblo Libre, Grau San Martín del Revolucionario Cubano (Auténticos) y Salas Amaro de Unión Cubana, en ese orden. El estado de guerra civil en Las Villas y Oriente se prestaba a los fraudes y a las imposiciones militares.

¿Y los comunistas? (1958)

¿Dónde estaban los comunistas en 1958? En casi todos los esfuerzos armados y conspiraciones podía identificarse a algunos. Era una hábil política de penetración política e ideológica, intensificada desde que el partido había sido ilegalizado.

> **A principios de 1958 o fines de 1957, la URSS hizo un intento final de acercarse a Batista mediante relaciones comerciales... Pero no se llegó realmente a nada ante la oposición de Batista a disgustar a sus aliados en Estados Unidos.[4]**

Las amistades comunistas de Fidel eran muchas, pero el se había mantenido alejado de los lineamientos de un partido en el que no confiaba plenamente. El PSP había criticado el ataque al Moncada y otros intentos que consideraba «putschistas». Prefería «la lucha de masas». La *Carta Semanal*, publicación del partido que había reemplazado temporalmente al diario *Hoy*, suprimido desde 1953, reflejaba sutilmente las posiciones partidistas, pero algunos asuntos no se trataban.

A principios de 1958 o fines de 1957, la URSS hizo un intento final de acercarse a Batista mediante relaciones comerciales, si no diplomáticas, así como con algún intento de «flexibilización» de la política anticomunista de su gobierno. Se menciona una reunión en el Hotel El Prado de Ciudad de México entre el embajador cubano Oscar de la Torre y el de la URSS. Pero no se llegó realmente a nada ante la oposición de Batista a disgustar a sus aliados en Estados Unidos.[4]

Muchos de los dirigentes del partido estaban exiliados en México (Blas Roca, Joaquín Ordoqui, Lázaro Peña) para evitar persecuciones del Buró de Represión de Actividades Comunistas (BRAC). Siguiendo recomendaciones de Blas Roca, se iniciaron los contactos con Castro usando al doctor Carlos Rafael Rodríguez, el cual subió a las montañas de la Sierra Maestra a entrevistarse con Fidel. Su informe llevado a La Habana acerca de una supuesta disposición de Castro a poner a un lado el anticomunismo de muchos de sus partidarios determinó que el Comité Ejecutivo Nacional del PSP diera instrucciones a los comités regionales para que se crearan grupos de trabajo para apoyar actividades guerrilleras. Rodríguez regresó a La Sierra Maestra para quedarse y el 28 de agosto de 1958 el partido convocó a todas las fuerzas contrarias a Batista a formar un frente unido.

El Movimiento 26 de Julio en Estados Unidos había publicado una carta negando el contacto de los comunistas con los grupos opuestos a Batista. El propósito era ayudar a Castro con la opinión pública en Estados Unidos. Curiosamente, el responsable de la publicación de la carta fue reemplazado por órdenes directas de Fidel Castro.

Muy pronto se sumaron numerosos miembros y simpatizantes del PSP a los esfuerzos armados de Fidel. Rodríguez iba adquiriendo influencia en la Sierra Maestra como uno de los asesores de Fidel. El doctor Juan Escalona era el auditor del Ejército Rebelde, y pronto fungiría como notario en el matrimonio civil de Raúl Castro y Vilma Espín a realizarse en enero de 1959. Un grupo de guerrilleros comunistas al mando de Félix Torres se mantenían activos en Las Villas, cooperando con actividades de otros grupos.

Hacia el final de una era (1958)

El 24 de febrero de 1958 inició sus transmisiones desde la Sierra Maestra una estación clandestina, Radio Rebelde. Los cubanos eran un pueblo eminentemente radial en materia política. La mejor manera de promover un candidato o una causa era acudir a la radio.

En marzo de ese año, una columna rebelde fue enviada a operar cerca de Santiago de Cuba. Habían designado a Raúl Castro para encabezar el Segundo Frente Oriental «Frank País» en el norte de la provincia de Oriente. Y otro acontecimiento significativo ocurrido ese mes fue la llegada a la Sierra Maestra del doctor Huber Matos. Llegaba de Costa Rica con un importante cargamento de armas que enviaba el presidente de ese país, José Figueres Ferrer.

> El 24 de febrero de 1958 inició sus transmisiones desde la Sierra Maestra una estación clandestina, Radio Rebelde... La mejor manera de promover un candidato o una causa era acudir a la radio.

En julio ya funcionaba un frente guerrillero en la provincia de Pinar del Río con Dermidio Escalona entre sus líderes. También en julio de 1958 se firmó en Caracas un documento conocido como «Pacto de Caracas» que unió a gran parte de las organizaciones que apoyaban la insurrección, con exclusión del Partido Socialista Popular, aunque se hablaba de unidad «sin exclusiones». El documento prometía libertades, restauración de derechos, respeto a la constitución y justicia social.

¿A qué se debió el cambio de opinión de Castro en relación con los «pactos»? Pero quizás tenía relación con acontecimientos no necesariamente favorables y que obligaban a buscar una base mayor de apoyo. Una huelga convocada para el 9 de abril había terminado en fracaso y Fidel hasta se vio obligado a celebrar una reunión de la dirección nacional para destituir dirigentes de la resistencia en las ciudades. También se iniciaba una nueva ofensiva del Ejército en la Sierra Maestra. Pronto habría buenas noticias.

Castro ordenó hacer avanzar dos columnas con un total de doscientos soldados rebeldes dirigidos por Camilo Cienfuegos y Ernesto Guevara. Su misión era llegar a Las Villas atravesando la provincia de Camagüey. Cada día se unían más hombres a los focos de resistencia en montañas y zonas aisladas del país. Se producían deserciones masivas de soldados. A veces se confundían miembros de una u otra organización revolucionaria ya que sin arreglos formales se ponían de acuerdo para tomar pueblos.

Ni el reclutamiento masivo de jóvenes para el ejército, llamados popularmente «casquitos», cambió la situación. Los rebeldes obtuvieron victorias en Oriente, tomaron cuarteles y poblaciones. Y algo parecido sucedió en las Villas con tropas del Directorio Revolucionario y del Segundo Frente Nacional del Escambray. Iban cayendo puestos militares, cuarteles, pequeñas poblaciones y hasta ciudades enteras. Había habido entrevistas entre el general Eulogio Cantillo y Fidel Castro, quien ya había tenido contactos con la Sierra.

El mes de diciembre sería decisivo. Como ya habíamos señalado, el 7 de diciembre llega a territorio rebelde, proclamado como «territorio libre de Cuba», el presidente que Fidel había escogido: Manuel Urrutia. Continuaban los combates, los enfrentamientos armados. Siguen rindiéndose tropas. Se cortan las comunicaciones, lo que dificulta el movimiento de las tropas oficiales. La isla quedó dividida a los efectos de las operaciones. Nuevas estaciones de radio se unieron a Radio Rebelde en anunciar victorias y leyes revolucionarias.

En Yaguajay, Las Villas, Camilo Cienfuegos no logró tomar rápidamente el cuartel porque sus defensores no estuvieron dispuestos a rendirse fácilmente, y dieron muestras de gran valor, sobre todo el jefe del puesto, un valeroso oficial de origen chino, Abón Ly. Aun así, la figura de Camilo, ya había obtenido éxitos muy apreciables en su marcha. Se habla cada vez más de su persona y la del «Che» Guevara en actividades en Las Villas.

El 29 de diciembre se inició una reñida batalla en Santa Clara. Fue el más grande y significativo encuentro de la guerra civil y merecería todo un tratamiento aparte. Se agotan las posibilidades del gobierno para evitar el avance de los rebeldes. El gobierno había enviado un tren blindado con cuatrocientos cincuenta soldados para restablecer el tránsito ferroviario en la provincia de Las Villas, pero muchos de los soldados desertaron, entre ellos el coronel Florentino Rosell que los encabezaba.

Con alguna excepción, la guerra civil había sido una lucha guerrillera sin grandes batallas comparables a la de otras gestas. La gradual desmoralización del Ejército tiene quizás relación directa con su derrota. Fidel había logrado no sólo aumentar el número de adversarios de Batista, sino atraer a una enorme masa que se había mantenido indiferente. Es notoria la ausencia de una obra definitiva sobre esta guerra que corresponda a una perspectiva que no sea necesariamente castrista, ni de los que dejaron de serlo ni de los partidarios de Batista.

En el año 1958 se produjeron varias conspiraciones militares, pero no dieron al traste con el gobierno. Había rumores de conspiración por todas partes.

El 9 de diciembre se le hizo llegar un mensaje de Fidel Castro al general Eulogio Cantillo para entrevistarse en busca de soluciones. Un sacerdote católico sirvió de intermediario. El 15 de diciembre Cantillo llegó a Santiago de Cuba e hizo contacto con J. Francisco Guzmán, el sacerdote que le había hecho llegar la invitación. El 28 de diciembre se llevó a cabo la entrevista.

Según el coronel Barquín, estuvieron presentes comandantes del Ejército que se habían pasado a los rebeldes, Vilma Espín, Celia Sánchez y el doctor Raúl Chibás. Se acordó un movimiento conjunto de sublevaciones militares en Santiago y Matanzas. De no derrocarse así al gobierno, se produciría un movimiento conjunto sobre la capital.

Antes del momento fijado, tres de la tarde del 31 de diciembre de 1958, Cantillo envió un mensaje a la Comandancia de las fuerzas de Fidel: «Los planes se han complicado. No se puede hacer nada. Cantillo Porras». De haber triunfado esos esfuerzos, hubieran conducido quizás a una junta de gobierno y a un período de transición, y la historia hubiera sido quizás muy diferente.

Termina la era de Batista (1933-1958)

Las relaciones entre Estados Unidos y Batista se habían enfriado a pesar de que el gobierno mantenía informado al Departamento de Estado sobre los contactos entre Castro y los comunistas. El mismo Batista informó a Eisenhower del «peligro comunista» en Cuba durante una reunión de presidentes americanos. Pero en Estados Unidos los amigos de los diferentes movimientos insurreccionales influyeron sobre comisiones del Congreso. Al mismo tiempo, funcionarios del Departamento de Estado parecían simpatizar con el cambio en Cuba inspirados en parte por reportajes de *The New York Times*.

> Batista informó a Eisenhower del «peligro comunista» en Cuba... Pero en Estados Unidos los amigos de los diferentes movimientos insurreccionales influyeron sobre comisiones del Congreso.

Algunos funcionarios de la embajada norteamericana en La Habana también inclinaban la balanza a favor de obtener la salida de Batista. John Topping, de la oficina política de la Embajada y William Wieland, director del Departamento de Asuntos del Caribe y México del Departamento de Estado daban informes negativos sobre el gobierno de Batista. Según el embajador Smith, Wieland favorecía la posición de Castro.[5]

El embajador Smith, que había sustituido a Arthur Gardner en el cargo, había sido testigo de manifestaciones antigubernamentales en Santiago de Cuba, presentadas como una protesta de las madres por la muerte de sus hijos y se entrevistaba con diversas figuras en 1958 y proponía la obtención de arreglos. El fracaso de las elecciones de noviembre ejercería gran influencia sobre su opinión.

La suspensión de ayuda militar a Batista por la administración Eisenhower el 27 de marzo de 1958, solicitada el día 26 por el representante por Oregón Charles O. Porter, convenció a muchos de que Estados Unidos no estaba dispuesto a salvar a Batista. Por otro lado, ofreciendo datos, algunos piensan que la no concesión de ciertos contratos de obras públicas a compañías norteamericanas ejerció algún efecto en la nueva política hacia Cuba. Varias compañías norteamericanas habían intentado obtener en subasta el contrato para construir un túnel por debajo de la bahía habanera, pero este le fue concedido a una compañía francesa. Algunos planes de expansión de la producción arrocera en Cuba habían provocado una protesta en el Senado estadounidense. Una serie de medidas tomadas por el gobierno de Batista y por empresarios cubanos, entre otras nuevos planes para la molienda de harina en Cuba, además de la inestabilidad en vastas regiones del país, afectaban los intereses e inversiones norteamericanas en forma desfavorable. Por otro lado, el 20 de marzo de 1958 el representante por Harlem, Nueva York, reverendo Adam Clayton Powell, había rendido al Congreso un informe sobre armas entregadas al gobierno cubano en los últimos años.

La decisión el Presidente Eisenhower constituyó un revés de gran magnitud para el gobierno de Batista, que intentaría cambiar esa política designando como ministro de Defensa al doctor Miguel Ángel Campa. Todos los esfuerzos fueron en vano.

Ya era el colmo. Los desastres en Oriente y Las Villas, la sonada batalla de Santa Clara (que levantaría la figura triunfante de Ernesto «Che» Guevara asociada para siempre con la «campaña de Santa Clara»), la deserción del tren blindado, los reportajes de prensa en Estados Unidos, el embargo de armas, las presiones de la Embajada y otros factores eran ya demasiado para el gobernante. Aunque se había creado un nuevo Estado Mayor Conjunto y después sería designado el general Eleuterio Pedraza, de línea dura, para dirigir las operaciones contra los «rebeldes» de Las Villas (cuya capital era Santa Clara), ya era demasiado tarde.

Dentro del gobierno, el general Francisco Tabernilla había perdido casi por completo la confianza de Batista por su manejo de las operaciones militares y ciertos movimientos sospechosos. Después de una reunión de Tabernilla con el embajador americano, Batista increpó al general y este presentó la renuncia a la jefatura del Estado Mayor Conjunto.

Navidad en Birán (1958)

Los habitantes de Birán, Marcané y zonas inmediatas recibirían una sorpresa. A fines de noviembre, las fuerzas de Fidel habían tomado Guisa y allí discutió de pelota con algunos pobladores. Fidel ya no estaba tan limitado en sus recorridos como antes, pues cada día era mayor el «territorio libre de Cuba». El día de Nochebuena de 1958, es decir, el 24 de diciembre, Fidel visitó Birán acompañado de su gran amiga y colaboradora Celia Sánchez. Era una promesa que había hecho a su hermano Ramón, el que había colocado un gran pavo de veinte libras en el congelador para esa reunión familiar.[6] No sabemos exactamente el número de hombres armados que les acompañaban, pero estaban bien armados.

Sale Batista, entra Castro (Diciembre de 1958)

El 31 de diciembre de 1958, con su renuncia y salida del país, Fulgencio Batista puso punto final a su larga vida política. No cayó un gobierno «de derecha», porque Batista no era conservador. El único gobierno cubano plenamente conservador fue el que presidió Estrada Palma. En Cuba, lo más parecido a un liberal era un conservador.

Batista entró en la historia de Cuba con un golpe de estado que dieron los sargentos el 4 de septiembre de 1933, lo que abrió el camino para un gobierno revolucionario y liquidó un ejército profesional con predominio de militares de carrera, aristócratas algunos de ellos.

Al imponer el orden en medio del caos que prevaleció después de la caída del general Machado, se convirtió en «hombre fuerte» y la historia le obliga a asumir responsabilidades por la represión, aunque no siempre se le puede atribuir directamente. Los elementos considerados conservadores le dieron a veces su apoyo, pero la aristocracia lo rechazaba por considerarlo mestizo y despreciaba su origen humilde. El hombre que contribuyó en 1939-1940 a que Cuba tuviera la constitución más progresista de América y que fue elegido ese año con apoyo de liberales, antiguos conservadores y comunistas fue también el primer presidente que entregó al poder a la oposición mediante elecciones libres (1944).

Sin embargo regresó al poder en 1952 mediante un golpe de estado en cuya primera fase no participó. No eliminó la corrupción administrativa prevaleciente en sectores oficiales del país desde la renuncia de Estrada Palma en 1906, pero terminó en 1952 con el reinado del «gatillo alegre» en las calles de La Habana. Había intentado ser un gobernante democrático, pero sólo lo logró plenamente en el período 1940-1944.

Muchas cosas curiosas pudieran añadirse. Fue bautizado como católico, pero estudió en una escuela protestante y asistió a una escuela dominical cuáquera durante su niñez y temprana juventud. Después de su segundo matrimonio, asistió a misas católicas y llegó con el tiempo a practicar esa religiosidad, pero algunos de sus más cercanos colaboradores, como su cuñado Roberto Fernández Miranda, conocían de su inalterable simpatía por el protestantismo norteamericano.

Estuvo dispuesto a aceptar la colaboración comunista durante la Segunda Guerra Mundial, en la cual estuvo lealmente al lado de los aliados, pero su lealtad a los Estados Unidos se manifestó con mayor fuerza durante la Guerra Fría, sobre todo después del golpe de marzo de 1952, al adoptar un anticomunismo que no le impidió continuar su amistad personal con viejos amigos marxistas.

Mantuvo las conquistas que se habían logrado hasta su regreso en 1952, y respetó leyes sociales tanto suyas como de la oposición. Se le pueden acreditar infinidad de obras públicas y escuelas, la creación de Institutos Cívico Militares y centros de formación tecnológica así como hospitales y dispensarios, promover la construcción de viviendas campesinas.

Durante su mandato hubo épocas de prosperidad y algunos de sus colaboradores contribuyeron al progreso de Cuba. Se le recuerda sin

embargo como el golpista de marzo que provocó con su gobierno una
revolución que intentó suprimir mediante la represión y advirtiendo de
la influencia comunista en la insurrección, lo cual no atendieron en Washington. No hubiera querido que lo llamaran dictador ni que lo acusa-
ran de relaciones con la Mafia, ni de llevarse millones de dólares en su
huída, como sus predecesores. Se le recordaría tal vez con el título de
un estudio biográfico que abarca hasta 1939: *Batista: From Revolutionary
to Strongman.*[7] Con él finalizaba en Cuba una historia política de generales, doctores, sargentos y coroneles que sobrevivió al caos de la caída de
Machado y al desorden de los «muchachos del gatillo alegre» y los revolucionarios en el poder.

En la Sierra Maestra se recibirían pronto noticias de la salida del general Batista. Lo reemplazaría el comandante Fidel Castro.[8]

12

Hacia la historia (1959–2006)

Fidel Castro junto a Camilo Cienfuegos entra victorioso en La Habana en 1959.

Una de las muchas **concentraciones populares** convocadas por Fidel.

LOS CAMBIOS SERÍAN MUCHO MAYORES que lo que se esperaba. ¿Era imprescindible la revolución? En el futuro no todos responderían de la misma manera. Por el momento casi todos pensaban que sí. Nadie hablaba de continuidad histórica sino de los patriotas del pasado. No se hablaba de sociedad civil, pues se consideraba indestructible, aunque en ciertos ambientes «sociedad» quería decir personalidades retratadas en las páginas de una crónica social. Nadie esperaba la eliminación de las arengas radiales y los partidos políticos. No importaba mucho la sustitución de las fuerzas armadas por el Ejército Rebelde. Se subestimaba a los dirigentes del PSP, llamados despectivamente «viejos bonzos». El pensamiento político de mayor profundidad para algunos era: «Jamás podrá haber un gobierno comunista a noventa millas [de Estados Unidos]».

Sólo los comunistas y algunos intelectuales ponderaban la diferencia entre un gobernante «burgués» y un *Príncipe de la Guerrilla*, título de un futuro libro de Georgie Anne Geyer. ¿Había en Cuba conciencia de clase? Quizá, pero no suficiente temer las consecuencias de una revolución.

El período que se extiende de enero de 1959, proclamado como «Año de la Liberación», con Fidel Castro en el escenario mayor, al 2 de diciembre del 2006, quincuagésimo aniversario del desembarco del «Granma» (ya sin Fidel en la tribuna o en ejercicio de funciones) será siempre difícil de explicar. Sin embargo, un visitante francés, Jean-Paul Sartre, comprendió lo que venía y escribió sobre «medicina de caballo», y advirtió que «una sociedad se quiebra los huesos a martillazos». Se refirió también al «remedio extremo ... [que] hay que imponer por la violencia» y a la «exterminación del adversario y de algunos aliados». Sartre

escribió de demolición de estructuras, trastorno de instituciones, trans-
formación del régimen de la propiedad, orientación de «su producción
según otros principios». Según Sartre, una revolución «redistribuye sus
bienes».[1] Sería mucho más que *Un huracán sobre el azúcar* como el título
de sus artículos sobre Cuba.

Los acontecimientos sorprendieron a Fidel Castro pues todavía a las 7.00 A.M., del primero de enero de 1959 no conocía de la salida de Batista.

Los acontecimientos sorprendieron a Fidel Castro pues todavía a las
7.00 A.M., del primero de enero de 1959 no conocía de la salida de Batista. Fidel recibe la noticia (1 de enero de 1959). Dice José Pardo Llada que
«debían ser las ocho menos cuarto, tal vez las ocho de la mañana, cuando escuchamos un flash que daba Radio Progreso».[2] Pronto saldrían instrucciones de la Sierra Maestra: «Cualesquiera que sean las noticias
procedentes de la Capital, nuestras tropas no deben hacer alto al fuego
en ningún momento. ... Al parecer, se ha producido un golpe de estado
en la Capital. Las condiciones en que ese golpe se produjo son ignora-
das por el Ejército Rebelde. ... (Revolución sí, golpe militar no!» Había
que marchar hacia Santiago y convocar a una huelga general.

Los que Fidel llamaba «golpistas» habían citado a Columbia al doctor Carlos Piedra, «el magistrado más antiguo» del Tribunal Supremo,
que debía gobernar si otros sustitutos no se hacían cargo. Se le comunicó la renuncia de Batista y la declinación de otros sucesores constitucionales. Su simbólico gobierno duró unas horas. Fidel Castro insistiría en
que el presidente era Manuel Urrutia.

Mientras el Ché Guevara tomaba control en Santa Clara, Camilo
Cienfuegos se dirigía a La Habana a asumir la jefatura del ejército. Barquín, que salió de su prisión en Isla de Pinos para trasladarse a Columbia, había destituido a Cantillo. Hubo tensiones entre Barquín y los
enviados de Fidel.

El Directorio Revolucionario ocupó la base de San Antonio de los Baños, apropiándose de armas que escondería en la universidad. También tomó el Palacio Presidencial, invocando el asalto del 13 de marzo de 1957. Esos asuntos serían resueltos, pero Castro formularía una pregunta que llamó mucho la atención: «¿Armas para qué?».

Antes de iniciar su recorrido por la Carretera Central, Fidel aceptó del coronel José Rego Rubido el control del Cuartel Moncada y del Regimiento número 1. Rego recibió un transitorio nombramiento de jefe del ejército. Algunos creen que lo hizo para socavar la autoridad de Barquín, que daba órdenes en La Habana. Independientemente de tales intenciones, el periodista Vicente Cubillas relata: «El reverendo [Agustín] González, que en una época fuera señalado por la tiranía como jefe intelectual del Movimiento 26 de Julio en Santiago de Cuba … fue el elegido para tan respetable misión» de comunicarse con el coronel Rego. Más adelante en su descripción de los hechos, Cubillas afirma que «el varón de Dios recorrió los caminos de Santiago a El Cristo … intercambiando mensajes entre Castro y Rego Rubido».[3] Santiago se rindió y Fidel recibió honores. Pronto partiría hacia La Habana. En todas partes se congregaban multitudes. En el camino muchos intentaban fotografiarse a su lado… hasta monjas y sacerdotes.

De nuevo La Habana

El 9 de enero de 1959 se produjo la entrada triunfal en La Habana. Fidel pronunció esa misma noche un discurso, su primero en ser radiado y televisado a toda la nación. Pronto los cubanos se acostumbrarían a sus discursos de cuatro, cinco y más horas por radio y televisión. Una paloma se posó sobre su hombro, un signo de bendición para santeros y espiritistas.

Una edición de *Bohemia*, llevaba la imagen de Fidel en la portada con las palabras: «Honor y gloria al Héroe Nacional». Muchos situaban un letrero que decía: «Fidel esta es tu casa». A los soldados rebeldes los vitoreaban y llamaban «barbudos». Se habían dejado crecer la barba, aunque algunos se habían unido a última hora. Se destruían salas de juego, garitos y parquímetros. La prensa publicaba fotos de víctimas de la represión del régimen derrocado. Se atribuían culpas aun antes de la celebración de juicios.

De Urrutia a Dorticós

El presidente Manuel Urrutia fue juramentado en Santiago. Ya en La Habana, se reunió con su gabinete. Una foto permitía identificar a Roberto Agramonte (Estado), Armando Hart (Educación), Raúl Cepero Bonilla (Comercio), José Miró Cardona (Primer Ministro), Luis Busch (Secretario de la Presidencia), Manuel Fernández (Trabajo), Ángel Fernández (Justicia), Manuel Ray (Obras Públicas), Faustino Pérez (Recuperación de Bienes Malversados). No aparecían Julio Martínez (Salubridad) y otros. Pronto habría cambios. Prevalecían los del Movimiento 26 de Julio, ortodoxos, graduados de escuelas católicas y protestantes, ninguno del PSP. La revolución se iniciaba como una especie de gobierno liberal o social demócrata. ¿Era Cepero Bonilla el único de izquierda? Agramonte era tan anticomunista como Chibás.

Una de las primeras críticas al gabinete procedió del columnista de *Bohemia* Agustín Tamargo, que lo calificó de «bien flojo», y señaló la ausencia del doctor Mario Llerena, ex representante del Movimiento 26 de Julio en Estados Unidos. Llerena había renunciado en 1958 y muy pronto estaría señalando «el peligro comunista» en su columna periodística. Pero era Tamargo quien también se refería a «Este mar abyecto de oportunismo, de este Mississippi de guataquería [alabanzas ridículas] que amenaza con ahogar a Fidel Castro».[4]

Sin embargo, no todo eran cuestiones de gabinete. A nivel local el gobierno lo ejercían comisionados, reemplazando a alcaldes y gobernadores. A pesar de leyes para rescatar fondos malversados y medidas de contenido social, el Consejo de Ministros y el Presidente Urrutia no lograban ser considerados autoridad suprema.

Los ojos estaban puestos en Fidel y Raúl Castro, en Camilo Cienfuegos y Ernesto Guevara. Un grupo de planificación allegado al máximo líder se reunía en el piso 23 del hotel «Habana Hilton», en la playa de Tarará o en otro sitio. Quizá no era un gobierno en la sombra como sugiere Tad Szulc, sino un círculo influyente. Según Szulc, el geógrafo Antonio Núñez Jiménez desempeñaba la coordinación y también se reunían con Fidel, «Ché» Guevara, Oscar Pino Santos, Segundo Ceballos, Alfredo Guevara, Vilma Espín.[5] Camilo Cienfuegos era otro posible miembro.

La preferencia de Fidel eran reuniones de madrugada y estas continuarían décadas después del 16 de febrero de 1959, cuando Fidel Castro se convirtió en premier luego de la renuncia de José Miró Cardona. Según este último, «los poderes de un verdadero jefe de gobierno ... a mi juicio corresponden a los asumidos por el doctor Fidel Castro, quien por su jerarquía histórica es el jefe de la Revolución».

No sólo Miró Cardona sino hasta el mismo Urrutia saldría de Palacio. En julio de 1959, Fidel renunció al premierato, lo que provocó la renuncia de Urrutia. A Urrutia lo sustituiría Osvaldo Dorticós, culto abogado con un pasado marxista y más afín a Fidel y Raúl Castro. Décadas después vendría el «grupo de apoyo al comandante en jefe», pero quedarían siempre Fidel y su hermano Raúl. ¿Que sucedería con Camilo y «el Che»?

Camilo Cienfuegos

Camilo Cienfuegos era de origen humilde, hijo de un sastre partidario de la República Española. Era el más popular de los colaboradores de Fidel. Muchos adversarios de la revolución no lo han atacado, quizá por su carácter amistoso, amante de fiestas y mujeres. O tal vez entienden que Fidel tuvo algo que ver con su misteriosa muerte en un accidente de aviación a fines de octubre de 1959 después de haber sido designado para enfrentar o «neutralizar» una situación relacionada con la renuncia del comandante Huber Matos en Camagüey.

A Camilo Cienfuegos Le correspondió ocupar Columbia en enero y que lo designara jefe del ejército. El comandante Troyano, segundo jefe del G-5 o Inspección General del Ejército, considera que Cienfuegos no tenía toda la capacidad requerida para el cargo pero respondía lealmente a Fidel. Fidel le había dirigido públicamente una de sus famosas preguntas: «¿Voy bien Camilo?» La misteriosa desaparición de Camilo contribuyó a crear otra leyenda.[6]

El «Che» Guevara

Ernesto Guevara, médico y revolucionario argentino con lecturas marxistas y actuación en situaciones revolucionarias como la Guatemala de Jacobo Arbenz. Conoció a Fidel en casa de María Antonia González, en Ciudad de México. Participó en el entrenamiento y desembarco del «Granma». Se distinguió en la Sierra Maestra, donde sirvió como médico y combatiente. Fidel le encomendó, como a Camilo, el avance hacia el centro de Cuba. La batalla de Santa Clara fue su mejor momento.

Tan pronto conoció de la salida de Batista, Fidel ordenó al «Ché» encargarse de la fortaleza habanera de La Cabaña. Su biógrafo Jorge Castañeda tiene reservas acerca de porqué Fidel no lo envió a Columbia. Considera que Guevara era quizá la figura alterna de la revolución y Fidel prefirió utilizar a Camilo. El «Ché» había tomado el tren blindado y la ciudad de Santa Clara. Era preferible, según Castañeda, situar en La Cabaña «a quien no le temblara la mano en materia de ejecuciones. Requería de un posible chivo expiatorio extranjero si el improbable baño de sangre se saliera del cauce».[7] Como Raúl Castro, el «Che» simpatizaba con el comunismo, en su caso particular un comunismo tercermundista.

Lo nombraron presidente del Banco Nacional, aunque también lo enviaron a misiones en países socialistas y del Tercer Mundo. Pero su vocación revolucionaria le llevó a misiones internacionalistas. Perdió la vida en Bolivia con otros guerrilleros en 1967. Obtuvo la condición de ciudadano cubano y contrajo segundas nupcias con una maestra presbiteriana cubana, Aleida March, con la que tuvo descendencia.

Los fusilamientos (1959)

La primera reacción importante en contra de la revolución tuvo relación con las ejecuciones de militares y policías. Muchos de estos habían cometido crímenes, pero no es posible generalizar. Los primeros fusilamientos se produjeron sin juicios formales. Ni siquiera la intervención de dos respetados miembros de su congregación bautista libraron del paredón al comandante Bonifacio Haza, Jefe de la Policía de Santiago. Haza no era partidario de Batista sino auténtico. Fidel lo había elogiado y lo había invitado a integrar una comitiva hacia el Caney. Pero lo fusilaron. Las súplicas de la madre de Frank País y del líder de la resistencia cívica, el pastor Agustín González, no fueron suficientes.

Como Haza, a muchos militares y policías los fusilaron casi inmediatamente en Santiago, lo que dio inicio a un proceso que se extendió por toda Cuba. El comandante Huber Matos señala que Fidel designó a su hermano Raúl para asumir «total control de Oriente» y se refiere a los fusilamientos que se realizaron allí, y a los del «Che» en La Cabaña. Trasladado de sus funciones en Oriente al gobierno de Camagüey, Matos afirma que Matanzas y Camagüey fueron las provincias con menos fusilamientos.[8] Pero el número de fusilados fue grande en toda Cuba. Y el caso más espectacular fue el juicio del comandante Jesús Sosa Blanco en el Palacio de Deportes de La Habana.

Los fusilamientos fueron un proceso lleno de confusiones y contradicciones, como el caso de unos aviadores acusados de bombardear Sagua de Tánamo. Como no los condenaron en el primer juicio, se realizó un segundo juicio. El pastor y congresista afroamericano Adam Clayton Powell, que había promovido el embargo de armas a Batista, recibió una invitación para asistir a los juicios. Pero no quiso asistir. «No tengo medio de saber si alguno de los procesos está arreglado en beneficio de los visitantes», afirmó.[9] Se produjeron críticas por parte de líderes religiosos como el arzobispo Pérez Serantes. La Iglesia de los Amigos (cuáqueros) se atrevió el 27 de enero a pedirle al gobierno la suspensión inmediata de los fusilamientos. Cientos de personas fueron fusiladas en

1959. Pero estos continuarían. Por décadas se continuaría fusilando a cubanos. Las nueva causas: traición o lucha contra la revolución.

Philip Bonsal en La Habana y Fidel en Washington

Estados Unidos reconoció al nuevo gobierno el 7 de enero. El embajador Earl Smith renunció el 10 de enero y para sustituirle nombraron a un diplomático de carrera, Philip Bonsal. Fidel Castro afirmaría el 5 de marzo: «Sin duda alguna los Estados Unidos ha enviado un buen embajador».

> Por espacio de casi dos horas y media, Fidel estuvo reunido con el vicepresidente Richard Nixon en el Capitolio, encuentro que no condujo a acuerdos significativos.

El 3 de marzo, Fidel aceptó una invitación a hablar ante la Asociación de Editores de Periódicos en Washington, extendida antes de su nombramiento como Primer Ministro. Bonsal ofreció ayuda con el viaje. El 15 de abril el flamante premier arribó en Washington y el secretario de Estado Christian Herter, que había sustituido al fallecido John Foster Dulles, le ofreció un almuerzo. (Eisenhower prefirió jugar al golf.) Por espacio de casi dos horas y media, Fidel estuvo reunido con el vicepresidente Richard Nixon en el Capitolio, encuentro que no condujo a acuerdos significativos. Castro negó haber pedido ayuda económica. (Sin embargo, el 23 de enero había visitado Venezuela en ocasión de la toma de posesión del presidente Rómulo Betancourt. Según Betancourt, Fidel le pidió $300 millones de dólares en envíos de petróleo para librarse de la dependencia de Estados Unidos.)

En el Club Nacional de Prensa las respuestas de Castro fueron en inglés y aclaró que no era comunista, pero que habría que esperar cuatro años para que hubiera elecciones. Después habló en universidades como Princeton. En Harvard, donde en el pasado no habían aceptado una solicitud suya, se le ofreció aceptarlo como estudiante. Habló también en una gran concentración en Nueva York y se entrevistó con el embajador soviético en Washington, Mikhail Menshikov.

Tan pronto terminó su viaje, emprendió otro por América Latina. Le ofrecieron recepciones oficiales al más alto nivel en Puerto España (Trinidad), Sao Paulo, Brasilia, Montevideo, Buenos Aires. En esta última ciudad se celebraba una conferencia económica del llamado «Comité de los 21».

En esas sesiones, Fidel pidió $30 mil millones que Estados Unidos debía dar en ayuda económica durante diez años, lo cual recibió críticas en Washington. Dos años después (1961) un nuevo presidente, John Kennedy, ofrecería $25 mil millones en su Alianza para el Progreso. Al regresar a La Habana, la revolución intensificaría su radicalización. Ya no esperaba casi nada de Washington.

Reforma Agraria y Reforma Urbana

Según ciertas encuestas, el apoyo popular al gobierno rebasaba el 90%. Utilizando el lema «Honradez con honradez se paga», el ministro de Hacienda Rufo López Fresquet diseñó la Ley 40 para que los contribuyentes que pagaran en plazos parte de lo que evadieron pagar en años pasados fueran exonerados. Los principales asesores de López Fresquet eran economistas católicos: José M. Illán, Andrés Valdespino y Antonio Jorge, entre otros que después salieron del país. Los dos primeros tenían rango de viceministros.

Castro no se limitaba al principio a sus funciones al frente del Ejército Rebelde. El poder estaba en sus manos desde el principio, no podía ser de otra manera. Miró Cardona lo había aclarado al abrirle el camino hacia el premierato: Fidel era «el jefe de la revolución».

El 17 de mayo de 1959 se promulgó una Ley de Reforma Agraria. Para implementarla se creó el Instituto Nacional de la Reforma Agraria (INRA), que sería dirigida por Fidel y también por Antonio Núñez Jiménez y Carlos Rafael Rodríguez. Nadie podía poseer más de un número limitado de caballerías de tierra. El próximo paso sería la «nacionalización» de propiedades extranjeras, para ir después a la intervención de empresas nacionales, curiosamente sujetas a «nacionalización», palabra repetida en 1959 y 1960.

Mientras se distribuían títulos de propiedad a pequeños agricultores que pagaban alquiler por sus tierras a centrales azucareros o a propietarios de grandes extensiones de terreno dedicado a la agricultura o ganadería, se empleaba en empresas estatales o en las recientemente nacionalizadas a un número cada vez mayor de personas, lo que creaba nuevos empleos, no siempre necesarios, que reducían el número de desempleados.

El exilio de los funcionarios del gobierno y militares de la época de Batista permitieron a los nuevos burócratas y a miembros del Ejército Rebelde encontrar viviendas. La salida masiva de exiliados facilitaría distribuir viviendas. Se hacían planes de edificación de viviendas populares para los que se integraban como trabajadores a las nuevas cooperativas agrícolas o entregaban sus tierras para trasladarse a las ciudades.

Los nuevos directores de empresas y fincas no siempre estaban preparados para esas labores, lo cual contribuía a reducir la producción industrial y agrícola. Con más personas empleadas, el número de consumidores aumentó. Además, según disminuían las reservas dejadas por el anterior gobierno y la empresa privada, se producía una situación que obligaría en 1961 a un racionamiento justificado con la necesidad de distribuir equitativamente los alimentos y otros productos y evitar así «las colas», largas filas de consumidores en tiendas de alimentos o de ropa. La institución de la libreta de distribución de alimentos implicaba limitaciones que llevaban a muchos a acudir a la bolsa negra y así «resolver» las deficiencias de establecimientos comerciales convertidos en centros de distribución.

En febrero de 1960 se creó la Junta Central de Planificación (JUCEPLAN) para el desarrollo de la economía. Los modelos que se adoptaron imitaban los de las «democracias populares» del este de Europa. Ese año se proclamó la «Reforma Urbana», que concedía derechos de propiedad a los inquilinos, pendiente de pagos al instituto creado al respecto, y ofrecía una limitada compensación a los antiguos propietarios.

De Nixon a Mikoyan (1959-1960)

Crecían las dudas acerca de los propósitos de la revolución. Durante los primeros meses, Fidel reafirmó su posición de independencia de Estados Unidos, pero ofreciendo mantener buenas relaciones. Al reunirse con funcionarios estadounidenses en su visita a Estados Unidos, había prometido mantener a Cuba al lado de Occidente en la Guerra Fría. En relación con Cuba, los Estados Unidos seguían su vieja política caracterizada por observación y paciencia con nuevos gobiernos. La radicalización del proceso aumentó niveles de preocupación en Estados Unidos.

En ese contexto enviaron a Cuba a Aleksandr Alekseyev, agente de los organismos de inteligencia soviéticos con una hoja de servicios en Argentina y otros lugares. El 1 de octubre de 1959 lo recibió Carlos Rafael Rodríguez, entonces director del diario *Hoy* y el vínculo del PSP con Fidel en la Sierra Maestra.

El día 16, Alekseyev se reunió con Castro, que todavía no había decidido aliarse a la URSS, pero ya se le consideraba como «de izquierda». Las conversaciones fueron quizá el inicio de contactos y Alekseyev sería una figura determinante en el acercamiento con Moscú.[10]

En su primera conversación con Alekseyev, Fidel Castro se refirió a sus temores de que Estados Unidos pudiera reaccionar a su acercamiento con la URSS. Según sus palabras «Para Nasser tenía sentido», pero añadiendo que el imperialismo americano estaba lejos de Egipto, pero muy cercano a Cuba. En esa reunión no pidió armas de destrucción masiva.[11]

Después de siete años sin relaciones diplomáticas, se produjo la visita a Cuba del viceprimer ministro soviético Anastas I. Mikoyan en febrero de 1960. La gran recepción que se le dio y la amplia difusión del convenio comercial con la URSS que establecía, entre otras cosas, recibir petróleo a cambio de azúcar, molestó al gobierno y los círculos económicos en Estados Unidos.

De Mikoyan a Khrushchev en 1960

El 1960 sería decisivo. El 28 de junio, el gobierno nacionalizó las compañías petroleras. ¿Qué provocó un paso tan dramático? Estados Unidos había rehusado procesar el petróleo soviético, y la Cámara de Representantes aprobó un proyecto de ley que permitía al Presidente reducir la cuota de azúcar asignada a Cuba, lo cual causaba nerviosismo en sectores económicos y en la población, dependiente de la industria azucarera. El nuevo convenio con la URSS contribuyó a aliviar las preocupaciones de algunos.

A mediados de año se confiscaron sin pago las propiedades norteamericanas que no se habían nacionalizado. A partir de julio no habría más compras norteamericanas de azúcar cubano y en octubre se anunció el fin de las exportaciones estadounidenses. El embargo lo intensificarían futuras administraciones norteamericanas.

El 2 de septiembre de 1960 se produjo durante una concentración en La Habana un discurso de Fidel proclamando la «Primera Declaración de La Habana». Se anunciaban nacionalizaciones, reconocimiento de China Popular y el carácter radical de la revolución.

Semanas después, durante una visita de Fidel a Nueva York para hablar en la ONU, se produjo una reunión entre Castro y el máximo dirigente soviético Nikita Khrushchev en el consulado soviético de esa ciudad. Durante la visita, la estancia de Castro en el «Hotel Theresa» en Harlem recibió mucha atención, pero su importancia radica en entendimientos con Khrushchev. Fidel lo hizo esperar una hora, pero se dieron un abrazo e intercambiaron chistes y anécdotas.

El 26 de septiembre Fidel denunció al jefe de operaciones navales norteamericanas almirante Arleigh Burke criticar una promesa de Khrushchev de defender a Cuba con armas nucleares en caso de ataque. Antes de terminar el 1960, se puso punto final a la presencia de empresas estadounidenses. Se esperaba el rompimiento diplomático que llegó en enero de 1961, uno de los últimos actos de la administración Eisenhower.

Ni 26 de Julio ni PSP (1959-1965)

La actitud del Partido Socialista Popular (PSP) hacia la revolución sería la misma desde enero de 1959. Su lema era «defender la revolución y hacerla avanzar». El diferendo de Cuba con Washington era cada día mayor y la coyuntura era favorable para un entendimiento definitivo con la URSS. Los cuadros del PSP ejercían una influencia determinante dentro de las Organizaciones Revolucionarias Integradas (ORI) con las cuales se logró la unificación del Movimiento 26 de Julio, el Directorio Revolucionario y el PSP. Las ORI se convirtieron en 1963 en Partido Unido de la Revolución Socialista de Cuba (PURSC) y luego en Partido Comunista de Cuba (PCC) en 1965. La existencia individual de los antiguos grupos desapareció.

El diferendo de Cuba con Washington era cada día mayor y la coyuntura era favorable para un entendimiento definitivo con la URSS.

Tan temprano como en marzo de 1962, Fidel tuvo que limitar la influencia de los elementos más leales a la URSS. Según ciertos estudiosos como Frank J. Díaz-Pou, cualquier análisis del tema debe tener en cuenta a Oswaldo Sánchez, importante contacto de la inteligencia soviética con el PSP. Sánchez situaba en los órganos del estado a cargo de la inteligencia a cuadros del PSP, sobre todo a los formados en la URSS. Por cierto, una avioneta donde viajaba Sánchez y el piloto checoeslovaco Martin Klein Schiller fue confundida con un avión norteamericano y derribada.

Algunos elementos alineados en torno a Aníbal Escalante, secretario de organización de las ORI, alcanzaban importantes posiciones. Escalante, educado en una escuela bautista en Oriente (Colegios Internacionales de El Cristo) y en la Universidad de La Habana, había sido líder del PSP en la Cámara de Representantes y una de sus figuras más visibles. Fue director del diario *Hoy*. Se opuso a Batista desde 1952. Pero ya en

1962 Fidel se había convencido de que había que eliminar su influencia y aceptó que Escalante se marchara para la URSS.

Sin eliminarlos a todos, se redujo el espacio de los viejos comunistas, pero algunos líderes históricos del PSP seguirían en posiciones importantes, como Carlos Rafael Rodríguez, que en el futuro ocuparía una vicepresidencia del país. A Blas Roca se le respetó por su historia personal y excelentes relaciones con la URSS y se le encargó la redacción de una constitución socialista, proceso que culminaría en 1976. A Juan Marinello, considerado históricamente como el «mascarón de proa» del PSP hasta 1961, se le nombró brevemente rector de la Universidad de La Habana y luego embajador en la UNESCO.

> Sin eliminarlos a todos, se redujo el espacio de los viejos comunistas, pero algunos líderes históricos del PSP seguirían en posiciones importantes...

En 1962 se acusó a los partidarios de Escalante de «sectarismo», pero en 1968 los pusieron en prisión por actividades conspirativas como miembros de una llamada «microfacción» que pretendía poner a Cuba en manos de comunistas históricos y de la URSS. Por una serie de razones también separaron de sus cargos y pusieron en prisión a Joaquín Ordoqui y su esposa Edith García Buchaca, entre otros líderes históricos del PSP. Se les acusó de haber protegido a un antiguo miembro de la Juventud Socialista, Marcos Rodríguez, acusado de colaborar con la policía en la represión después del asalto a Palacio en 1957.

«¡Hacer de la cordillera de los Andes la Sierra Maestra de América Latina!»

El «Ché» Guevara era quizá la figura que insistía con mayor frecuencia en el continente latinoamericano y la lucha antiimperialista. Antes de conocer a Fidel, ya había recorrido varios países haciendo contacto con elementos revolucionarios de izquierda.

Independientemente de intentos de derrocar gobiernos dictatoriales como el de Trujillo en la República Dominicana y proyectos aislados de cooperación con futuros grupos guerrilleros, se produjeron acusaciones de intentos de subversión en países como Venezuela y Panamá. La abundancia de datos requiere investigación adicional. Se cuenta, entre otros materiales, con una recopilación sobre el uso político de las embajadas cubanas en la década del 1960 publicado por el ex embajador Manuel Braña.[12]

El «Ché» Guevara, antes de conocer a Fidel, ya había recorrido varios países haciendo contacto con elementos revolucionarios de izquierda.

El 2 de junio de 1959 el embajador nicaragüense ante la Organización de Estados Americanos (OEA) demandaba una reunión de emergencia por una invasión procedente de Cuba. El 23 de enero de 1959, Fidel Castro había dicho que los pueblos habían perdido fe en la OEA. En una reunión de ministros de Relaciones Exteriores de las naciones firmantes del viejo Tratado de Rio de Janeiro, celebrada en agosto de 1959, se discutieron amenazas de República Dominicana y Cuba a la paz y estabilidad del Caribe. El Tratado de Río de Janeiro rechazaba cualquier intervención en el continente de potencias extracontinentales.

En febrero de 1960, Ernesto Guevara anunció que Cuba no se uniría al Banco Interamericano de Desarrollo (BID) que acababa de fundarse. La separación de Cuba del Banco Mundial se produjo el 14 de noviembre de 1960.

En agosto de 1960, otra reunión de ministros de Relaciones Exteriores americanos en San José, Costa Rica, había aprobado la «Declaración de San José», una ratificación del Tratado de Río. Preocupaban las estrechas relaciones entre Cuba y la URSS. Cuba había rechazado desde marzo de ese año cualquier aplicación del Tratado.

Desde 1959 se inició el proceso de ruptura de relaciones con Cuba de países americanos. Al terminar 1961, ya las habían roto República Dominicana, Haití, Guatemala, El Salvador, Honduras, Costa Rica, Nicaragua, Perú, Paraguay, Venezuela, Panamá y Colombia. Por un tiempo las únicas relaciones normales en la región serían con México. Canadá nunca rompió, como tampoco las antiguas colonias inglesas del Caribe. Los incidentes atribuidos a Cuba eran generalmente explicados por el internacionalismo de la revolución. Se popularizó en América Latina un lema adoptado en Cuba en los años sesenta: «¡Cuba sí, yankees no!» Otros lemas serían (Crear dos, tres, muchos Vietnam!» refiriéndose a lo que después en una canción llamarían «renovada dosis de jarabe vietnamita» aplicado al imperialismo, ya no en el sudeste asiático sino en América.

Después de la crisis de Octubre de 1962, Cuba intensificó su ayuda a movimientos guerrilleros y grupos de izquierda. Se utilizaron congresos culturales y revistas como la publicada por una institución cultural para la región, la famosa «Casa de las Américas» que celebraría concursos con escritores y artistas del continente.

En enero de 1966, Cuba celebró una Conferencia Tricontinental de la cual surgieron la OSPAAAL (Organización de Solidaridad de los Pueblos de África, Asia y América Latina) y la Organización Latinoamericana de Solidaridad (OLAS). Se creó el Departamento América del Comité Central del Partido Comunista (PCC) dirigido por Manuel Piñeiro («Barba Roja»), viceministro del Ministerio del Interior (MININT) y encargado de muchas de las actividades en la región. Pero los arreglos permanentes con la URSS podían dificultar el objetivo de fomentar una revolución latinoamericana desde Cuba. Los revolucionarios tendrían generalmente un aliado en Cuba, independientemente de su relación con la línea soviética o los partidos comunistas tradicionales. Los soviéticos insistirían en el «camino pacífico» de la coexistencia para llegar al poder similar al utilizado por el PSP hasta el triunfo de enero de 1959.

Muchos latinoamericanos sentían afinidad por líderes como César Augusto Sandino, quien por cierto no era comunista sino espiritista, como lo había sido Francisco I. Madero en México. Castro encontraría puntos de contacto con los sandinistas y sus vertientes y con comunistas tradicionales como Luis Carlos Prestes en Brasil o con trotskistas como Juan Lechín en Bolivia. En Venezuela y otros países surgieron controversias públicas entre el castrismo y el Partido Comunista, hasta con elementos de la guerrilla.

El intelectual francés Regis Debray, entonces un ferviente admirador de la revolución cubana, describiría la nueva situación en su libro *¿Revolución dentro de la Revolución?* Según él, el castrismo no separa lo político de lo militar sino que lo integra en un «ejército del pueblo, donde el núcleo está formado por el ejército guerrillero». Para conseguir objetivos comunes, la dirección cubana podía entenderse con partidos comunistas y otros grupos marxistas, y hasta con partidos o sectores con otra ideología. Pero también cooperaría con movimientos inclinados a la lucha electoral como la Unidad Popular de Chile con Salvador Allende, presidente derrocado en 1973.

Después vendrían el proyecto sandinista en Nicaragua y la cooperación con la guerrilla en El Salvador. También se intentaría una coalición con religiosos partidarios del socialismo o de la teología de la liberación, lo cual constituía un alejamiento del marxismo tradicional. El proyecto de penetración ideológica había contado desde el principio con los servicios de una agencia creada para difundir informaciones favorables a la revolución, «Prensa Latina», dirigida por un amigo del «Ché» Guevara, su compatriota Ricardo Masetti, considerado agente de servicios cubanos de espionaje por algunos observadores. Su hijo Jorge Masetti escribió un libro en que junto a sus experiencias personales relata la forma en que Cuba colaboró con movimientos más recientes en América Latina como los Montoneros (organización guerrillera de origen peronista), los Tupamaros (organización guerrillera uruguaya), el MIR (Movimiento de Izquierda Revolucionaria fundado en Chile en 1965) y muchos otros.[13] No sería hasta los años ochenta y noventa que Cuba mejoraría relaciones con varios países mediante un proceso de normalización diplomática. Pero quedarían ecos de un lema del pasado: (Hacer de la cordillera de los Andes la Sierra Maestra de América Latina!

«Dentro de la revolución todo, contra la revolución nada» (1959-1961)

Muy pronto se iniciaría el enfrentamiento entre la prensa y el gobierno revolucionario. La prensa oficial la encarnaba el diario *Revolución* y la política cultural su suplemento *Lunes* dirigidos por Carlos Franqui y Guillermo Cabrera Infante, respectivamente. El diario comunista *Hoy* aumentaba su influencia, muchas veces disintiendo de *Revolución*.

> Fidel definiría la política cultural de su gobierno. No se habló de realismo socialista sino de revolución, y quedaría establecida la política cultural. Según Fidel: «Dentro de la Revolución todo, fuera de la revolución nada».

En 1959 se cerraron periódicos dirigidos por partidarios de Batista como *Alerta, Pueblo* y *Tiempo*. En 1960 el gobierno utilizó empleados de periódicos para lograr el cierre de las publicaciones, lo cual era promovido por el diario *Revolución* y por comentaristas radiales. Se puso punto final al *Diario de la Marina*, el más antiguo diario cubano. También fueron cerrados *Avance, Información, El Crisol, Prensa Libre*, etc. Antes de eliminarse el periodismo de oposición, se utilizaba la llamada «coletilla», notas que contradecías las noticias y artículos desfavorables. Entre 1960 y 1961 la radio y la televisión quedaron en manos del gobierno y de las organizaciones de masas. En 1965 se fundieron *Revolución* y *Hoy* en el diario *Granma*. Hasta 1968 se siguió publicando *El Mundo*, bajo la dirección del periodista revolucionario Luis Gómez Wangüemert. Confiscaron *Bohemia*

Una famosa asamblea de trabajadores intelectuales se celebraría en la Biblioteca Nacional en 1961. De esa reunión saldría la creación de la Unión de Escritores y Artistas de Cuba (UNEAC), presidida por el poeta Nicolás Guillén, proclamado poeta nacional. En sus «palabras a los intelectuales», Fidel definiría la política cultural de su gobierno. No se habló de realismo socialista sino de revolución, y quedaría establecida la política cultural. Según Fidel: «Dentro de la Revolución todo, fuera de la revolución nada».

De movimientos y partidos a organizaciones de masas (1959 en adelante)

Los líderes de los viejos partidos políticos y movimientos opuestos a Batista fueron desapareciendo y casi todos sus líderes activos se exiliaron. El ex presidente Grau San Martín decidió seguir residiendo en Cuba hasta su muerte en La Habana en 1969. En una de sus últimas comparecencias televisadas, en 1959, se refirió a los nuevos gobernantes como «muchachos incosteables». Una conocida organización revolucionario el Segundo Frente Nacional del Escambray» decidió disolverse. Su líderes, entre ellos Eloy Gutiérrez Menoyo, se exiliaron.

Para sostener el poder revolucionario no sólo se creó la Milicia Nacional Revolucionaria sino también organizaciones llamadas de masas: Federación de Mujeres Cubanas, Juventud Rebelde (luego Juventud Comunista), Pioneros (niños), etc. Se consideraron también como organizaciones de masas las estudiantiles y las sindicales. La CTC fue gradualmente controlada a partir de 1959 para movilizar la clase obrera a favor de metas de producción. Las empresas, se anunció, pertenecían ahora a los obreros y las tierras cultivables a los campesinos y no eran necesarias las huelgas. La ANAP (Asociación Nacional de Agricultores Pequeños) se encargó de vincular a campesinos con tierras propias o en cooperativas agrícolas según las metas de la revolución.

Los medios de comunicación darían mucho realce al trabajo de los Comités de Defensa de la Revolución (CDR), encargados de cuidar cada cuadra vigilando a adversarios de la Revolución y realizando tareas comunitarias. Pertenecer al comité era la primera señal de un ciudadano «integrado», merecedor del título de «compañero». El nuevo estilo revolucionaria incluiría manifestaciones de apoyo a medidas del gobierno y asistencia a las mismas en varios lugares, sobre todo convocatorias «a la plaza», es decir, a la antigua Plaza Cívica en La Habana, ahora llamada Plaza de la Revolución.

Resistencia y represión

Meses después del triunfo de 1959, se realizaron intentos por derrocar al gobierno. Uno de los primeros en exiliarse y oponerse al proyecto revolucionario fue el jefe de la fuerza aérea, comandante Pedro Díaz Lanz, con una hoja de servicios a los alzamientos contra Batista. Ese mismo año se descubrió una conspiración de opositores respaldados por el gobierno dominicano encabezado todavía por Trujillo. También se produjo la renuncia y prisión del comandante Huber Matos, lo que causó conmoción. Y a fines de 1959 se celebró el Congreso Católico Nacional que atrajo a cientos de miles de feligreses a La Habana para manifestar su anticomunismo, aunque sin atacar realmente a la revolución.

> Como consideraban que la revolución había sido traicionada, figuras del 26 de Julio, el Directorio, el Segundo Frente Nacional del Escambray y otras organizaciones empezaron a conspirar contra el gobierno.

Como consideraban que la revolución había sido traicionada, figuras del 26 de Julio, el Directorio, el Segundo Frente Nacional del Escambray y otras organizaciones empezaron a conspirar contra el gobierno. La Agencia Central de Inteligencia (CIA) inició proyectos de cooperación con algunos de los grupos opositores. La CIA participaba en labores de infiltración en Cuba. El número de organizaciones clandestinas aumentaría constantemente: el Movimiento Demócrata Cristiano (MDC), el Movimiento de Recuperación Revolucionaria (MRR), el Movimiento Revolucionario del Pueblo (MRP), Rescate Revolucionario, Alfa 66 y otros muchos. En Miami se organizó una Junta Revolucionaria presidida por el ex primer ministro Miró Cardona, que cooperaría con proyectos anticastristas del gobierno norteamericano. Numerosos católicos, incluyendo clérigos y religiosos, empezaron a cooperar con la resistencia, así como algunos protestantes.

La represión a actividades consideradas contrarrevolucionarias fue más intensa y mejor organizada que la del gobierno de Batista. Además de ejecuciones, miles de personas fueron puestas en prisión. El G-2 y el DIER (Dirección de Inteligencia del Ejército Rebelde) se integrarían en el Ministerio del Interior. Su ministro, el comandante Ramiro Valdés, sería figura fundamental en asuntos de inteligencia y represión.

Se produjeron alzamientos en la Sierra del Escambray, en la provincia de Matanzas y otros lugares. En ocasiones el gobierno trasladó a centenares de familias campesinas para otras regiones del país con el propósito de evitar cooperación con los alzados. Se denominaría «limpia del Escambray» y «Lucha contra Bandidos» a actividades contra las guerrillas. Se escribirían obras en que se explicaban las ejecuciones de los alzados desde el punto de vista de la Revolución,[14] o con una perspectiva crítica.[15]

Para controlar a la juventud, reducir la influencia religiosa, castigar a los homosexuales y promover propósitos políticos y económicos se crearon las Unidades Militares de Ayuda a la Producción (UMAP), virtuales campos de concentración, criticados hasta por partidarios de la revolución latinoamericana.[16] Años después fue suspendida la UMAP, pero continuó la práctica del encarcelamiento masivo de adversarios y disidentes.

Miles de prisioneros fueron puestos en libertad a partir de 1978, después de conversaciones con exiliados integrados en un «Comité de los 75» a discutir con Fidel y el gobierno temas específicos sin incluir reformas políticas. El Comité lo presidía el reverendo José Reyes. En las negociaciones para liberar prisioneros estuvieron varios participantes, entre ellos el banquero Bernardo Benes. Estas gestiones condujeron a permisos para visitas de exiliados a sus familiares en Cuba, disposición que han utilizado desde 1978 centenares de miles de exiliados cubanos.

Iglesia y Revolución

Los líderes y prelados eclesiásticos apoyaron la revolución hasta los años 1959 y 1960. Aunque la mayoría de la población se identificaba como católica, prevalecía en las clases pobres la religiosidad popular, sobre todo el sincretismo afrocubano de la «santería». Las altas clases eran leales a la Iglesia. La práctica regular del catolicismo era bastante escasa en otras clases sociales y en las regiones rurales. El protestantismo había penetrado ligeramente la clase media y la población del interior. La confiscación o «nacionalización» de las escuelas privadas en 1961 afectó enormemente tanto a la Iglesia Católica como a las confesiones protestantes.

El Episcopado Católico inició la publicación de cartas pastorales presentando objeciones y haciendo advertencias ante lo que consideraban creciente influencia comunista. A fines de 1961, numerosos sacerdotes y religiosos católicos (hombres y mujeres) fueron expulsados hacia España. El de mayor jerarquía fue el obispo auxiliar de La Habana, Eduardo Boza Masvidal. La gran mayoría de los misioneros protestantes norteamericanos abandonarían el país en 1960-1961. Se limitaron las actividades al interior de los templos y muchas capillas rurales fueron clausuradas. Se creó un Departamento de Asuntos Religiosos para controlar la actividad institucional de las iglesias. Se limitó el acceso de creyentes a varias carreras y ocupaciones. Hasta hubo épocas en que era difícil conseguir una Biblia. Los testigos de Jehová fueron considerados antisociales y no sería hasta los años noventa que se les permitiría reunirse legalmente para sus actos religiosos, a pesar de lo cual experimentaron un apreciable crecimiento al igual que los adventistas del Séptimo Día.

La asistencia a los templos disminuyó entre la década del 1960 a la década del 1970, para resurgir en la década del 1990. En la década del 1980 se llevarían a cabo conversaciones con religiosos e intentos de cooperación sobre todo con católicos de la teología de la liberación latinoamericana y con un sector protestante vinculado por lo general con el Consejo Ecuménico (llamado ahora Consejo de Iglesias de Cuba).

La primera etapa Iglesia/Estado queda reflejada en su trato a la Iglesia Católica en artículos como «El clero reaccionario y la Revolución Cubana» de Santiago Cuba,[17] y en cuanto a ciertos grupos considerados protestantes en «La lucha ideológica contra las sectas religiosas» de Blas Roca.[18]

Décadas después, el Cuarto Congreso del Partido Comunista (octubre 10-14, 1991) abrió sus puertas a los creyentes de probada militancia revolucionaria y poco después se proclamó el estado laico que reemplazaba al estado ateo promulgado en 1976. Aún cuando no existe una plena libertad religiosa, se ha proclamado la libertad de cultos en base a la Constitución de 1976 y los cambios introducidos a la misma en 1992.

La visita del papa Juan Pablo II en enero de 1998, precedida por una visita de Fidel Castro al Vaticano para invitar al Pontífice, atrajo atención internacional y contribuyó a que el gobierno siguiera flexibilizando su política hacia la religión. De la visita papal se recuerdan sobre todo las palabras: «Que el mundo se abra a Cuba y Cuba se abra al mundo». Como se permitieron cuatro reuniones masivas a los católicos por la visita del Pontífice, se concedió a los protestantes la celebración de varios cultos masivos algún tiempo después.

> Durante la era de Castro, el sincretismo religioso afrocubano ha prosperado... Ese estilo de religiosidad... es la forma más frecuente de religión en Cuba y no se limita a los afrocubanos.

Sobre el tema de la religión en Cuba hemos escrito tres libros y varios ensayos, pero reconocemos que se trata de un asunto sumamente complicado por la presencia de una gran pluralidad del sentimiento religioso en el país por la creciente presencia del sincretismo y la variedad de posiciones hacia la revolución.[19]

Durante la era de Castro, el sincretismo religioso afrocubano ha prosperado a pesar de restricciones iniciales. Se le ha considerado también como asunto de cultura o folklore y esto lo han utilizado para las relaciones con países africanos. Lo que resalta es que ese estilo de religiosidad, sobre todo en su variedad conocida como «santería», es la forma más frecuente de religión en Cuba y no se limita a los afrocubanos. Esa etnia aumentó de una cuarta parte de la población (negros y mulatos) en 1953 a por lo menos la mitad del total a fines del siglo XX, pero los cultos sincréticos también atraen a los blancos.

Rumbo Norte

Numerosos cubanos buscarían refugio en Estados Unidos. Algunos miles llegaron allí en 1959 y 1960. En 1961-1962 se produciría la primera gran emigración política gracias a las «visas waiver»

(exención de visa) otorgadas por el presidente John Kennedy. Los viajes se vieron interrumpidos por la crisis de octubre de 1962, pero el presidente Lyndon Johnson los reanudó en 1965 mediante los «vuelos de la libertad» que durarían hasta la administración de Richard Nixon.

Johnson hizo posible una «Ley de Ajuste Cubano», que facilita todavía a los exiliados la adquisición del estatus de residentes permanentes y la eventual ciudadanía. En 1980 saldrían unos 125,000 nuevos exiliados admitidos por el presidente Jimmy Carter. La administración de Bill Clinton admitiría varias decenas de miles en la década del 1990, alojados temporalmente en la Base de Guantánamo.

Otros cubanos saldrían a través de las décadas por «terceros países» o en balsas y otras embarcaciones. Los arreglos de inmigración permitirían una entrada muy reducida durante administraciones republicanas. Un millón de cubanos residía en Estados Unidos al llegar el siglo XXI, y cientos de miles en otros países, la mayor diáspora política en el continente. El régimen cubano permite ahora a artistas y profesionales trabajar fuera de Cuba siempre que compartan sus ingresos con el país. Un gran sector de exiliados y emigrados reside ahora en América Latina, España y hasta en países nórdicos como Suecia.

Playa Girón (1961)

En 1960 y 1961 aumentaban en Cuba las acciones de resistencia. La prensa internacional hablaba de represión, la cubana acusaba a la CIA de sabotajes urbanos y del uso de avionetas procedentes «del norte» para incendiar cañaverales. El 3 de marzo de 1960 explotó en la bahía habanera el vapor francés «La Coubre» que había tomado en Bélgica una carga de armamentos para las fuerzas armadas de Cuba. Docenas de personas perdieron la vida. Fidel acusó a Estados Unidos: «Cuba no se acobardará, Cuba no retrocederá; la Revolución no se detendrá». Entonces dio vivas a la «revolución patriótica, democrática y socialista».

La resistencia interna esperaba en cualquier momento una invasión. No se produjo hasta abril de 1961. La CIA la había auspiciado desde los últimos meses de la administración Eisenhower, pero se realizó a inicios de la administración de Kennedy, inaugurada el 20 de enero de 1961.

El 17 de abril se produjo un desembarco en Bahía de Cochinos, al sur de Cuba. La invasión fue una verdadera tragedia.

Días antes de la invasión se produjeron bombardeos aéreos para destruir la aviación militar y preparar el camino para una invasión. El 16 de abril en el discurso funeral, Fidel dio vivas a la «revolución patriótica, democrática y socialista».

El 17 de abril se produjo un desembarco en Bahía de Cochinos, al sur de Cuba. La invasión fue una verdadera tragedia. El gobierno no conocía la fecha del desembarco ni el lugar escogido, pero la zona seleccionada era pantanosa y sin acceso a montañas. No se les brindó la suficiente cobertura aérea y los aviones de los exiliados fueron derribados por los Sea Fury y T33 del gobierno de Castro.

La Brigada 2506 desembarcó más de 1,000 cubanos que lucharon denodadamente, pero fueron derrotados por fuerzas superiores. Algunos se imaginaban que la gran mayoría de la población se les sumaría. No había forma de coordinar tales esfuerzos y el apoyo popular a la revolución era considerablemente alto, sobre todo en ciertas clases sociales. Se produjeron muchas bajas entre los brigadistas y también en el ejército y las milicias. Los invasores fueron puestos en prisión, juzgados públicamente y canjeados.

Desde que se produjo el desembarco se iniciaron redadas y decenas de miles de opositores fueron detenidos, la mayor parte de ellos en forma temporal. Después de ese fracaso, más cubanos buscarían refugio en Estados Unidos. La URSS se sintió más segura en sus planes hacia Cuba, que se ampliarían grandemente. A fines de 1961, Castro declaró públicamente: «Soy marxista-leninista y seré marxista-leninista hasta el último día de mi vida».

La crisis de octubre de 1962

Según Fursenko y Naftali en *One Hell of a Gamble*, en medio de las dificultades internas de la crisis del «sectarismo» con Aníbal Escalante, el gobierno cubano envió a Moscú a su ministro del Interior, Ramiro Valdés, quien sugirió a la URSS la organización en Cuba de un centro de inteligencia soviética para apoyar movimientos de liberación en América Latina. Esas conversaciones se produjeron en el entorno creado por el convencimiento de los soviéticos de que el presidente Kennedy tenía intenciones de invadir a Cuba. La KGB se opuso a la propuesta de Valdés pensando que eso podía servir de pretexto a Kennedy para la invasión, pero alegando que la KGB sólo reunía inteligencia y no apoyaba a los movimientos de liberación nacional.[20]

Debe recordarse también que en 1962 estaba en el ambiente la proposición de un tratado de prohibición de pruebas nucleares y las negociaciones sobre el futuro de Berlín. Por otra parte, los soviéticos entendieron que Estados Unidos estaba situando misiles Júpiter en países aliados de Europa y aumentaba la asistencia militar a Turquía.

A mediados de 1962 los soviéticos introdujeron subrepticiamente misiles nucleares en Cuba. Sobre esa idea fueron consultados tanto el

gobierno de Castro como Alekseev, enviado a Cuba, así como Mikoyan, Andrei Gromyko y militares de la cúpula.

Kennedy reaccionó el 22 de octubre, tras descubrirse la presencia de
misiles nucleares y bombarderos en la isla. Ordenó el bloqueo total de
Cuba. Se iniciaba la «Crisis de Octubre» que terminaría con el retiro de
los misiles soviéticos de Cuba a cambio de la retirada de los misiles norteamericanos de Turquía y una promesa estadounidense de no
invasión.

Fursenko y Naftali afirman que «los cubanos no jugaron ningún papel en las negociaciones de Khrushchev con Kennedy» y se refieren a la
reacción de Castro de la siguiente manera: «Castro describiría después
esta falta de consulta y la decisión repentina de Khrushchev de retirar
los misiles balísticos como una de las grandes traiciones a la Revolución
Cubana».[21] Fidel se negó a autorizar la inspección por la ONU. Por muchos días su escenario pasó de ser simplemente el Caribe y América Latina y alcanzó dimensiones planetarias. Aún en medio de lo que podía
considerarse como un fracaso, Castro hacía su entrada a la historia del
siglo XX.

«Operación Mongoose»

La administración Kennedy continuó promoviendo operaciones subversivas contra el régimen cubano, incluso después del entendimiento
con los soviéticos de no invadir Cuba. Estas operaciones abarcaban ataques a las costas cubanas, infiltración de adversarios e intentos de asesinato de Fidel Castro. La «Operación Mongoose», posterior a la invasión
de Bahía de Cochinos en 1961, incluía los elementos anteriormente
mencionados. Tanto el presidente Kennedy como su hermano Robert,
secretario de Justicia de su administración, ordenaron a la CIA llevar a
cabo ese proyecto, adecuadamente financiado. Algunos consideran al
después senador Robert Kennedy como el más comprometido adversario estadounidense del gobierno de Castro.

Muerte de Kennedy (1963)

El asesinato del presidente John Kennedy en Dallas en noviembre de 1963 conmovió al mundo. Se ha comentado mucho si algunos comentarios y gestos entre Castro y Kennedy ese año tendían a un entendimiento entre ambos gobernantes, pero no hay nada específico. Ahora bien, según se producían informaciones sobre el atentado, el principal sospechoso del asesinato del gobernante norteamericano, es decir, Lee Harvey Oswald, era identificado como «marxista» y «castrista». En Cuba se acusaría a la CIA y a elementos reaccionarios. En algún momento hasta se sospechó en Cuba de la viuda de un presidente de Vietnam del Sur que había sido a su vez asesinado. El caso nunca fue aclarado a satisfacción de todos a pesar de investigaciones y comisiones que lo intentaron, y el asesinato de Lee Harvey Oswald lo complicaría todo.

Más allá de América

Las relaciones cubano/soviéticas entraron en crisis después de la crisis de octubre de 1962. Fidel coincidió con algunos de sus consejeros que se inclinaban a estrechar relaciones con la China Popular. Los convenios comerciales y culturales con Beijing se hicieron más frecuentes. Cuba respaldó a China cuando esta no quiso firmar el Tratado de Prohibición de Pruebas de Armas Nucleares en 1963.

Esa relación fue relativamente breve. Ya en 1966, Fidel criticaba al gobierno chino por reducir los embarques de arroz a Cuba. Muy pronto, Castro se convenció de que era más conveniente acercarse nuevamente a la URSS en vez de tomar partido por China en el conflicto chino-soviético. Cuba no podría depender de la ayuda china como había dependido de la soviética, y existían más posibilidades reales de recibir ayuda de la URSS que de la China Popular. En la década del 1960 el régimen de Beijing no disfrutaba de la prosperidad de la década del 1990. La China de Mao atravesaba por problemas económicos fundamentales y las purgas y la revolución cultural creaba inestabilidad.

Aparentemente, Fidel disfrutaba de cierta intuición que le permitía anticipar situaciones, entre ellas la desaparición de la URSS. ¿Estaría anticipando el arreglo entre chinos y norteamericanos en la era de Nixon?

Sus relaciones con la URSS merecen un tratamiento especial. Se produjeron períodos de enfriamiento reemplazados con nuevos entendimientos. Gracias a la URSS, Castro pudo enfrentar hasta la década del 1990 las dificultades del embargo gracias al petróleo, el equipo para la agricultura y la industria y los armamentos que le enviaban.

Con la desaparición de la URSS se mantendrían vínculos con la Federación Rusa y en menor escala con algunos países de Europa del Este.[22] Se intensificarían las relaciones con la China Popular, y Venezuela se convertiría en el gran aliado económico gracias al presidente Hugo Chávez y sus grandes convenios con Cuba, incluyendo los precios preferenciales de petróleo.

¿A qué se debió el éxito de Fidel en lograr apoyo económico soviético y el establecimiento de alianzas en empresas comunes de penetración revolucionaria? Además de ser su gran aliado en América, Castro sabía acudir directamente a la cúpula, consciente de que generalmente la formación política de ciertos dirigentes sólo la habían recibido en escuelas del partido, sin un exhaustivo conocimiento de política exterior y el suficiente pragmatismo. Su contacto con especialistas de la inteligencia y la política exterior soviética en América Latina le sería útil a Castro, partiendo quizá de sus entrevistas informales con el agente de inteligencia soviético en México, Nikolai Sergevich Leonov en 1955. Pero utilizaría su capacidad de utilizar la estatura internacional que había adquirido para negociar lo más arriba posible con las estructuras de poder. Después de la desaparición del bloque comunista continuó cultivando relaciones personales con gobernantes de Europa, América Latina y el Tercer Mundo para llegar a arreglos y entendimientos.

La participación de Cuba en conflictos no demasiado diferentes a los de Nicaragua (país que pasaría por una larga guerra civil) y Granada (donde sus hombres se enfrentarían a una intervención norteamericana en época de Ronald Reagan) no se limitaron a América. La lista sería larga: Marruecos, el Congo, Guinea-Bissau, Yemen del Sur, Somalia,

Angola, Etiopía, Zanzíbar, Namibia, etc. Las relaciones con los palestinos se remontan incluso a mucho antes de la formación de la Organización de Liberación de Palestina (OLP). Por mediación de Ben Bella se
establecieron contactos con la Hermandad Musulmana de Egipto y los
fundamentalistas de Irán.[21]

La vinculación cubana a la lucha de Vietnam no fue totalmente re-
velada al principio, pero con el tiempo se ha conocido mucho más de
ella, incluso por fuentes cubanas como un libro escrito por un importante ideólogo de la revolución, Raúl Valdés Vivó.[24] El apoyo a la lucha
de los partidarios de Ho Chi Minh en Vietnam fue constante en Cuba.

África había sido de interés para la política exterior cubana desde la
década del 1960. Algunos contactos tempranos tuvieron relación con
Argelia y su premier Ben Bella y otros líderes nacionalistas en esa década.
También existieron vínculos con el coronel Khadafi de Libia y con el
Frente POLISARIO en el Sahara.

A mediados de la década de 1970, Fidel tomó la iniciativa en enviar
tropas a Angola para participar en la guerra civil entre partidarios de
Holden Roberto (Frente Nacional por la Liberación de Angola) y Jonás
Savimbi (Unión Nacional para la liberación Total de Angola o UNITA),
grupos rivales pero enfrentados a los partidarios del doctor Agostinho
Neto (Movimiento por la Liberación Angolana), designado presidente
de Angola. El apoyo otorgado a Neto fue significativo y obligó a los cubanos a enfrentarse no sólo a tropas de Roberto y Savimbi sino a las de
la Sudáfrica anterior al gobierno de Nelson Mandela. Mientras estos
grupos recibían ayuda logística norteamericana, las tropas de Neto y
Castro eran pertrechadas por los soviéticos. Curiosamente, tropas cubanas fueron contratadas para proteger intereses petroleros norteamericanos en Angola.

Los cubanos enviados a Angola en la llamada «Operación Carlota»
fueron decenas de miles y las bajas fueron cuantiosas, pero determina-
ron acontecimientos e impidieron la victoria definitiva de grupos apoyados por Estados Unidos y Sudáfrica. Cuba también hace resaltar su
contribución a la independencia de Namibia y su participación militar y
logística fue importante en conflictos en Etiopía y otros países. Impor-

tantes líderes militares cubanos como Arnaldo Ochoa se distinguieron en esos encuentros armados de gran importancia. La batalla de Cuito-Cuanavale se convirtió en cita constante de los recuentos sobre Angola. Según la prensa oficial, Castro dirigía las operaciones desde La Habana.[25]

Entre la crisis de los cohetes y el cumpleaños número ochenta (1962-2006)

Llegó el momento, avanzada la década del 1960, en que las únicas propiedades privadas eran pequeñas fincas, la vivienda de cada familia, los vehículos de locomoción y los efectos personales. Fueron nacionalizados hasta «los puestos de fritas» (hamburguesas al estilo cubano) mediante una «ofensiva revolucionaria». El Servicio Militar Obligatorio iniciado en 1963 y las Unidades Militares de Ayuda a la Producción (UMAP) de 1965, aumentarían los controles, que se extendían a los barrios mediante los Comités de Defensa. El fortalecimiento de los organismos de seguridad del Estado tanto el G-2 (nombre muy mencionado al principio) como el Ministerio del Interior y otros grupos especializados seguiría siendo evidente.

En 1976 se realizó el proyecto de institucionalizar la revolución. Una constitución socialista fue aprobada mediante un plebiscito y desde entonces han funcionado las llamadas asambleas del poder popular en los niveles local, provincial y nacional. La Asamblea Nacional se elige desde la década del 1990 en elecciones directas, pero los candidatos los nominan delegados elegidos localmente. No hay candidaturas independientes ni de partido. No es necesario pertenecer al partido único (el Comunista) para ser elegido, pero el proceso de elección no implica competencia ideológica.

Lo anterior se explica por el acoso de lo que ahora en Cuba y otros países llaman «el Imperio» (no ya el imperialismo) y por la necesidad de mantener la unidad del pueblo. Los líderes han cambiado, en gran parte por cuestiones de desempeño o por el impacto de los años. Muchos de los dirigentes iniciales del gobierno como Carlos Rafael Rodríguez han fallecido. Otros tienen una edad avanzada. El Ministerio de Relaciones Exteriores puede ser usado como un buen ejemplo. El cargo de Canciller lo han ocupado cubanos de varias generaciones: Roberto Agramonte, Raúl Roa, Isidoro Malmierca, Roberto Robaina y Felipe Pérez Roque. Ricardo Alarcón también ha pasado por la cancillería y su presencia en política exterior, aun desempeñando otras funciones, ha sido la más prolongada. A los que se releva de funciones se dice popularmente que están «en pijamas» en espera de nuevas misiones.

¿Cómo ha vivido Fidel durante su gobierno? (1959-2006)

Es tanta la polarización del discurso político que es difícil ofrecer datos confiables sobre la vida personal de Fidel Castro.

Desde 1959 ha estado inmerso en sus actividades de gobierno. De la primera parte de su presencia histórica (1953-1959) hay datos bastante claros. Pero lo que se conoce de su vida privada puede ser considerado como una de dos cosas: versión oficialista o propaganda contra su persona. Algunos entienden que a pesar de tener control de casi todo en Cuba, vive una vida relativamente modesta. Pero la revista norteamericana *Forbes* y antiguos miembros de su gobierno, actualmente exiliados, afirman que posee una enorme fortuna en el exterior. Otros exiliados recientes aseguran que dispone de gigantescas cuentas bancarias que utiliza incluso para prestarle dinero a su propio gobierno, tema sumamente controversial.

Durante la lucha contra Batista se quemó la casa donde residía en Birán. Según su hermano Raúl, Fidel se enteró de ese dato en prisión en Isla de Pinos y quizá recordó que una vez había amenazado con quemarla en caso de no ser enviado a la escuela. También Raúl contó como se quemó la casa en ese período, atribuyéndolo a un tabaco que no apagó don Ángel. Cuando Fidel regresó a Birán el 24 de diciembre de 1958 le había dicho a su hermano Ramón: «La primera propiedad que va a pasar al Estado será esta». Quizá fue un proceso gradual, como el de tantas otras propiedades, pero también fue entregada al INRA. Doña

Lina le había devuelto la prosperidad a la finca en que se criaron Fidel y sus hermanos. Pero el 6 de agosto de 1963 terminó la existencia terrenal de la madre de los hermanos Castro Ruz.

Por años su consejera y amiga principal fue Celia Sánchez Manduley, gran colaboradora de los días de la Sierra Maestra y en el gobierno. Sus consejos eran atendidos. El fallecimiento de Celia debe haber sido devastador para Fidel. Muchos de sus amigos iban muriendo y hasta tenía algunos en el exilio, como «El chino» Esquivel y Rolando Amador. Su ex esposa Mirta Díaz-Balart seguía visitando a su hijo «Fidelito», un ingeniero nuclear y autor de libros.

Lo más que se conoce del pensamiento de Fidel procede de sus largos discursos. Desde la década del 1960 se veía a Castro recibiendo y atendiendo gobernantes extranjeros y se difundía alguna visita suya al exterior. La más publicitada fue su encuentro con Juan Pablo II en el Vaticano. Y se han publicado sus entrevistas con periódicos de todas las latitudes. Pero poco se sabe de su vida personal más íntima.

Con el tiempo se conoció que tuvo otros hijos además de «Fidelito» Castro Díaz-Balart. La más mencionada por mucho tiempo fue su hija Alina Fernández Revuelta, fruto de sus relaciones con su íntima amiga Naty Revuelta. Más recientemente se conoció que se había unido a Delia Soto del Valle, oriunda de la ciudad de Trinidad en el centro del país. Con esa señora tuvo varios hijos. Se conoce bastante de sus hijos Antonio y Alex Castro Soto del Valle. Por mucho tiempo se creía, con ciertas razones, que dormía en lugares diferentes, quizá para evitar atentados, pero con el tiempo parece haberse centrado más en la casa donde reside con algunos familiares que acabamos de mencionar.

Cualquier desaparición temporal de Fidel algunos la interpretaban como su muerte o como alguna enfermedad, hasta el anuncio del traspaso de funciones a Raúl Castro el 31 de julio de 2006. Lo que nadie negaba en esa fecha, independientemente de su vida personal o su actuación era que su aparición en futuros textos de historia estaba más que asegurada.

13

¿Hacia dónde?

Enfermedad 2006
de Fidel/
Entrega
temporal de
funciones al
general Raúl
Castro

Posibles 2007
escenarios
para el
futuro/
Figuras
consideradas
clave para
el futuro
inmediato

Raúl Castro: de comandante de la Revolución (1959) a sucesor designado de Fidel Castro (2006).

Feligreses en un templo de La Habana de hoy.

Un joven cubano en bicicleta.

Foto actual de la famosa Bodeguita del Medio, frecuentada en su tiempo por Ernest Hemingway,

¿QUÉ SUCEDERÁ EN CUBA? Los especialistas en estudios cubanos, algunos de los cuales son conocidos como «cubanólogos», así como otros observadores, experimentan alguna dificultad en encontrar un espacio común en evaluaciones, análisis y conjeturas.

Recuerdos dispersos de un largo gobierno (1959-2006)

Dos de Diciembre de 2006. La Habana. El 31 de julio se habían anunciado tanto una operación por hemorragia intestinal como los graves riesgos que se corría con la salud del Máximo Líder. Nueva información era difundida frecuentemente por la prensa internacional. Algunos aseguraban meses después que padecía de cáncer. Otros hablaban de diverticulitis, peritonitis y otras complicaciones, así como de operaciones fallidas. Retomando las declaraciones oficiales del 31 de julio, se trataba de un verdadero «secreto de estado». Se transfirieron al menos temporalmente los poderes del estado al general Raúl Castro, primer vicepresidente de los Consejos de Estado y Ministros.

Hospitalizado en el 2006 los recuerdos de Fidel Castro pudieron haber sido algo más intensos que los de la Sierra Maestra en 1958. La celebración, el 2 de diciembre del cincuenta aniversario del desembarco del Granma sería un momento decisivo para el país y un ejercicio para la memoria, individual y colectiva.

Por primera vez Fidel estaría fuera de lo cotidiano de las funciones de gobierno. La enfermedad consiguió lo que sus adversarios no lograron, ni siquiera con los intentos de asesinato que se han ido acumulando en la bibliografía sobre su persona. La hora del recuento final podía haber llegado. Pero los recuerdos no siguen un orden cronológico. Simplemente vienen y van.

¿Qué ha sucedido en Cuba en las últimas décadas? Lejanos recuerdos del Moncada, la Sierra Maestra, la salida de Batista, Girón, octubre de 1962, la controversia por el asesinato de Kennedy, el fracaso de la zafra de los diez millones en 1970, el mismo año de la victoria electoral de la Unidad Popular en Chile. El tratado de piratería aérea firmado con Estados Unidos durante la administración de Richard Nixon, William Rogers y Henry Kissinger, el derrocamiento y muerte de Salvador Allende, guerras internacionalistas, caída del mundo socialista, el juicio de Arnaldo Ochoa. Llegaría el «período especial en tiempo de paz» de la década del 1990 para enfrentar las nuevas limitaciones económicas de la población, y hasta la «era de las bicicletas [chinas]» ante otra crisis del transporte.

La desaparición de la URSS planteaba situaciones impredecibles. Cuba había recibido la mayor ayuda exterior jamás ofrecida por ese país. La deuda externa de Cuba con los países que integraban la URSS ha sido enorme desde hace mucho, muchísimo tiempo. Tal situación no la resolvió ni siquiera el Consejo de Ayuda Mutua Económica (CAME), al cual el país ingresó a principios de los años setenta y que se comprometió a hacer de Cuba la azucarera de las naciones socialistas. Nunca se llegó siquiera a los diez millones de toneladas. Es más, se descendió a 1,2 millones.

Otros recuerdos serían más alentadores: médicos, maestros y técnicos cubanos en numerosos países, sobre todo en Venezuela. Muchas universidades y escuelas tecnológicas, hospitales, «postas médicas», «médicos de la familia», pero escasez de dinero para salarios en «divisas» como se le llama a la moneda convertible, lo cual afecta a los maestros y el personal médico, por no decir a casi toda la población. El país ha alcanzado metas en cuanto a turismo, hoteles, centros recreativos, sobre todo para extranjeros y en gran parte por inversiones extranjeras que han hecho regresar memorias de la empresa privada, como en una novela cubana llevada al cine llamada *Memorias del subdesarrollo*.

Estudiantes latinoamericanos estudian en Cuba hace casi medio siglo. Ahora hay hasta una Escuela Latinoamericana de Medicina y una Escuela Latinoamericana de Cine en el país. Hubo épocas en que se hacían documentales sobre estudiantes en Isla de Pinos, a la cual se llamó pronto «Isla de la Juventud». ¿Qué región latinoamericana no cuenta con profesionales formados en Cuba? Pero, ¿qué universidad norteamericana o de otras regiones no ha tenido estudiantes cubanos exiliados tomando cursos? En Cuba hay educación gratuita. En otras épocas la había, aunque el número de escuelas no privadas no era suficiente y los estudiantes del interior, si eran de bajos recursos, tenían dificultades para radicarse en las ciudades donde funcionaban las escuelas oficiales de nivel superior. Durante estos años de revolución, los estudiantes de ciertos niveles laboran en el campo, lo cual pudiera interpretarse como una manera de pagar sus estudios, y existe un sistema de servicio social que deben prestar los profesionales.

Grandes empresas como «Gaviota» han sido encargadas a elementos de las fuerzas armadas. Muchos cubanos trabajan ahora para empresas extranjeras, sobre todo de turismo y comercio, establecidas en el país. Parte de sus ingresos los reciben en moneda convertible. Algunos simpatizantes de la revolución son socialistas, otros son llamados «socios listos». Algunas cubanas buscan recursos dedicadas al «jineterismo», nueva forma de prostitución, el viejo oficio que nadie ha podido desterrar del mundo.

En esa larga lucha por obtener divisas, el gobierno ha enfrentado un embargo que se ha intensificado. Curiosamente, por primera vez se hacían algunas operaciones comerciales con norteamericanos después de la Ley Helms Burton, más dura que la Ley Torricelli, pero el proyecto socialista continúa aunque con períodos de dolarización, considerados impensables antes de los años noventa. Se ha experimentado con períodos más o menos breves de mercados libres campesinos y alguna actividad artesanal privada sujeta a limitaciones. Y hace tiempo se cuenta con las remesas de familiares radicados en Estados Unidos como en tantos otros países latinoamericanos y también con el ingreso procedente del trabajo de médicos, maestros y otros profesionales en misiones internacionalistas de cooperación con gobiernos amigos.

Millón y medio de cubanos en el exterior. Se les ha dado un nombre colectivo que muchas veces sirve hasta para designar a los individuos: «la comunidad». A los de 1980 les llamaban «marielitos». Después vinieron oleadas de «balseros». En Cuba los periodistas acusan de la muerte en el mar de muchos «balseros» a la ley de «Ajuste Cubano» que atrae emigrados. Esta medida ahora depende de poner los pies en tierra antes de ser descubiertos por autoridades de inmigración, la ley conocida como de «pies secos» y «pies mojados».

Se pueden hacer llamadas telefónicas al exterior, lo cual era casi imposible hasta fines de los años setenta, pero no se publican periódicos independientes a no ser alguna hoja parroquial o diocesana como «Vitral» de la iglesia en Pinar del Río. Se derrumbaron las avionetas de «Hermanos al Rescate» que intentaban distribuir literatura opositora en La Habana. Sólo se publican periódicos y revistas oficiales, pero el gobierno menciona que se trasmite contra Cuba desde el extranjero mediante «Radio Martí» y otras emisoras. En la radio y televisión cubana no se escuchan voces de disidentes. Ocurrió sin embargo una excepción notable durante una visita de Jimmy Carter que elogió a la disidencia, mencionándola en un discurso trasmitido a toda la nación.

Muy lejanas estaban las memorias del «affaire Padilla» a principios de los años setenta. Poemas como «Fuera del juego» y la detención de Heberto Padilla hicieron alejarse de la revolución a muchos intelectuales y las listas de escritores que protestaban por el trato dado al poeta eran largas, pero se quedaron muchos con la revolución y se acercaron otros más. Entre ellos Gabriel García Márquez y la Fundación Guayasamín. Se dice que García Márquez escribe una biografía de Fidel. Ningún extranjero ha hablado tanto con el gobernante como García Márquez. Dato interesante, hay quizás más intelectuales que líderes sindicales en solidaridad con la revolución cubana en el ambiente latinoamericano.

Los nombres de los opositores más conocidos incluyen el de Oswaldo Payá, que solicita reformas a la constitución mediante el «Plan Varela» y una recogida de más de 10.000 firmas para reformar la constitución vigente. El doctor Elías Bisset que ha pedido a gritos respeto a los derechos humanos en las calles de La Habana. Como otros, ha estado en prisión con frecuencia. Hasta un hijo de Blas Roca, Vladimiro, se convirtió en disidente como Elizardo Sánchez, Marta Beatriz Roque y otros muchos. Algunos han sido acusados de trabajar para la Sección de Intereses Norteamericana y otros han sido identificados como agentes de inteligencia cubana. ¿Estarían listos los grupos representados en la disidencia para participar en alguna transición coyuntural en un futuro cercano? No es posible conocer hasta qué punto han penetrado en la conciencia política de la población después de tantos años de controles estatales sobre estos asuntos y la poca presencia de algún tipo de sociedad civil (más allá de instituciones religiosas con muy poca feligresía activa y militante en comparación con la población actual del país de alrededor de doce millones de habitantes).

Para contrarrestar a grupos disidentes como las «Damas de Blanco» que piden libertad de prisioneros desfilando frente a un templo se han tomado medidas. Las más dramáticas quizás fueron la creación de un «grupo de respuesta rápida». En los días del éxodo del Mariel se utilizaron «actos de repudio» contra los disidentes. Este método se ha repetido en tiempos recientes.

¡Cuántas cosas curiosas en el pasado! René Dumont, un agrónomo de izquierda, se había atrevido a criticar métodos. Muy curioso el título de su libro *Cuba: ¿es socialista?* Los problemas fueron aumentando y las tensiones, pero la revolución siguió adelante. ¿Es Cuba plenamente socialista todavía? Quizá, pero ya sin empleo pleno y con muchos desempleados. Los cambios en el mundo incluyeron reestructurar la industria del azúcar. Menos centrales azucareros que nunca. ¿Quién iba a predecir tantos ingenios cerrados? Un replanteamiento dramático por parte del gobierno y la necesidad de ubicar en otras actividades un número enorme de ciudadanos ha caracterizado esa situación.

Hay menos recursos para adquirir armas para resistir al odiado imperialismo, al que ya no se le llama tanto así sino que se prefiere llamarle «el imperio», pero hay todavía cifras significativas de militares y de milicias territoriales, entre otros cuerpos armados. En la parada militar de diciembre del 2006 se hablaba de la industria y la tecnología cubanas aplicadas a los armamentos. Pero ha aumentado el número de policías para guardar el orden en todo el país, sobre todo en La Habana, adonde han llegado nuevos residentes procedentes de provincias orientales, a quienes algunos llaman «palestinos».

Han ido desapareciendo muchos del círculo íntimo: «Bilito» Castellanos, «Pepín» Naranjo y sobre todo Celia Sánchez Manduley. Ramiro Valdés ha vuelto a los primeros planos y muchos generales siguen activos en el gobierno como José Ramón Fernández, Juan Escalona Reguera, Leopoldo Cintra Frías, Ulises Rosales del Toro. Juan Almeida continúa asistiendo a actos públicos y fue designado para encabezar una organización de antiguos combatientes. Un libro muy difundido contiene entrevistas con generales, pues los comandantes fueron gradualmente ascendidos (Luis Báez, *Secretos de Generales*, Editorial SI-MAR, La Habana, 1966.) Se cuenta también con Abelardo Colomé, Álvaro López Miera, Sixto Batista, Raúl Menéndez Tomasevich, Antonio Enrique Lussón, Fernando Vecino Alegret, Guillermo García, entre los más conocidos. ¿Quién dijo que terminó definitivamente la Cuba de los generales y doctores?

Gran atención recibió el juicio y condena del general Arnaldo Ochoa en 1989, juzgado y ejecutado por actividades impropias como narcotráfico. No todos aceptaron las acusaciones pensando que se trataba de cuestiones políticas. La pena de muerte volvió recientemente a ser tema de discusión en la Asamblea Nacional y sólo se manifestó abiertamente en su contra un diputado que se desempeña también como ministro bautista, el reverendo Raúl Suárez, uno de los promotores de ayuda a la Revolución mediante los Pastores por la Paz, religiosos norteamericanos que desafían el embargo.

¿Generales y doctores? ¿Generales y burócratas?

Se puede discutir sobre el futuro, pero regresan constantemente al gobierno de Cuba los generales y los doctores (es decir los universitarios y los intelectuales). Ahora quizás se trate más bien de generales y burócratas. Resulta curioso que haya ahora más generales que nunca antes, lo cual se justifica mencionando el diferendo con Estados Unidos. Generales de brigada, de división, de cuerpo de ejército y de ejército, además de los históricos comandantes de la revolución. En los setenta y ochenta había más licenciados que doctores. Por un tiempo los doctores eran simplemente los médicos y algunos profesionales doctorados en el exterior. Cambiaron los planes educativos desde 1961-1962 con la Ley de Reforma de la Enseñanza Superior. Los doctores no se gradúan ya en la URSS y países del Este, como entonces. Ahora funciona una Comisión de Grados Científicos de la Academia de Ciencias de Cuba. Desde 1959 se han graduado alrededor de 800.000 universitarios en diferentes niveles.

Algunos «doctores», queriendo indicar personas con buena formación cultural, ocupan posiciones muy eminentes, Ricardo Alarcón tiene una buena formación universitaria, también el médico Carlos Lage, uno de los vicepresidentes del país y el historiador de La Habana y doctor en Historia Eusebio Leal Spengler, con relieve internacional y que ha ido reconstruyendo zonas y edificios históricos de La Habana, ciudad Patrimonio de la Humanidad según la UNESCO.

El futuro no será ya de caudillos como Fidel Castro sino de militares y burócratas. ¿Sobrevivirá la revolución la ausencia de su caudillo? El Partido Comunista y el gobierno afirman categóricamente que sí.

El futuro depende de tres instituciones: el Ejército, el Partido y el Ministerio del Interior. Si se mantiene su funcionamiento y efectividad, el gobierno pudiera mantenerse indefinidamente.

En un discurso ante la Federación de Estudiantes Universitarios (FEU) que cumplía 84 años de fundada, Raúl Castro propuso que cada revolucionario sustituyera a Fidel Castro en su lugar de trabajo, pero que sólo el Partido Comunista de Cuba (PCC) podía sustituirlo. Por otra parte afirmó que Fidel era insustituible. Años atrás, el mismo Raúl había dicho públicamente que nadie tendría la autoridad que había tenido Fidel.

Hay un punto que todos aceptan: que dejará un gran vacío político. Cuba nunca será la misma. ¿Se disputará el poder entre diversas facciones o personalidades o se mantendrá la unidad?

Entre sucesión y transición

El 2007 se iniciaba con preguntas adicionales. Para algunos, tres personas con rango de «Comandante de la Revolución», es decir, comandantes históricos, como Ramiro Valdés, Juan Almeida y Guillermo García compartirían la dirección del proceso de sucesión con Raúl Castro, comandante que ostenta el rango de general de ejército y sucesor designado.

En su discurso ante la FEU, Raúl mencionó también nombres de dirigentes que se turnarían en hacer el discurso resumen de los actos públicos ya que él [Raúl] no lo haría siempre. Los mencionados eran Ricardo Alarcón, presidente de la Asamblea Nacional; Carlos Lage, uno de los vicepresidentes del país; José Ramón Machado Ventura, firme aliado de Raúl; Felipe Pérez Roque, ministro de Exteriores y Esteban Lazo, un dirigente revolucionario de raza negra, credencial sumamente importante en un país donde la mitad de la población es negra o mulata.

Mucho más interesante para algunos es penetrar en el pensamiento de los cuadros intermedios en todos los aspectos, desde el político hasta el militar, pasando por el económico. Ellos pudieran representar la tendencia del futuro. ¿Habrá reformas? ¿De dónde vendrían? ¿Cómo reaccionará el pueblo ante los acontecimientos? ¿Podrán funcionarios burocráticos y oficiales de Ejército reemplazar a un líder que ellos mismos consideran insustituible? ¿Se producirá una explosión social?

Se habla mucho en el exterior de un grupo considerado «raulista» integrado quizás por los generales Abelardo Colomé y Julio Casas Regueiro, el ideólogo José Ramón Balaguer y José Ramón Machado Ventura, entre otros.

¿Avanza Cuba hacia una dirección colectiva? En esa cúpula algunos distinguen, además de Raúl Castro y los mencionados, Carlos Lage, Ricardo Alarcón, Fernando Remírez de Estenoz, Esteban Lazo, Felipe Pérez Roque, Álvaro López Miera.

El importante ministerio del Interior lo encabeza Abelardo Colomé, aunque se comenta el aumento de influencia del general Carlos Fernández Gondin, su primer viceministro.

Hasta hace poco se especulaba sobre el papel que desempeñaría Marcos Portal, miembro del politburó del partido, con vínculos familiares con el general Raúl Castro.

> Considerado más pragmático que su hermano, puede decirse que de la familia el primero en unirse al movimiento comunista fue Raúl.

Unos cuantos observadores hablan de Jorge Luis Sierra, ministro de Transporte; de Francisco Soberón, que preside el Banco Nacional; de Jaime Crombet, vicepresidente de la Asamblea Nacional; de Yndira García, ministro de la Industria Básica en un tiempo en que el petróleo de la costa norte de Cuba pudiera convertirse en atractivo para relaciones económicas con otros países; de Abel Prieto, ministro de Cultura. Si de intelectuales como Prieto se trata, es importante mencionar como grandes figuras al doctor Eusebio Leal y al cineasta Alfredo Guevara.

Hacia una dirección colectiva

En cualquier caso habrá una dirección colectiva con Raúl Castro al frente. Considerado más pragmático que su hermano, puede decirse que de la familia el primero en unirse al movimiento comunista fue Raúl. Algunos entienden, como Vilma Espín, con quien se casó en 1959 y que ha servido como una especie de Primera Dama de la Revolución, que Fidel aceptó que Raúl se uniera al PSP durante la lucha contra Batista. Pero otros, incluyendo fuentes de la antigua URSS, creen que quizás Raúl ocultó por un tiempo su afiliación comunista a su hermano. Se dice que sufrió mucho con la ejecución de su viejo amigo el general

Arnaldo Ochoa, pero compartió la decisión tomada al respecto. En aquella época, además de ministro de las Fuerzas Armadas, pudo reorganizar el Ministerio del Interior.

También se habla reiteradamente de que es un hombre de familia, dado a emociones y sentimientos. Hizo algunos estudios de la Carrera Administrativa en la Universidad de La Habana y después recibió una amplia formación política. Su experiencia militar es innegable: casi cinco décadas al frente de un ejército. De política conoce bastante, pero nunca ha mostrado un carisma que no parece interesarle.

Raúl Castro sabe delegar funciones y trabajar en grupo. No pronunciará muchos discursos, y preferirá las reuniones íntimas con su equipo. Compartirá el gobierno, pero sólo con gente de confianza. Conoce bien la difícil labor que le espera.

Cuba en el mundo

La primera decisión importante de Raúl Castro desde la transferencia temporal de funciones fue la firma con la Federación Rusa de un acuerdo de ayuda militar. Los rusos no se resignan a no cobrar al menos parte de la deuda de $20,000 millones y lógicamente deben seguir insistiendo en su relación con Cuba y en toda clase de proyectos de cooperación.

Curiosamente, los rusos retiraron instalaciones para espionaje electrónico cerca de La Habana, en Lourdes, pero ahora la China Popular han instalado otra en Bejucal. Las grandes potencias no renuncian completamente a ese tipo de proyectos. En el ambiente tecnológico de hoy resulta imprescindible. Rusia y China seguirán relacionadas íntimamente con Cuba.

En aspectos económicos esa realidad se ha ido imponiendo. España y los países europeos intensificaron en las década del 1980 y el 1990 y los noventa sus inversiones en Cuba. Pero Cuba ha impuesto nuevas restricciones. Su interés por todo lo relacionado con ese país es cada día más evidente. Ni siquiera una posición más estricta sobre cuestiones políticas y derechos humanos ha interrumpido la relación de Europa con la Isla.

Han aumentado los vínculos cubanos con Venezuela, Irán y otros países. Y Cuba tiene mejores relaciones con América Latina que en ningún otro período después de 1962. Sus mejores aliados o amigos en la región: Venezuela, Bolivia, Brasil, Chile, Uruguay, Argentina. Más recientemente Ecuador y Nicaragua.

El tema generacional

El regreso del comandante Ramiro Valdés, antiguo ministro del Interior, es considerado por algunos como índice de una mayor represión para evitar una transición dramática, pero Raúl Castro advirtió en su discurso a la FEU que la nueva generación se impondría gradualmente.

La biología se ha encargado de muchos cambios. Además, el mundo mismo ha cambiado. La deuda externa del país es enorme. El socialismo bolivariano proclamado por el coronel Chávez en Venezuela ha ayudado a Cuba a resolver problemas energéticos inmediatos. El embargo ejerce influencia, pero el aislamiento total de Cuba nunca se logró. Las dificultades también tienen relación con una apreciable falta de estímulos materiales.

Muchos cubanos se han acostumbrado a un estilo de vida de dependencia del estado, pero la juventud siempre tiene otras metas. Aun evitando generalizaciones, se advierte en el hecho de que tantos jóvenes deseen emigrar.

Cuba fuera de Cuba

Sobre el exilio cubano se ha escrito mucho y se considera que pudiera incidir en algunos aspectos del futuro cubano. Cuba puede resistir las consecuencias de su gran diferendo con Estados Unidos. ¿Por cuánto tiempo? Pero la comunidad cubano-americana es bastante influyente en ese país.

Curiosamente, algunos piensan que la solución o alivio el diferendo Washington/La Habana pudiera pasar también por Miami donde viven más cubanos que en cualquier ciudad del mundo con excepción de

La Habana. En las nuevas generaciones de cubanoamericanos hay interés por Cuba, no necesariamente el deseo de establecerse allí, pero todavía muchos sueñan con vivir en Cuba.

En 2000 la entrega del niño Elián González a su padre por la Secretaria de Justicia de la administración Clinton permitió aumentar el caudal de votación republicana entre los cubanos de la Florida. Al interrumpirse un recuento de votos en el estado por una decisión de la Corte Suprema, George W. Bush ganó el estado por poco más de 500 votos y esto le permitió el triunfo en el llamado Colegio Electoral, aunque perdió el voto popular nacional por 539.000.

Se notaba a fines de 2006 de la presencia en el Capitolio de dos senadores federales de origen cubano (un demócrata y un republicano) y cuatro congresistas federales (tres republicanos y un demócrata). Entre los cubanos de la Florida prevalecen los republicanos, pero hay una creciente presencia demócrata. Ha habido cubanos en el gabinete federal. A fines del 2006 un cubano fue designado presidente nacional del Partido Republicano. Los cubano-americanos abundan en cargos estatales y locales.

La Florida puede decidir una elección. Quizá ya ese dato sea algo irrelevante pues la política norteamericana cambia frecuentemente y la cuestión del embargo no está escrita en piedra más allá de la posición firme de un gran sector exiliado y de sus amigos en Washington.

Y el estudio y revisión de la historia no se detiene. Una noticia difundida a finales de 2006 tenía que ver con esfuerzos de Richard Nixon y su administración para evitar que los exiliados cubanos hundieran un tanquero soviético en 1970. Algunas cosas no han cambiado. Antes se temían incidentes que condujeran a crisis internacionales de la guerra fría, como en ese caso, pero ahora se teme a la desestabilización que pudiera producirse en Cuba a la salida de Fidel. Quizás ese temor incluya preocupación por un cambio de gobierno. Algunos llegan a pensar que Estados Unidos se sentiría más seguro con cierto grado de continuidad, lo cual sería discutible para otros.

El factor económico

Del factor económico se ha hablado mucho, pero este libro no es sobre economía. En Cuba se han publicado historias económicas escritas por Oscar Pino Santos, Julio Le Riverend y Carlos Rafael Rodríguez, entre otros. Su visión contrasta con la de economistas exiliados como Carmelo Mesa-Lago, autor de muchos estudios sobre la materia, quien publicó recientemente un largo trabajo sobre la economía cubana haciendo resaltar una vez más problemas de crecimiento económico, estancamiento financiero y deuda externa sin controles.[1]

La Comisión Económica para América Latina y el Caribe publicó un extenso trabajo de 732 páginas sobre la economía cubana, las reformas estructurales y el desempeño en los años noventa.[2] El estudio revela que Cuba ya está en cierto proceso de transición económica que conlleva modificaciones de su vida social, pero eso depende de acontecimientos impredecibles y de dificultades fundamentales que no pueden minimizarse, como tampoco el impacto del embargo, en caso de mantenerse indefinidamente.

¿Qué pasaría entonces?

Las cuestiones de política, economía y estilo de sociedad se decidirán finalmente en la propia Cuba, es decir, dentro de la Isla de Corcho del pequeño libro del doctor Luis Machado. La isla que se resiste a hundirse en el mar del desastre, lo mismo en la era del capitalismo que en la del socialismo. La isla/archipiélago de indígenas y españoles, esclavos y libres, afrocubanos y europeos.

Habrá que tener en cuenta la historia de esa isla/archipiélago. Esa historia de generales, doctores, sargentos, coroneles y burócratas. También de gente de todo tipo, empresarios dispuestos a prosperar y trabajadores incansables. En ella han vivido y luchado revolucionarios perennes y disidentes inquebrantables.

La sociedad civil puede sumergirse, pero sale siempre a flote de alguna manera y en algún momento, aunque con características difíciles de anticipar en situaciones tan complejas como la cubana. Ningún discurso político puede alterar esa realidad.[3]

El fin de otra era

El período que termina en diciembre de 2006 concluye con Hugo Chávez en Venezuela, manifestaciones habaneras ante la Sección de Intereses Norteamericana, acusaciones a un viejo adversario considerado terrorista y también con la defensa de cubanos acusados de espías en Estados Unidos. La gran interrogación, sin embargo, era la salud deteriorada de Fidel Castro. En medio de todo eso, se mantiene en actividad un movimiento que pide reformas y cambios e invoca derechos humanos que el gobierno instaurado por una ya vieja revolución interpreta de manera diferente.

> Independientemente de fechas y cronologías, se impondrá en definitiva ese cambio generacional que no sólo está afectando a los del interior del país sino también a los que viven fuera de su patria.

Ya se notaba la decadencia física del más famoso caudillo latinoamericano de los últimos tiempos. La ausencia de Fidel Castro del escenario provocará reacciones internas y externas, pero sobre todo está destinada a ser otra señal de las realidades de la existencia.

Mirando hacia atrás, en brevísimo resumen y sin mayor pretensión, algunas consideraciones quizás pudieran ser útiles.

- El estudio de la historia de Cuba independiente, aún bajo la limitación representada por la Enmienda Platt (1902-1934), no fue simplemente de dependencia de Estados Unidos, pero Cuba fue por años la «vaca sagrada» de la política estadounidense hacia la región. La geopolítica no puede echarse a un lado.

- En cualquier resumen debe señalarse que no todo lo que se ha dicho, bueno o malo, de sus anteriores gobernantes es cierto. Se trataba de visiones proyectadas por partidarios y opositores. Simples impresiones de una prensa extranjera que confiaba en casi cualquier entrevistado.

- Fidel Castro no era comunista antes de 1959 aunque se iba inclinando a la izquierda radical.

- Su alianza con la URSS fue coyuntural, pero muy real, aunque Castro sobrevivió el desastre soviético que va dejando de ser historia reciente. Ese entendimiento con la URSS se produjo en 1960 y duró hasta 1989-1991.

- El PSP, el viejo partido comunista, no se unió a la revolución hasta 1958 y el actual Partido Comunista de Cuba es sólo la continuación del anterior en algunos aspectos. Es un partido claramente fidelista.

- Los entendimientos con la izquierda latinoamericana son mucho más complicados que limitarnos a situar siempre a Castro de un lado y Estados Unidos del otro. Fidel ha tenido amigos y enemigos en ese sector. Muchos lo admiran por oponerse al gobierno norteamericano.

- A Castro se le ha subestimado o sobrestimado, pero su impacto sobre aspectos de política internacional son innegables.

- En aras de emociones revolucionarias y de su enfrentamiento con el gigantesco país norteamericano muchos de sus partidarios en el mundo han olvidado el costo que todo eso ha tenido para el pueblo cubano, independiente de cualquier señalamiento que se quiera hacer en cuanto a logros.

- Al iniciarse el siglo XXI Cuba ya no estaba necesariamente bajo una hegemonía extranjera, pero sus problemas eran grandes y su futuro incierto.

- Cuba pudiera pasar de un caudillismo revolucionario a un gobierno burocrático con influencia militar

- Cuba estaría destinada a una sucesión, pero no puede descartarse por completo una eventual transición y lo que se discutiría serían los detalles.
- No habrá soluciones por arte de magia ni tampoco regresos al pasado.
- Pero el pasado de los pueblos no puede borrarse por completo.
- Independientemente de fechas y cronologías, se impondrá en definitiva ese cambio generacional que no sólo está afectando a los del interior del país sino también a los que viven fuera de su patria.
- Los detalles de ese cambio son impredecibles. Muchos anticipan una simple continuidad con reformas, otros vislumbran violencia, algunos anticipan el caos... ¿quién sabe realmente?

La salida de la generación del centenario

Como todas las anteriores, la generación del centenario del nacimiento de Martí, la de 1953 y el asalto al Cuartel Moncada, se está extinguiendo dentro y fuera de Cuba en sus diversas manifestaciones. Como todos sus antepasados y predecesores, sus miembros se acercan gradualmente al juicio final de la historia. La generación del centenario será exaltada por algunos, pero maldecida por otros.

Y como tantos otros personajes importantes, el último superviviente de la política mundial del siglo XX va convirtiéndose en parte integral de la historia y no de la realidad de cada día. Su deterioro físico fue, como la inevitable salida del poder de todos los gobernantes, una señal de las limitaciones a que nos vemos sometidos los seres humanos, así como los movimientos y proyectos que resultan de nuestras labores. Pero antes de que las emociones de simpatizantes y adversarios nos abrumen, recordemos algo que nos dejó hace miles de años un sabio de su tiempo y de todos los tiempos: «No tenía fin la muchedumbre del pueblo que le seguía; sin embargo, los que vengan después tampoco estarán contentos de él. Y esto es también vanidad y aflicción de espíritu».[4]

NOTAS

INTRODUCCIÓN

1. Enrique Krauze, *Siglo de Caudillos*, TusQuets Editores, Barcelona, 1994.
2. Robert E. Quirk, *Fidel Castro*, W. W. Norton and Company, Nueva York and London, 1993.
3. Tad Szulc, *Fidel Castro: A Critical Portrait*, Hutchinson, London, 1987, p. ix.
4. Theodore Draper, *Castrismo: Teoría y Práctica*, Frederick A. Praeger, Inc, Publishers, Nueva York, 1965.
5. Jules Dubois, *Fidel Castro: ¿Rebelde, libertador o dictador?*, Editorial Grijalbo, México, 1959.
6. Ibíd., p. 327.
7. Jules Dubois, *Operación América*, Editorial Caribe, Santo Domingo, 1964, prefacio.
8. Frei Betto, *Fidel y la Religión*, Oficina de Publicaciones del Consejo de Estado, La Habana, 1985.
9. Ignacio Ramonet, *Fidel Castro, Biografía a dos voces*, Debate, Barcelona, 2006.
10. K. S. Karol, *Los guerrilleros en el poder*, Seix Barral, Barcelona, 1970
11. Jean Paul Sartre, *Huracán sobre el Azúcar*, Merayo Editor, Buenos Aires, 1973, p. 23.

Capítulo 1

1. Frank Argote-Freyre, *Fulgencio Batista*, Rutgers University Press, Brunswick, 2006, pp. 2-3.
2. Irvin F. Gellman, *Roosevelt and Batista: Good Neighbor Diplomacy in Cuba 1933-1945*, University of New Mexico Press, Albuquerque, 1973.
3. La relación de la Revolución Cubana y específicamente de la figura de Fidel Castro en la política internacional resalta en las colecciones de diarios con circulación internacional como *The New York Times* y los principales periódicos de Estados Unidos y Europa en las últimas cinco décadas. Revistas especializadas como *Foreign Affairs* y semanarios tan prestigiosos como *Time* y *The Economist* han recogido acontecimientos en los cuales la participación de Cuba ha sido evidente. En los últimos años algunos investigadores de las antiguas repúblicas soviéticas han enfrentado el tema del impacto de Castro en la Guerra Fría. Aleksandr Fursenko, en cooperación con el profesor norteamericano Timothy Naftali publicó el libro *Khrushchev's Cold Ward* (W. W. Norton, Nueva York, 2006). También véanse, entre otras, *Soviet-Cuban Alliance*, North-South Center, University of Miami, Coral Gables, 1994) de Yuri Pavlov; *The Closest of Enemies* (W. W. Norton, Nueva York, 1987) del diplomático norteamericano en Cuba Wayne S. Smith y *The Soviet Union and Cuba: Interests and Influence* (Praeger, New York, 1985) de W. Raymond Duncan. Entre los libros y artículos publicados sobre este tema sobresale el de Jorge

Domínguez, *To Make a World Safe for Revolution: Cuba's Foreign Policy* (Harvard University Press, Cambridge, 1989)

Capítulo 2

1. Luis Machado, *La isla de Corcho*, Editorial Cubana, Miami, 2002, pp 7-9
2. Germán Arciniegas, *Biografía del Caribe*, Editorial Sudamericana, Buenos Aires, 1945.
3. Leland H. Jenks, *Nuestra Colonia de Cuba*, Buenos Aires, Editorial Palestra, p 37.
4. Marcos Antonio Ramos, introducción a *Problemas de la Nueva Cuba*, Editorial Cubana, edición de 2002
5. Philip S. Foner, *La guerra hispano cubano americana y el nacimiento del imperialismo norteamericano*, Akal Editor, Madrid, 1975.
6. Willard L. Beaulac, *Embajador de Carrera*, Editorial Bell, Buenos Aires, 1951, p. 158.
7. Entre los estudios generales sobre historia de Cuba sobresalen algunos como el de Ramiro Guerra *Manual de Historia de Cuba* (Editorial de Ciencias Sociales, La Habana, 1971) e *Historia de Cuba* (Ediciones Universal, Miami, 1976) de Calixto Masó. Una visión marxista puede encontrarse en la obra de Oscar Pino-Santos Cuba, *Historia y Economía* (Editorial de Ciencias Sociales, La Habana, 1983). En lengua inglesa se ha utilizado frecuentemente la obra de Hugh Thomas, *Cuba: The Pursuit of Freedom*, (Harper & Row, Nueva York, 1971). Para relaciones Cuba/Estados Unidos hasta los años 1930 la obra clásica es *Historia de Cuba en sus relaciones con Estados Unidos y España* de Herminio Portell-Vilá (Mnemosyne, Miami, 1969) publicada originalmente en Cuba. Interesados en la población aborigen que habitaba el país en época del descubrimiento y la colonización pueden consultar el primer volumen de *Historia de Cuba* de Enrique Zas, Habana (sin fecha), así como *Prehistoria de Cuba* (Editorial de Ciencias Sociales, La Habana, 1979) de Ernesto Tabío y Estrella Rey. La numerosa bibliografía de Fernando Ortiz explica el fenómeno de la presencia africana en el país.

Capítulo 3

1. *Cuba en la mano: Enciclopedia Popular Ilustrada*, La Habana, 1940, p. 26.
2. Ibíd., p. 118.
3. Los González eran de origen asturiano. Casi todos los Ramos de Cuba proceden de las Islas Canarias y se han esparcido por varias regiones.
4. El divorcio no era fácil de obtener ni muy aceptado socialmente.
5. Ignacio Ramonet, *Fidel Castro, Biografía a dos voces*, Debate, Barcelona, 2006, p. 43.
6. Frei Betto, *Fidel y la Religión: Conversaciones con Frei Betto*, Oficina de Publicaciones del Consejo de Estado, La Habana, 1985, p. 91.
7. El nombre Hipólito lo tomaron de un bisabuelo materno.
8 Katiuska Blanco, *Todo el tiempo de los cedros*, Casa Editorial Abril, La Habana, 2003, p. 214.
9. Oscar Zanetti, Alejandro García et al, *United Fruit company: un caso del dominio imperialista en Cuba*, Editorial de Ciencias Sociales, La Habana, 1976, pp. 317 y 345.
10. Katiuska Blanco, op cit , p. 101

Capítulo 4

1. El investigador Frank Fernández ha estudiado exhaustivamente el anarquismo cubano en su libro *Cuban anarchism: the history of a movement*, Sharp Press, Tucson, 2001.
2. Jorge García Montes y Antonio Alonso Ávila, *Historia del Partido Comunista de Cuba*, Ediciones Universal, Miami, pp 57-58.
3. Fabio Grobart, *Trabajos Escogidos*, Editorial de Ciencias Sociales, La Habana, 1985.

4. Lionel Soto Prieto, *La Revolución del 33*, Editorial de Ciencias Sociales, La Habana, 1977.

5. Mario Riera, *Cuba Política*, La Habana, 1955, pp. 387-392.

6. La obra de Lionel Soto que mencionamos y que se publicó en tres volúmenes es hasta ahora el trabajo más completo sobre la revolución del 1933. Una visión diferente en muchos aspectos la escribió Enrique Ros en *La Revolución del 1933* (Ediciones Universal, Miami, 2005), con una introducción del autor de este libro.

Capítulo 5

1. Eso despertaría cierta animosidad familiar contra sus amigos de Santiago. Se enfriarían por un tiempo las relaciones.

2. Peter G. Bourne, *Fidel: una biografía de Fidel Castro*, Dodd, Mead & Company, Nueva York, 1986, p. 21.

3. Luis Conte Aguero, *Fidel Castro: Psiquiatría y Política*, Editorial Jus, México, 1968, p. 85.

4. Frei Betto, *Fidel y la Religión*, Oficina de Publicaciones del Consejo de Estado, La Habana, 1985, pp. 124-125.

5. Frei Betto, op. cit., p. 126.

6. Katiuska Blanco, op. cit., pp 149-150.

7. Ibíd., pp. 157-158.

8. Frei Betto, op. cit., pp. 130-131.

9. Ibíd., pp. 131-132.

10. Sobre este período de la historia republicana de Cuba se han escrito muchos libros y algunos son citados en otros capítulos de este texto. Otra obra que ofrece una visión bastante tradicional es la *Nueva Historia de la República de Cuba* de Herminio Portell-Vilá (La Moderna Poesía, Miami, 1986). La interpretación de muchos partidarios de la revolución de Castro la expone *La Neolonia* del Instituto de Historia de Cuba (Editora Política, La Habana, 1998) y con una mayor variedad de opiniones *Antología Crítica de la Historiografía Cubana* (Pueblo y Educación, La Habana, 1989). Sobre el gobierno de Grau se ha escrito *El Gobierno de la Kubanidad* (Editorial Oriente, Santiago, 2005) de Humberto Vázquez García. Una interpretación diferente es *The Cuban Democratic Experience: The Auténtico Years, 1944-1952* (University Press of Florida, Gainesville, 2000) de Charles D. Ameringer. La mejor fuente de datos organizados cronológicamente sobre los gobiernos republicanos del período 1902 a 1952 sigue siendo el volumen IX de la *Enciclopedia de Cuba* (Enciclopedia y Clásicos Cubanos, Madrid, 1975).

Capítulo 6

1. Así se intitularía una biografía bastante conocida de Edmund Chester: *A sergeant named Batista*, Henry Holt and Company, Nueva York, 1954.

2. Lionel Prieto, *La Revolución del 33*, tomo III, p. 93.

3. Ibíd.

4. Palabra rusa que quiere decir «consejo de obreros».

5. Sobre este período de la historia republicana de Cuba se han escrito muchos libros que son citados en nuestro texto. Otra obra que ofrece una visión bastante tradicional es la *Nueva Historia de la República de Cuba* de Herminio Portell-Vilá (La Moderna Poesía, Miami, 1986) La interpretación de muchos partidarios de la revolución de Castro la expone *La Neolonia* del Instituto de Historia de Cuba (Editora Política, La Habana, 1998) y con una mayor variedad de opiniones *Antología Crítica de la Historiografía Cubana* (Pueblo y Educación, La Habana, 1989). Sobre el gobierno de Grau se ha escrito *El Gobierno*

de la Kubanidad (Editorial Oriente, Santiago, 2005) de Humberto Vázquez García. Una interpretación diferente es *The Cuban Democratic Experience: The Auténtico Years, 1944-1952* (University Press of Florida, Gainesville, 2000) de Charles D. Ameringer. La mejor fuente de datos organizados cronológicamente sobre los gobiernos republicanos del período 1902 a 1952 sigue siendo el volumen IX de la *Enciclopedia de Cuba* (Enciclopedia y Clásicos Cubanos, Madrid, 1975).

Capítulo 7

1. Fidel frecuentaría sus restaurantes incluso como Primer Ministro.
2. Norberto Fuentes, *La autobiografía de Fidel Castro*, Ediciones Destino S A., Barcelona, 2004, pp. 140-142.
3. José Rubinos Ramos fue condecorado por el gobierno español y era miembro correspondiente de la Real Academia Española.
4. Luis Conte Agüero, op. cit., pp 87-88
5. Frey Betto, *Fidel y la Religión*, p. 145.
6. José Ignacio Rasco en *Cuarenta Años de Revolución: El legado de Castro*, editado por el doctor Efrén Córdova, Ediciones Universal, Miami, 1999, p. 414.
7. Sería difícil incluir todos los datos ofrecidos por todos los compañeros de Fidel Castro en el Colegio de Belén. Nos limitamos sobre todo al Padre Amando Llorente y al doctor José Ignacio Rasco, pero la lista de anécdotas sería interminable. Otra fuente de información sobre esa importante escuela en que Castro desenvolvió sus estudios y vida juvenil es el libro de José Luis Sáez, S J., *Breve Historia del Colegio de Belén: 1854-1961*, Volumen I (Belén Jesuit Preparatory School, Miami, 2002) que aunque no se refiere específicamente a Castro nos permite comprender mejor el ambiente en que se desarrolló el personaje.

Capítulo 8

1. Katiuska Blanco, op. cit., p. 220.
2. También conocidos como Bautistas del Norte. La familia Rockefeller, de tradición bautista, estuvo entre los primeros benefactores de esta institución.
3. Katiuska Blanco, op cit., p. 270.
4. Tad Szulc, *Fidel: A Critical Portrait*, Hutchinson, Londres, 1986, pp. 87-88.
5. Lionel Martin, *El joven Fidel*, Grijalbo, Barcelona, 1982, pp. 21-22
6. José Ignacio Rasco, op cit., editor E Córdova, p. 419
7. Jorge García Montes y Antonio Alonso Ávila *Historia del Partido Comunista de Cuba*, Universal, pp 370-372.
8 Lionel Martin, op. cit, pp. 40-41.
9. En Cuba, estudiar por la libre era estudiar uno por su cuenta sin asistir a clase y luego presentarse a examen en una escuela acreditada. Ya en la universidad esto sólo permitía en algunas carreras.
10. Enrique Ros, *Fidel Castro y el Gatillo Alegre*, Universal, Miami, 2003, pp. 172-173.
11. Masferrer se fue acercando al gobierno, y resultó ser elegido en 1948 como representante a la Cámara por la provincia de Oriente en la columna del Partido Republicano, aliado del Partido Auténtico.
12. Luis Báez (editor) *Absuelto por la historia*, Oficina de Publicaciones del Consejo de Estado, La Habana, 2005, pp. 120-122.
13. Luis Conte Agüero, *Fidel Castro* op. cit., p. 91.
14. Luis Conte Agüero, *El Adalid de Cuba*, Editorial Jus S.A., México, 1955, pp. 506-508.
15. Katiuska Blanco, op cit , pp 238-242.

16. Lionel Martin, op. cit., pp. 48-49.

17. Peter G. Bourne, *Fidel: a biography of Fidel Castro*, Dodd, Mead, Company, Nueva York, 1986, pp. 47-48.

18. Rafael Díaz-Balart, *Cuba: Intrahistoria. Una lucha sin tregua*, Ediciones Universal, Miami, 2006, p. 43.

Capítulo 9

1. Lionel Martin, op. cit., p. 96.

2. Ibíd.

3. Tad Szulc, op. cit., p 143.

4. Ramón M. Barquín, *Las luchas guerrilleras en Cuba*, Plaza Mayor, Madrid, 1975, pp. 103-104.

5. Ibíd.

6. José Duarte Oropesa, *Historiología Cubana*, volumen 3, Ediciones Universal, Miami, 1974, p. 199.

7 Barquín, op cit., p. 111.

8 Ibíd., p. 119.

9. Rafael Díaz-Balart, *Cuba: Intrahistoria*, p. 52.

10. Barquín, op. cit., p. 110.

11 Szulc, op cit., p. 154.

12. Aleksandr Fursenko y Timothy Naftali, *One Hell of a Gamble: Khrushchev, Castro & Kennedy 1958-1964*. W W. Norton, Nueva York, 1997.

13. Ibíd., p. 15

14. Szulc, op. cit, p. 155.

15. Lucas Morán, *La Revolución Cubana: una versión rebelde*, Ponce, 1989, p. 28.

16. Lionel Martin, *El joven Fidel*, pp. 112-113.

17. José Duarte Oropesa, op. cit , p. 290

18. Lionel Martin, op. cit, p 119.

Capítulo 10

1. Lucas Morán, op. cit., p. 30.

2. El cuartel era una fortaleza con muros bastante altos, y por lo general su guarnición alcanzaba los cuatrocientos hombres.

3 Barquín, op. cit., pp. 149-151.

4. Duarte Oropesa, op. cit , pp. 297.

5 Mirta Aguirre et. al, *El leninismo en La Historia me Absolverá*, Ediciones Políticas, La Habana, 1980, p. 23.

6 Tad Szulc, op. cit., pp. 240-241.

7. Luis Conte Aguero, *Fidel Castro*, op. cit., pp. 191-192

8. Mario Riera, *Cuba Política*, La Habana, 1955, pp. 601-624.

9. Según la Real Academia, «pucherazo» significa «fraude electoral que consiste en alterar el resultado del escrutinio de votos».

10. Lionel Martín, op cit., p.171.

11. Tad Szulc, op. cit., pp. 244-245.

12. En Cuba se llamaba «chibasismo» a la actitud o movimiento que se inclina firmemente a continuar la labor y el pensamiento de Eduardo Chibás.

13. Lucas Morán, op cit., pp. 37-38.

14. Ramón M. Barquín, op. cit., pp. 232-234.

15. El oficial Orlando Piedra había estado a cargo de algunas de esas actividades y había tenido algunos logros en sus pesquisas sobre el grupo.

Capítulo 11

1. Amaury Troyano, *La Verdad de las Mentiras*, Miami, 1994, p. 91.
2. Julio Alvarado, *La Aventura Cubana*, Artes Gráficas y Ediciones, Madrid, 1977, p. 809.
3. Ibíd
4. Jorge García Montes y Antonio Alonso Ávila, op. cit., p. 518-519.
5. Earl Smith, *El Cuarto Piso*, Editorial Diana, México, 1963, p. 62.
6. Robert E. Quirk, op. cit , pp. 203-204.
7. Frank Argote Freyre, *Fulgencio Batista: From Revolutionary to Strong Man*, Rutgers University Press, New Brunswick, 2006. La traducción al español sería: *Batista: De revolucionario a hombre fuerte*.
8 Para poder entender mejor el tránsito de una sociedad capitalista liberal con períodos autoritarios y de democracia representativa al socialismo marxista es necesaria una composición de lugar hasta la llegada de Castro. El estado de la economía y la sociedad cubanas ha sido discutido con frecuencia y diferentes perspectivas se han ofrecido. Tres diferentes visiones serían las representadas por los siguientes textos: *Cuba: Población y Economía entre la Independencia y la Revolución* (Universidad de Vigo, 1999) de Abel F. Losada, *Cuba: Geopolítica y Pensamiento Económico* (Grupo de Economistas Cubanos en el Exilio, Miami, 1964); y *Cuba en el tránsito al socialismo: 1959-1963* (Siglo XXI, México, 1978) de Carlos Rafael Rodríguez.

Capítulo 12

1. Jean-Paul Sartre, op. cit., p. 23.
2. *Bohemia*, año 51, número 2, La Habana, 11 de enero de 1959, pp. 42-44.
3. *Bohemia*, número 5, 1 de febrero de 1959, p 108 Véase también Huber Matos, *Cómo llegó la noche*, Tusquets editores, Barcelona, 2002, p. 278.
4 *Bohemia*, año 51, número 5, 1 de febrero, 1959, p. 62.
5. Tad Szulc, op. cit , p. 380.
6. Una interpretación muy favorable a Camilo Cienfuegos la ofrece Carlos Franqui en su libro *Camilo Cienfuegos*, Editorial Seix-Barral, Barcelona, 2001.
7 Jorge Castañeda, *La Vida en Rojo*, Espasa, Buenos Aires, 1997, pp. 177-178.
8. Huber Matos, op. cit., pp. 305-306.
9. Alberto Baeza Flores, *Las Cadenas Vienen de Lejos*, Editorial Letras, México, 1960, p. 405.
10. Fursenko y Naftali, *One Hell of a Gamble*, W. W. Norton, Nueva York, 1997, pp. 25-31.
11. Aleksandr Fursenko y Timothy Naftali, *Khrushchev's Cold War*, W. W. Norton, Nueva York, 2006, p. 296
12. Manuel Braña, *El aparato: la diplomacia de Fidel Castro en la América Latina*, México, 1964.
13. Jorge Masetti, *El furor y el delirio: itinerario de un hijo de la Revolución cubana*, TusQuets Editores, Barcelona, 1999.
14. Entre otras, véase Norberto Fuentes, *Nos impusieron la violencia*, Letras Cubanas, La Habana, 1986; y *Condenados de Condado*, Centro Editor, Buenos Aires, 1968.
15 Entre otras, véase Enrique Encinosa, *Cuba en Guerra*, Fondo de Estudios Cubanos, Colombia, 1994; y Héctor Morales-George, *Del terror obsceno hacia lo imprevisto*, Miami, 2006.
16. Ernesto Cardenal, *En Cuba*, Carlos Lohlé, Buenos Aires, 1972.

17 Santiago Cuba en *Cuba Socialista*, Año II, No. 10, junio de 1962, pp. 8-29

18 Blas Roca en *Cuba Socialista*, Año III, No. 22, junio de 1963, pp. 28-41.

19. Para un estudio reciente, véase Marcos Antonio Ramos, *Religion and Religiosity in Cuba: Past, Present and Future*, No. 2, Trinity College, Washington, Noviembre 2002.

20. Fursenko y Naftali, *Khrushchev's Cold War*, p 168.

21 Ibíd., p 490.

22. Véase Yuri Pavlov, *Soviet-Cuban Alliance*, North-South Center, University of Miami, Coral Gables, 1994.

23. Una amplia recopilación es la del doctor Juan F. Benemelis, *Las guerras secretas de Fidel Castro*, Fundación Elena Mederos, 2002.

24. Raúl Valdés Vivó, *El Gran Secreto: Cubanos en el Camino de Ho Chi Minh*, Editorial Política, La Habana, 1990.

25. Un estudio erudito sobre la participación cubana en actividades revolucionarias en el mundo es la obra de Jorge Domínguez, *To make a World Safe for Revolution*, Harvard University Press, Cambridge, 1989.

Capítulo 13

1 Carmelo Mesa Lago, *Economía y bienestar social en Cuba a comienzos del siglo XXI*, Editorial Colibrí, Madrid, 2003.

2 *La economía cubana*, Fondo de Cultura Económica, México, 1997

3 El tema de la sucesión de Fidel Castro en Cuba o de una eventual transición a otro tipo o estilo de gobierno se presta a un alto grado de especulación, pero se han producido una serie de estudios acerca de la materia que contienen materiales útiles. Se han escrito numerosos libros y capítulos de libros sobre el asunto o con el entorno en que se pudieran desarrollar futuros acontecimientos. Entre otros pueden consultarse los siguientes. *After Fidel: The Inside Story of Castro's Regime and Cuba's Next Leader* (Palgrave/MacMillan, Nueva York, 2005) de Brian Latell; *Cuba in transition: Options for U.S. Policy* (The Twentieth Century Fund Press, NuevaYork, 1993) de Gillian Gunn. Aspectos relacionados con el futuro papel de la religión como elemento superviviente de la antigua sociedad civil se encuentran en ensayos como *Cuba: libertad y responsabilidad* (Ediciones Universal, Miami, 2005) de Dagoberto Valdés, editor de *Revista Vitral* en Cuba y *Religion and Religiosity in Cuba: Past, Present and future* (Trinity College, Washington, 2002) del autor de este libro Los capítulos finales de *Breve historia de Cuba* de Jaime Suchlicki, (Pureplay Press, Los Ángeles, 2006) y el libro de Louis A. Pérez *Cuba: Between Reform and Revolution* (Oxford University Press, 1988) se encuentran entre los materiales que ofrecen datos apreciables. En este capítulo también mencionamos la obra de Carmelo Mesa-Lago. Una serie de estimados y evaluaciones difundidas por fuentes oficiales de Estados Unidos y publicaciones de universidades como las de Georgetown (Washington), Miami y Trinity College (Washington) son de utilidad. El Instituto de Estudios Cubanos y Cubanoamericanos de la Universidad de Miami en Coral Gables ha publicado regularmente *Cuba Facts* con valiosa información. Otras casas de estudio y agencias de la prensa escrita y electrónica sobre todo en Estados Unidos y España, publican materiales sobre estos asuntos

4. Eclesiastés 4:6

ACERCA DEL AUTOR

El Dr. Marcos Antonio Ramos, es historiador, ensayista y periodista especializado en temas latinoamericanos, además de investigador del Instituto de Estudios Cubanos de la Universidad de Miami y Profesor de Historia y de Estudios Latinoamericanos del Florida Center for Theological Studies. Es autor de ocho libros y numerosos ensayos. Sus artículos han sido publicados en diarios de todas las capitales de los países de habla castellana. Fue acreedor de un Premio Nacional de Periodismo en República Dominicana y elegido como miembro correspondiente de la Real Academia Española.

Printed in the United States
141932LV00005B/6/P

9 781602 550056